北京市社会科学院社科文库

市情研究论丛（第5辑）

世界级城市群与首都新发展格局

WORDLD-CLASS CITY GROUP AND THE NEW DEVELOPMENT PATTERN OF CAPITAL

主　编　唐　鑫

副主编　张佰瑞

北京市社会科学院
市情研究论丛（第5辑）编委会

序　言

世界级城市群是指世界上几个最大的具有全球影响力的城市群。京津冀城市群作为我国重点发展的城市群之一，在国家区域发展战略中具有重要地位。近些年，在京津冀协同发展国家战略的支撑下，京津冀城市群建设取得积极进展，但在迈向世界级城市群的道路上依然任重道远。北京作为京津冀城市群的双核之一，努力构建新发展格局、实现高质量发展，对支撑京津冀城市群迈向世界级城市群具有重要意义。

进入新发展阶段、贯彻新发展理念、构建新发展格局，是由我国经济社会发展的理论逻辑、历史逻辑、现实逻辑决定的。加快形成以国内大循环为主体、国内国际双循环相互促进的新发展格局，是党中央着眼于“两个大局”作出的重大战略决策。北京市积极贯彻新发展理念，坚持首都城市战略定位，立足首都资源优势，以科技创新培育发展新动能，以深化供给侧结构性改革增强内生活力，以疏解非首都功能为牛鼻子，助力京津冀协同发展，以国家服务业扩大开放综合示范区和自由贸易试验区建设为抓手，提升对外开放水平，以高质量发展为根本要求，率先探索具有首都特点的新发展格局。

本书以习近平新时代中国特色社会主义思想和视察北京重要讲话精神为指导，以构建首都新发展格局，打造世界级城市群为研究主题，从超大城市治理、科技创新中心建设、文化中心建设、消费中心城市建设、临空经济区建设、城乡统筹发展等维度深入研判世界级城市群建设与构建首都新发展格局取得的重要进展和成就，并提出相应的对策和建议。本书是以北京市社会科学院市情调查研究中心、北京世界城市研究基地的全体研究人员为核心团队成员，收录了科研机构、高等院校等各方专家、学者共同撰写的关于世界级城市群与首都新发展格局研究的系列最新成果。此成果为北京市社会科学院社科文库市情研究论丛第 5 辑。

本书共分为超大城市治理、科技创新中心建设、文化中心建设、消费中心城市建设、临空经济区建设、城乡统筹发展六个板块。每个板块按所涉及领域进行专门研究，注重以构建首都新发展格局为主题，提出促进首都高质量发展、促进世界级城市群建设的对策建议，主要内容及其核心观点如下。

一　超大城市治理

习近平总书记指出，“推进国家治理体系和治理能力现代化，必须抓好城市治理体系和治理能力现代化”。超大城市是区域乃至全国的政治、经济、文化、科教、信息和交通中心，在经济社会发展中居重要的战略地位，具有高度聚集的人口、高度聚集的资源、高度聚集的设施集中于高度拥挤的空间等显著特征。超大城市因其资源集聚作用，为人类社会进步和地区产业经济发展提供了充足的动力。但需要注意到，随着各种资源要素的高度聚集，超大城市规模仍在扩展、超大城市结构日益复杂，各种“大城市病”不断涌现，城市治理难度不断加大。这就需要以系统观念凝聚治理合力，着力完善适应新形势、新要求的超大城市治理体系，采用不同途径提升超大城市治理能力，不断提高超大城市治理现代化水平。对超大城市治理进行系统研究，吸收借鉴发达国家超大城市治理的先进经验，探索超大城市治理的中国道路、中国方法，对于提升超大城市治理现代化水平、保障超大城市安全运行和可持续发展、构建首都新发展格局具有重大意义。

第一，日本的都市圈建设较具学习借鉴价值，可以为我国超大城市治理和城市群建设提供宝贵经验。日本在都市圈建设中非常注重承担顶层设计角色的法律体系建设，法律体系较为完备，在中央政府的统一指挥下，日本各都市圈建设推进主体根据实际情况制定长、中、短期不同的规划或计划，确保规划能够得以实施；不断强化中央政府的统一规划和统一领导；在都市圈建设进程中，相关政策透明公开，主动接受社会监督。

第二，随着“互联网+”深入推进，特别是移动互联网的普及给超大城市带来了巨大的机遇和优势，也给特大城市的治理带来新的风险与挑战。超大城市的网络安全治理作为一种战略型治理，其面临的风险形势和特点都与一般城市网络安全有着显著差异，应当对其呈现出的规律进行研究。研究发现，超大城市网络治理面临着一系列非传统安全问题，整体治理能力还有待提高。应针对超大城市网络风险的复杂性、变化性、关联性和涌现性等特征，充分掌握超大城市网络治理难点，以习近平总书记网络治理的重要讲话和指示精神为指引，从政策制度、技术应用、相关产业角度出发开展系统治理。

第三，社区是超大城市的“细胞”，社区治理能力建设是超大城市治理水平提高的前提条件。回龙观地区是北京大型社区的代表，为加强新时代首都街道工作，提升大型社区治理能力，增强社区管理力量，推进回龙观地区城市管理体制综合配套改革，2019 年回龙观（镇）地区拆分为 3 个街道办事处。此次区划调整，优化了管理幅度，提升了属地管理能力，改善了城市环境，提升了公共服务能力，改善了城市秩序，群众幸福感和获得感得到提升，探索了超大社区治理的新路径。

第四，2021 年政府工作报告正式提出要做好“十四五”期间的“碳达峰、碳中和工作”，这就要求支持有条件的地方率先达峰。城市始终是控制碳排放的主战场，超大城市应在碳达峰进程中发挥示范表率作用。北京在绿色低碳发展方面一直走在全国前列，率先探索碳达峰、碳中和的有效路径，为全国碳达峰、碳中和发挥表率、示范和引领效应。研究指出，北京实现碳中和目标存在碳减排工作创新不够、传统能耗强度大且比重高、低碳政策激励力度不够等难题。立足新发展阶段，北京应加快构建碳减排激励机制，积极开发绿色低碳能源，大力发展低碳产业，鼓励低碳消费与碳减排合作，率先实现碳中和目标，谱写绿色低碳高质量发展的新篇章。

碳交易市场建设是推动超大城市实现碳达峰的有效抓手，构建京津冀区域碳市场，为全国区域碳市场构建形成示范，既有利于试点市场自身的发展，也有利于全国碳市场的构建。目前，京津冀区域碳市场建设还面临一系列阻碍。建设京津冀区域碳市场，要立法先行，统一区域内碳市场交易制度、辅助管理制度和监管制度，还要注重相关数据库等基础设施的建设。系统估算北京当前终端能源消费的碳排放量，测算北京森林生态系统碳汇能力，有利于探索北京为实现碳中和目标的建设重点。当前北京森林碳汇能力仍不足以承担实现碳中和目标的主要任务，需进一步推进节能减排，提升能源结构中新能源比重，加强 CCS 碳汇研究，落实人工造林计划，完善林业发展机制，建立统一的碳交易市场，提升碳价值实现效率，提升北京森林碳汇能力。

二　科技创新中心建设

提高自主创新能力，是构建新发展格局的关键。《北京城市总体规划（2016 年—2035 年）》指出，北京的战略定位是“四个中心”，即政治中心、文化中心、国际交往中心、科技创新中心。近年来，北京市以“三城一区”为主平台，以中关村国家自主创新示范区为主阵地，不断激发科技创新这个第一推动力，取得了突出成绩。科技创新要有全球视野。科技创新能力是国家综合竞争力的重要体现，无论是科学城的建立，还是科技创新发展的有效路径制定，科学技术政策都是国家战略的基础。因此，借鉴不同时期不同背景下他国的经验来加快创新中心建设、提高科技创新能力至关重要。

日本20世纪建立首个国家级科技新城以缓解东京城市压力，筑波科学城在设立背景、建设目标、选址等方面与北京非首都功能疏解需求有较高的相似度，因此其成功的经验与失败的教训都能为北京科技创新中心建设提供有价值的参考。

日本筑波科学城是典型的政府主导建设、专注基础研究的研究型科学城。它的建设曾经历过一个复杂的决策过程。它既是一个区域科技创新政策问题，又是一个城市规划问题。筑波科学城的建设模式有着明显的时代烙印和历史痕迹。自上而下、关注基础研究、建设新城市的范式已经不再是当前科学城建设的主流。当前，筑波科学城也将发展方向从国家研究中心转变为以科技创新推动城市未来发展。筑波科学城案例对于当下北京规划“三城一区”和其他科学城有重要的警示意义。

首先，科学城建设需要贯彻以人为本的建设理念，关注研究人员和城市市民的生产生活需求，协同不同群体的城市发展愿景，形成完善的科学城基础设施和城市功能。

其次，科学城的创新活动需要各创新主体共同合作，以合作研究、共享研究设备、组织学术研讨会和创业交流会等形式，促进创新社群之间的交流，激发创新活力。

再次，科学城发展需要重视价值实现，在关注科学研究的基础上，注重科技成果转换，以科学知识和技术创新带动创新创业，促进区域经济协同发展。

最后，筑波科学城发展的困境也令人深思。第一，筑波科学城计划宏大、定位模糊，其建设过程受国内外社会经济条件限制，原有规划难以完全实现。第二，作为一项科技创新政策，筑波科学城的建设虽然对公立机构有较强的动员能力，但对私有企业、风险投资、社会网络的重视不足，导致筑波科学城创新驱动力不足，科技创新成效欠佳。第三，作为一项城市发展战略，筑波科学城建设是由中央政府主导的自上而下实施的，没有充分动员地方力量参与，早期对交通、商业设施、公共服务等的忽视影响了城市活力，限制了筑波科学城的后续发展。

三　文化中心建设

北京是我国的文化中心，也是文旅融合发展的标杆城市。超大规模的国内市场，是我国推动形成新发展格局的最大底气。立足扩大内需这个战略基点，推动北京文旅的高质量发展，对于扩大文体、旅游等服务消费，促进消费提档升级具有积极意义。近些年，北京文化和旅游融合发展取得了重要进展。新时期促进北京文化和旅游融合发展需要坚持正确方向、坚持以人为本、坚持改革创新、坚持统筹兼顾、坚持特色发展、坚持底线思维。一方面，不断扩大文化和旅游市场规模、不断优化空间布局、丰富融合发展内涵；另一方面，打造融合发展精品、注重文化遗产保护，发展新型融合业态，以此，促进首都文旅的融合与高质量发展。

第一，北京休闲空间结构优化是文旅融合的前提条件。到目前为止，国内众多传统城市中，北京城市中轴线的长度最长、绵延时间最长、形态和功能分区最完备，最能深刻体现中国传统文化观念，包含最为丰富的文化内涵，也最能展示和彰显城市的古都风韵和文化气度。在此空间格局上，除了满足城市文化传统需求外，还要满足人们休闲供给多元化、层次化、融合化、智慧化的需求，因此要使北京形成休闲环境优化、休闲空间扩大、休闲活动多样化的休闲空间发展格局。在文化旅游融合发展的新时代下，让北京市休闲空间走中国传统内涵式、高渗透融合、高质量发展之路，构建全域化的居民休闲空间体系，优化居民休闲空间结构，增强居民和游客对高品质休闲的获得感。

第二，北京城市景观建设与创新旅游模式是文旅融合的关键手段。城市的文化景观是城市所独有的符号，是城市习俗、时代特征、政治制度、城市艺术等城市文明的最佳载体。城市作为人类活动的产物，从一开始就与文化紧密联系在一起，城市文化景观传承城市的历史文脉、彰显城市个性、体现城市的功能定位，是一所城市彰显其独特魅力的重要窗口。除此之外，后高速发展阶段旅游业的发展模式更加多元化，在北京冬奥会即将举办的背景下，“体育 +” 旅游发展模式将成为旅游产业与体育产业融合的一种新的产业形态，它将为北京市旅游业高质量发展提供有力支撑，也将是文旅融合的关键手段。

第三，北京城市文化遗产的保护是文旅融合的重要基础。除了传统文化遗产外，工业文化遗产也是首都文化的重要组成内容，它与首都传统历史文脉相接。北京表现出的工业文化遗产相对传统文化遗产少、新中国成立后工业文化遗产较多、工业文化遗产中心集中分布于郊区等特征，决定了首都工业文化遗产具有“红色基因”的特性。但就目前而言，北京仍存在工业文化遗产的“系统性”研究不足、工业文化遗产的“场所精神”消失、工业文化遗产中“红色基因”挖掘不够等问题，这进一步限制了北京城市文化遗产的保护及文化旅游的融合，因此在工业文化遗产保护过程中应做到“空间融合、文脉融合、功能融合”，为文旅融合提供重要的基础。

四　消费中心城市建设

扩大内需是构建新发展格局的战略基点。随着我国经济总体实力的增强和居民生活的改善，消费开始成为推动经济社会发展的重要力量。消费中心城市代表了后工业化时期城市发展的高级形态，是现代国际化大都市的核心功能之一。国际消费中心城市建设已经成为融入新发展格局、推动经济高质量发展的重要抓手。党的十九届五中全会通过的

《中共中央关于制定国民经济和社会发展第十四个五年规划和二〇三五年远景目标的建议》中明确提出“培育国际消费中心城市”。北京消费市场广阔，不仅面向全市，更面向全国和世界，未来消费市场和增长潜力还将持续提升。

借鉴世界主要城市的经验，把握消费发展新趋势，有助于精准研判自身短板，从而为推进国际消费中心城市建设提供启示。欧美等国家的消费中心城市建设经验表明，构建国际化商业体系有助于服务城市功能定位；顺应传统零售百货向多元化消费场景转变趋势，促进数字消费等新业态崛起；把握文化旅游核心优势，以独特文化增强国际吸引力。立足城市特色和发展基础，以商业层级体系为基础推进区域振兴，加强以场景为驱动的消费业态创新，平衡好外来消费与本土消费之间的关系。

五　临空经济区建设

北京要构建新发展格局，必须推进更高水平的对外开放。以国家服务业扩大开放综合示范区和北京自由贸易试验区为依托，加快“新国门”和临空经济区建设，有助于北京参与国际竞争与合作，提升全球配置资源能力，推动开放型经济发展不断迈上新台阶。

北京大兴国际机场是展示首都形象、国家形象的“新国门”，“新国门”催生新意识。北京深入贯彻习近平总书记关于北京重要讲话精神，抓住大兴国际机场这一国家发展新的动力源，坚持国际化发展方向，立足“国门”定位，以更大力度推进临空经济区规划建设，在构建现代化首都都市圈方面积极探索，打造全球临空经济区创新发展新标杆。立足新发展阶段，贯彻新发展理念，要树立“新国门”意识，充分彰显“新国门”意识，书写时代责任，吹响发展号角，多措并举推动“新国门”意识深入人心，高质量建设首都国际交往新门户。

第一，树立展示首都风采的“新国门”意识。贯彻落实习近平总书记关于北京大兴国际机场建设的重要讲话精神，要树立“新国门”意识，高质量建设首都国际交往新门户。“新国门”意识内涵丰富、意蕴深刻，集中体现为“珍惜荣誉，担当使命，加快发展，为国争光”。“新国门”意识是举旗帜、聚民心、育新人、兴文化、展形象的新载体。要让“新国门”意识内化于心、外化于行，必将展现奋力建设伟大社会主义祖国的首都、迈向中华民族伟大复兴的大国首都、国际一流的和谐宜居之都的风采。

第二，彰显“新国门”意识，构建发展新格局。大兴国际机场为首都高质量发展提供了便利的交通条件和发展良机，成为践行新发展理念的新动力源和“新国门”。珍惜荣誉是“新国门”意识的鲜亮底色，勇于担当是“新国门”意识的任务要求，创新发展是“新国门”意识的方向目标，为国争光是“新国门”意识的主旨要义。立足新发展阶段，贯彻新发展理念，充分彰显“新国门”意识，要以珍惜荣誉、担当使命、加快发展、为国争光等为丰富内涵，激发干事创业的强大精神动力，大力培育首都高质量发展的新动能，向世界展示新发展阶段大国首都的新形象，构建高质量发展的新标杆、新引擎、新格局。

第三，书写时代责任，吹响发展号角。北京大兴国际机场作为辐射全球的大型国际枢纽机场，面对新时代、新要求、新任务秉承时代责任与文化自觉，需要阐发“新国门”意识，奏响新时代的强音，吹响新征程的号角。“新国门”意识根植历史积淀面向时代发展，是抓住区域发展战略机遇的重要手段和内生动力。“新国门”意识引领精神力量的内生和凝聚，传承和提升坚守正气的优良作风，构建和促成积极向上的社会精神风貌，引领创新意识和创新能力提升。

第四，多措并举，推动“新国门”意识深入人心。在新版北京城市总体规划中，大兴区被赋予“首都国际交往新门户”的定位，新机场顺利通航后大兴成为“新国门”。推动“新国门”意识深入人心，应多措并举，结合大兴区地域文化特色，广泛宣传介绍“新国门”意识，深抓阐释深化工作，借助各种传播渠道，提高“新国门”意识的知晓度；提升大兴区干部群众集体认同感，助力“新国门”意识落地；深入学习培训，推动“新国门”意识入脑入心；重视延伸创作，促进“新国门”意识有序传承。

六　城乡统筹发展

大都市区是城乡融合发展和乡村振兴的重要空间单元，推动城乡“强联系”驱动下的城乡融合发展研究和乡村振兴战略路径探索已经成为新时期认知城乡发展规律、重构新型城乡关系、服务国家发展战略的迫切需要。定量测度环首都地区城乡融合水平的时空演化特征及区域发展差异，并以此为基础划分不同的城乡融合发展类型区，可为破解环首都地区城乡和区域发展不均衡问题提供决策参考；高质量发展要求创意设计发挥促进产业转型升级的作用，倡导“大设计”观，对于北京的城市更新、乡村振兴等国家战略的实施具有关键作用。

第一，定量测度环首都地区城乡融合水平的时空演化特征及区域发展差异，并以此为基础划分出不同的城乡融合发展类型区，可为破解环首都地区城乡和区域发展不均衡问题提供决策参考，研究表明：以2000年为拐点，县域尺度城乡融合水平经历了先减后增的“U”形变化过程，整体趋势向好；城乡融合水平的区域差距先增后减，总体趋于缩小。低水平融合区的数量波动减少，高水平融合区持续增加；城乡融合水平高、低值区的“核心—边缘”结构突出，且经历了“单组单核—多组多核—单组多核”的动态演变过程；城乡融合水平呈现显著的空间正相关性，集聚性先增后减；城乡融合热点区呈团簇状集聚在北京市域范围内，冷点区和次冷点区呈环形或带状布局在保定市中心城区外围；城乡融合“冷热”空间格局与地理环境和社会经济发展背景联系紧密。可将环首都地区划分为 5 类城乡融合区——城乡融合引领示范区、城乡融合先行发展区、城乡融合优化升级区、城乡融合转型提质区和城乡融合落后欠发达区，并采取差异化的乡村振兴实现路径。

第二，高质量发展要求创意设计发挥促进产业转型升级的作用，倡导“大设计”观，对于北京的城市更新、乡村振兴等宏观战略的实施具有关键作用。创意设计产业作为文化产业的重要组成部分，2012 年被列入文化产业分类以来快速增长，成为推动中国文化产业发展的重要力量。应强调创意设计与相关产业深度融合和专业间交互融合的“大设计”理念，营造创意设计氛围，不断提高创意设计能力，推动创意设计与制造业、装备业、现代手工业、农业和科技等相关业态的跨界融合，推动创意设计产业为产业转型升级、提质增效提供服务，促进城市更新和乡村振兴，提升城乡审美韵味和文化品位。

目　录

超大城市治理

科技创新中心建设

文化中心建设

消费中心城市建设

临空经济区建设

城乡统筹发展

超大城市治理

日本都市圈的建设实践及其特点简析

熊达云*

摘　要： 日本高度重视都市圈的建设，其实践可为京津冀国际化城市群建设提供宝贵的经验。目前，日本已形成了首都圈、近畿圈和中部圈等重要的都市圈。综观日本都市圈建设的全过程，具有以下特点：一是承担顶层设计角色的法律体系非常完备和有层次；二是在中央政府的统一指挥下，由各都市圈建设推进机关制定长、中、短期不同的规划或计划；三是强化中央政府的统一规划和统一领导；四是政策透明公开，主动接受社会监督。

关键词： 日本　都市圈　城市群

1993 年在达沃斯经济论坛上，新加坡总理李光耀对时任国家计委政策研究室副主任刘鹤说："中国最大的挑战是城市化，10 亿人口的城市化足以改变世界，但是你们的压力将是史无前例的。"① 对此，刘鹤深有同感。他指出："在工业化、市场化、城市化和国际化这四个趋势

---

* 熊达云，日本山梨学院大学法学部教授。

① 刘鹤：《中国最大的挑战是城市化》，https：//wemp. app/posts/3b4af344 - 93bb - 4f20 - 8782 - 56d6ad5833ea，2021 年 3 月 10 日。原文收入《中国经济 50 人看三十年》，中国经济出版社，2008。

中，城市化是最核心也是最复杂的命题。”并认为，正确的城市化道路选择是实现可持续发展的客观选择。①

正是基于这种认识，此前闭幕的第十三届全国人大第三次会议审议通过的《中华人民共和国国民经济和社会发展第十四个五年规划和2035年远景目标纲要》在“完善城镇化空间布局”一章中，在第十三个五年规划的基础上，进一步提出了“发展壮大城市群和都市圈，分类引导大中小城市发展方向和建设重点，形成疏密有致、分工协作、功能完善的城镇化空间格局”，为中国推动城市化建设提出了一个崭新的目标和实施战略。

实际上，西方各国在推进近代化和城市化的进程中，十分重视城市群、都市圈的建设，有成功的经验，也有失败的教训。

日本在推进近代化的过程中，非常重视城市群尤其是都市圈的建设。日本正是通过建设都市圈，基本实现了地区间均衡发展，有效防止了城乡差距扩大以及“大城市病”恶化，促进并牵引了日本整体经济力量提升、改善了人民生活环境和生活质量。现在日本已经基本建成了首都圈、近畿圈和中部圈等重要的都市圈。

日本是一个后发资本主义国家，地处东亚，人文传统和中国比较接近，因此研究日本推动城市群和都市圈建设的措施和方法，总结其特点，对于我国今后的都市圈建设或许可以提供借鉴和参考。有鉴于此，本文拟简析其组织推进方法及主要特点。

一　日本都市圈建设实践简要介绍

从“国家哲学社会科学文献中心”官网检索可知，关于日本都市

① 刘鹤：《中国最大的挑战是城市化》，https://wemp.app/posts/3b4af344-93bb-4f20-8782-56d6ad5833ea，2021年3月10日。原文收入《中国经济50人看三十年》，中国经济出版社，2008。

圈建设，我国许多学者和研究机构都给予了一定程度的关注。[①] 但是，从注释中列出的文章标题可以看出，大家关注点基本上都集中在日本以东京为核心的首都圈，对其他都市圈的关注度似乎不够。有鉴于此，本部分拟对日本都市圈建设的整体情况做简要介绍，以使读者对日本都市圈建设的全貌有所了解。

日本实施有计划的城市建设始于明治21年（1888），以当年颁布的《东京市区修正条例》为标志。这部法律初期只适用于东京，后来随着日本各地城市的兴起，经过多次修改，其基本原则由1933年的《城市计划法》所继承，适用对象也扩大至京都、大阪、名古屋、横滨、神户等大城市。第二次世界大战中日本战败，整个东京受到美军连番空袭，基本被夷为平地。为了快速恢复东京的城市建设，1946年日本政府制定了《特别都市计划法》。1950年又制定《首都建设法》，把建设首都作为一项全国性工程予以推进。

《首都建设法》的出台，在促进东京经济快速恢复方面贡献巨大，

① 如邹军等《日本首都圈规划构想及其启示》，《国外城市规划》2003年第2期；张娜等《东京港——日本首都圈的物流枢纽》，《港口经济》2004年第2期；杜德斌等《日本首都圈的建设及其经验》，《世界地理研究》2004年第4期；智瑞芝等《日本首都圈规划及中国区域规划对其的借鉴》，《当代亚太》2005年第11期；张辉、李巧莎《日本首都圈的建设及其对京津冀都市圈建设的启示》，《日本问题研究》2007年第4期；赵儒煜、冯建超、邵昱晔《日本首都圈城市功能分类与空间组织结构》，《现代日本经济》2009年第4期；冯建超、朱显平《日本首都圈规划调整及对我国的启示》，《东北亚论坛》2009年第6期；常艳《日本首都圈的规划建设对京津冀协同发展的启示》，《经济研究参考》2014年第59期；王凯、周密《日本首都圈协同发展及对京津冀都市圈发展的启示》，《现代日本经济》2015年第1期；张玉棉、尹凤宝等《京津冀城市分工与布局协同发展研究——基于日本首都圈的经验》，《日本问题研究》2015年第1期；乌兰图雅《京津冀协同发展与日本的经验——以首都圈规划为中心》，《东北亚学刊》2015年第3期；高慧智、张京祥等《网络化空间组织：日本首都圈的功能疏散经验及其对北京的启示》，《国际城市规划》2015年第5期；田庆立《日本首都圈建设及对京津冀协同发展的启示》，《社科纵横》2017年第3期；胡关子、孟令通《日本首都圈整治机制的演进与启示》，《中国物价》2017年第4期；冯文猛、聂海松《日本首都圈发展历程及规划变迁》，《东北亚学刊》2017年第5期；孙艳艳等《日本首都圈产学官协同创新生态系统建设研究》，《情报工程》2017年第5期；史艳玲、刘子轩《河北省深入推进京津冀协同发展对策研究——借鉴日本首都圈建设经验》，《保定学院学报》2019年第2期。

但同时也出现了一系列消极因素，如城市人口和产业布局过度集中于老城区、交通拥堵、基础设施不配套等。例如，东京都老城区的人口从1947年的382万人增加到1950年的538万人，短短3年时间就增加了150多万人。[①] 为此，日本政府意识到，单独推动东京都的城市建设难以为继，甚至会出现严重的地区分割等进而阻碍经济发展的局面。正是在这一时期，日本政府于1955年12月制定了《经济自立5年计划》，1957年12月颁布了《新长期经济计划》，其中关于国土开发、区域开发等方面确定采取圈域开发方式。为此，1957~1960年，先后颁布了以东北地区、九州地区、中国地区、四国地区以及北陆地区为对象的《地域开发促进法》，在全国出现了一个地区开发和振兴的热潮。[②] 在拥有大型城市的关东和关西地区，则既要防止城市规模过大和人口过密，又要加快开发。在此背景下，日本政府决定在都市集中区域推行都市圈建设。1956年国会制定的《首都圈整备法》是日本开始建设都市圈的一个重要标志。

为了贯彻《首都圈整备法》，日本政府按照这部法律规定的基本精神编制了《首都圈整备计划》，同时为了具体落实该计划，于1958年制定了《首都圈市街地开发区域整备法》，之后，于1959年颁布了《关于在首都圈现有市街地区限制工业等设施的法律》，以此限制在首都圈内几个大城市的核心区域新设工业企业和大学，同时在首都圈内着手开发建设新的市街区域，以便将工业企业和高等学校向这些区域扩散。位于首都圈的各县市则根据这些基本法律和总体规划、计划精神，以及各地的实际情况，编制各个县、市（政令指定城市）的城市计划，以一种合力的形式推动首都圈有序平衡发展。这一工程历经70多年，其间建设的步伐始终没有停止，边建设边调整边完善，以致达到今天的规模。

---

① 三大都市圈政策形成史编辑委员会编《三大都市圈政策形成史证言首都圈、近畿圈、中部圈》，株式会社行政出版，2000，第6页。

② 《中部圈开发整备计划新计划推进资料》，中部圈开发整备地方协议会，2017年3月。

首都圈建设启动后，关西地区以大阪市为中心，城市发展空间狭小、人口过度集中、环境污染严重等问题逐渐显现，为此，以大阪府为中心的附近县、市开始自发组织起来讨论建立都市圈的问题，例如1955年由大阪市、尼崎市、西宫市、芦屋市、神户市组成的“阪神都市协议会”，1960年12月由大阪府、京都府、兵库县、大阪市等2府6县3政令指定城市的行政首长、议会议长、中央政府的派驻机构和专家学者组成的“近畿开发促进协议会”为近畿圈的集合发展出谋献策。大阪府知事左藤甚至喊出了“近畿共同体”的口号，强烈希望仿照首都圈制度建立近畿圈，实现抱团发展。在地方政府和产业界的推动下，近畿圈的建设被日本政府提上了议事日程。① 1963年《近畿圈整备法》颁布，翌年又出台《关于整备及开发近畿圈的近郊整备区域及城市开发区域的法律》和《关于限制在近畿圈现有城市区域建设工厂企业的法律》。于是，近畿圈的建设拉开了序幕。

相对于首都圈和近畿圈，中部圈建设的启动时间较晚。虽然1961年5月，中部地区所在各县知事就自发成立了“东海北陆地方知事会”，旨在推动东海北陆地方各县之间的合作，促进本地区的发展。但中部圈建设的启动，初期还是由日本政府邀请的联合国埃内斯特·怀斯曼考察团提出的②。该考察团在1964年形成的考察报告中首次提出了中部圈概念，认为这一地区将来可以成为连接关东和近畿两个都市圈的重要地区，应该大力开发。这份报告给了当地很大的鼓舞。在地方知事会、中部8县商工会议所成立的“中部经济开发促进恳谈会”以及中部地区选出的国会议员的积极推进下，政府遂于1966年10月制定了以

---

① 请参阅前引三大都市圈政策形成史编辑委员会编《三大都市圈政策形成史证言首都圈、近畿圈、中部圈》，株式会社行政出版，2000，第36~42页。

② 该考察团由时任联合国住宅、建筑、计划中心主任埃内斯特·怀斯曼担任团长，成员有荷兰社会研究所副所长雅各布·泰塞以及福特财团公共问题项目部部长鲍尔·伊尔比萨卡。请参阅前引三大都市圈政策形成史编辑委员会编《三大都市圈政策形成史证言首都圈、近畿圈、中部圈》，株式会社行政出版，2000，第64~65页。

名古屋等工业城市为核心的《中部圈开发整备法》等一系列法律法规。[①] 该地区存在像名古屋这样的大型工业城市，又存在大片亟待开发的农村和山区，因此根据地方知事协议会的建议，“中部圈整备法”加入了“开发”二字，并规定设立地方协议会，其开发整备计划由地方协议会编制，经中央主管机关审核通过后实施。就这样，日本三大都市圈的建设先后有序展开，形成了拉动日本经济高速均衡发展的三大平台。

三大都市圈建设的政策制定过程大体分为3个阶段，即日本经济高速增长期（建设省主管时期）、经济稳定增长以后的时期（国土厅成立以后的时期）和新基本计划制定以后的时期（国土交通省成立以后迄今）。[②] 关于具体政策的制定与实施情况，由于篇幅所限，本文不予细述。对于日本三大都市圈的整体状况，读者可以通过表1至表3获得一个轮廓性的了解。

经过几十年的建设，三大都市圈在日本社会发展和国民经济中占有绝对重要的地位。现在入围三个都市圈的地区占到日本47个一级行政区划“都道府县”的将近一半，高峰时，如1989年三大都市圈面积占日本国土面积的35%、人口占63%。[③] 三大都市圈为日本经济发展作出巨大贡献。据2005年的统计数据，三大都市圈的所得税收入和法人税收入占到全国的75%。三大都市圈中首都圈的地位最为显赫，2012年，

① 请参阅前引三大都市圈政策形成史编辑委员会编《三大都市圈政策形成史证言首都圈、近畿圈、中部圈》，株式会社行政出版，2000，第65～83页。

② 请参阅前引三大都市圈政策形成史编辑委员会编《三大都市圈政策形成史证言首都圈、近畿圈、中部圈》，株式会社行政出版，2000，第1～3章。

③ （日本）国土厅大都市圈整备局监修《大都市圈的整备》，财团法人关西情报中心发行，1989年5月，第1～7页。这一比例随着日本人口的下降而变化，2013年3月的统计值为50.93%。参阅《総人口5年連続減、日本人1億2643万人首都圏に集中》，《日本经济新闻》2014年6月15日，https://www.nikkei.com/article/DGXNASFK2501V_V20C14A6000000/2021年3月1日阅览。

表 1　首都圈的基本情况

所辖都、县名称	适用法律名称	政策划定区域名称	数量（个）	面积（平方公里）	人口（千人）	涵盖市町村	区域的性质
东京都、埼玉县、千叶县、神奈川县、茨城县、栃木县、群马县、山梨县，共1都7县	首都圈整备法（1956年法律第83号）	既存市街地区	1	959	11651	东京都所属23个特别区及武藏野市、三鹰市、神奈川县所属横滨市、川崎市、埼玉县所属川口市	防止产业及人口过度集中，同时维持增强城市功能的地区
		近郊建设地带	1	6618	17100	八王子市、川越市、千叶市、横须贺市、龙崎市等104个市57个町村。其中东京都25市4町村，埼玉县36市27町村，千叶县19市9町村，神奈川县19市9町村，茨城县5市8町村	有计划地建设市区街道并保护绿地的区域
		其中，近郊绿地保护区域	18	157	未作统计	东京都所属3处，神奈川县所属6处，埼玉县所属5处，千叶县所属4处，茨城县所属2处（其中2处有交叉），涵盖39个市、町、村	近郊建设地带中绿地保护效果尤为显著的区域
		城市开发区域	18	5379	4880	熊谷市、土浦市、甲府市、太田市、大田原市等30个市63个町村。其中埼玉县3市2町村，茨城县11市20町村，栃木县8市19町，群马县7市17町，山梨县1市5町	建设成工业城市、居住城市
		工业等限制发展区域	1	959	11651	东京都所属23个特别区及武藏野市、三鹰市、神奈川县所属横滨市、川崎市、埼玉县所属川口市	为了防止产业及人口向既存市街地区过度集中，改善城市环境，限制新设工厂及大学等机构的区域

注：本表由笔者参阅（日本）国土厅大都市圈整备局监修《平成元年大都市圈的整备——首都圈、近畿圈、中部圈》所收“表3－2政策区域的指定状况”“表3－4政策区域的面积及人口”“表3－7政策区域构成市町村名一览”所载数据编辑而成。人口数为1985年的人口调查，面积为设立初期的数据。

表 2 近畿圈的基本情况

所辖府、县名称	适用法律名称	政策划定区域名称	数量（个）	面积（平方公里）	人口（千人）	涵盖市町村	区域的性质
福井县、三重县、滋贺县、京都府、大阪府、兵库县、奈良县、歌山县，共 2 府 6 县	近畿圈整备法（1963 年法律第 129 号）	既存城市区域	1	433	7324	大阪市、京都市、守口市、东大阪市、堺市、神户市、尼崎市、西宫市、芦屋市	防止产业及人口过度集中，并维持增强城市功能的地区
		近郊建设区域	4	3828	9720	宇治市、岸和田市、伊丹市、奈良市等 54 市 47 町村。其中京都府 7 市 10 町村，大阪府 30 市 13 町村，兵库县 8 市 1 町村，奈良县 9 市 23 町村	有计划地建设成市区街道的区域
		城市开发区域	6	6458	4351	福井市、大津市、福知山市、姬路市、和歌山市、上野市等 33 市 67 町村。其中福井县 4 市 11 町村，三重县 2 市 5 町村，滋贺县 7 市 20 町村，京都府 4 市，兵库县 11 市 14 町村，和歌山县 5 市 17 町村	建设成工业城市、居住城市
		保护区域	21	5021	未作统计	敦贺市、舞鹤市、四日市、樱井市、新宫市、大津市、丰冈市、池田市等 212 个市、町、村	保存文化遗产，保护绿地，或保护、开发旅游资源的区域
		其中，近郊绿地保护区域	6	812	未作统计	高槻市、宝塚市、五条市、桥本市等 5 市、町、村	在近郊绿地中存在比较大的无秩序市街化的可能性，通过保护措施保障现有市街区域的居民身体健康或者控制环境污染以及自然灾害效果显著的区域
		工业等限制发展区域	1	391	7324	大阪市、京都市、守口市、东大阪市、堺市、神户市、尼崎市、西宫市、芦屋市	为了防止产业及人口向既存市街地区过度集中，改善城市发展环境的区域

注：本表由笔者参阅（日本）国土厅大都市圈整备局监修《平成元年大都市圈的整备——首都圈、近畿圈、中部圈》所收“表 3－2 政策区域的指定状况”“表 3－4 政策区域的面积及人口”“表 3－7 政策区域构成市町村名一览”所载数据编辑而成。人口数为 1985 年的人口调查，面积为设立初期的数据。

表 3　中部圈的基本情况

所辖县	适用法律名称	政策划定区域名称	数量（个）	面积（平方公里）	人口（千人）	涵盖市町村	区域的性质
富山县、石川县、长野县、岐阜县、静冈县、爱知县、福井县、三重县、滋贺县共9个县	中部圈开发整备法（1966年法律第102号）	城市建设区域	1	2990	9153	名古屋市、冈崎市、四日市等28市45町村，其中爱知县26市37町村，三重县2市8町村	有计划地开展基础设施建设的区域
		城市开发区域	13	11127	未作统计	富山市、金泽市、福井市、长野市、岐阜市、沼津市、津市、彦根市等61市130町村，其中富山县5市7町村，石川县3市12町村，福井县1市8町村，长野县8市7町村，岐阜县14市33町村，静冈县18市34町村，爱知县4市7町村，三重县6市12町村，滋贺县2市10町村	开发建设成产业城市及其他中心城市的区域
		保护区域	18	12443	未作统计	鱼津市、大町市、大野市、热海市、鸟羽市、七尾市、敦贺市、瑞浪市、犬山市等294市、町、村	保护或开发旅游资源、保护绿地、保护文化遗产的区域

注：本表由笔者参阅（日本）国土厅大都市圈整备局监修《平成元年大都市圈的整备——首都圈、近畿圈、中部圈》所收“表3-2 政策区域的指定状况”“表3-4 政策区域的面积及人口”“表3-7 政策区域构成市町村名一览”所载数据编辑而成。人口数为1985年的人口调查，面积为设立初期的数据。

东京都GDP为99.8兆亿日元，占日本GDP的20.2%，[①] 此后虽有所下降，2015年仍达94兆亿日元，约换算为1.57兆亿美元，若按国家排名，排在墨西哥之后，居世界第16位。[②] 而东京都人口占全国人口的比重不足10%。外国投资大部分集中在东京，截至2016年3月底，

① 《都民経済計算年報》，平成30年（2018），https://www.toukei.metro.tokyo.lg.jp/keizaik/kk18qf0000.pdf，2021年3月20日。

② 《日本经济新闻》，https://www.nikkei.com/article/DGXLASFK29H26_Z20C17A6000000/，2021年2月20日。

76.6%的外资企业集中分布在东京都。[①]

其中首都圈的核心部分“东京圈”（东京都、埼玉县、千叶县、神奈川县，俗称1都3县）在国际上的地位更加突出，据2016年底的统计数据，2014年东京圈GDP为1.6167万亿美元，比韩国GDP（1.4170万亿美元）还高，在世界各国都市圈中位列第一（排第二位的纽约大都市圈GDP为1.4034万亿美元；排第三位的洛杉矶大都市圈GDP为8604亿美元）。[②]

那么，日本的都市圈建设都有哪些特点呢？下文拟就国家层面采取的政策措施做简要分析。

二　注重顶层设计，依法依规推动都市圈建设

日本是一个实行三权分立、多党争享统治地位的资本主义国家，执政党和国会组成人员随着政局的变化而分离组合。同时，就公务员队伍而言，基于国家行政层面实行的才能选拔制，一旦通过国家考试被录取为公务员，则可以按部就班地依序升迁，依法依规开展各项行政业务，受政局变化的影响相对有限。推进都市圈建设，不可能一蹴而就，必须久久为功，一代接着一代干。为了使都市圈建设不因执政党的更替而半途而废，日本统治当局特别重视顶层设计，即重视以法律的形式予以规定。因此，日本内阁虽然变动频繁，但法律法规一旦制定，任何政党或政党派系上台都无法随心所欲地改变既有法律。同时有一支相对独立且高效运作的公务员队伍对法规的忠实坚守，也可能是日本都市圈建设能够近70年一以贯之的重要原因。综观日本都市圈建设的全过程，承担顶层设计角色的法律体系非常完备和有层次。

---

① 《第1部 东京经济的概况》，https://www.sangyo-rodo.metro.tokyo.lg.jp/toukei/e130c54b0e166a4e956c5dafe36ad799_6.pdf，2021年3月18日。

② 《首都圏 日本》，https://ja.wikipedia.org/wiki/%E9%A6%96%E9%83%BD%E5%9C%8F_(%E6%97%A5%E6%9C%AC)，2021年3月23日。

具体而言，关于都市圈建设的法规可以分成3个层次，顶层为基本法，第二层为单行法，第三层是行政法规。关于基本法，最早出台也是最根本的法律应该是1950年颁布的《国土综合开发法》（法律205号）。有关都市圈的基本法都是按照《国土综合开发法》的基本精神制定颁布的，先后出台了3部法律，分别是《首都圈整备法》（1956年法律第83号）、《近畿圈整备法》（1963年法律第129号）和《中部圈开发整备法》（1966年法律第102号）。

都市圈基本法制定后，为使法律落地落实，必须有与之配套的单行法。因此，日本政府根据推进都市圈建设的实际需要，分门别类地制定颁布了一系列单行法。根据这些法规的性质，可以分成以下三种类型。

第一类是在大都市圈适用特殊政策和划定特殊区域的法律，主要法规如下：《首都圈整备法》（1956年法律第83号）、《首都圈市街地开发区域整备法》（1958年法律第98号，后来法律名称修改为《关于建设首都圈近郊建设地带以及城市开发区域的法律》）、《关于建设近畿圈近郊建设区域以及城市开发区域的建设和开发的法律》（1964年法律第145号）、《关于建设中部圈城市整备区域、城市开发区域和保护区域的法律》（1967年法律第102号）、《首都圈近郊绿地保护法》（1966年法律第101号）、《关于建设近畿圈保护区域的法律》（1967年法律第103号）。

第二类是在财政政策方面对都市圈实施特殊措施的法律，如《关于国家在财政方面对首都圈、近畿圈近郊建设地带实行特殊措施的法律》（1961年法律第114号，《中部圈开发整备法》颁布后加入了中部圈）。

第三类是限制在大都市圈特定区域内新增工业制造和教育设施的法律，主要法规有《关于在首都圈现有市街地内限制工业等设施的法律》（1959年法律第17号）、《关于在近畿圈现有市街地内限制工业等设施的法律》（1964年法律第144号）等。

根据日本的立法规则，无论是基本法还是单行法，都是由内阁提出法律草案，经过国会两院执政在野各党的激烈辩论后投票决定通过与否。因此这些法律实际上是日本朝野妥协的产物，体现了社会的最大公约数。当然，一般来说，在国会占据多数议席的执政党长期以来都是代表垄断资产阶级利益的自民党，法律的主体思想更多的是反映统治阶层的意志。

单行法之下是各种行政法规。与中国类似，行政法规一般出自行政层面的内阁所属各个部局，既有落实基本法的实施细则，如《首都圈整备法施行令》《首都圈整备法施行规则》《指定首都圈整备委员会所确定的区域》《依据首都圈整备法指定近郊建设地带》《依据首都圈整备法指定城市开发区域》等，也有《关于建设首都圈近郊建设地带以及城市开发区域的法律》配套的行政法规，如《关于建设首都圈近郊建设地带以及城市开发区域的法律施行令》《关于建设首都圈近郊建设地带以及城市开发区域的法律施行规则》《根据关于建设首都圈近郊建设地带以及城市开发区域的法律实行不动产登记的政令》《关于在首都圈近郊建设地带以及城市开发区域内建设工业园区的省令》《依据关于建设首都圈近郊建设地带以及城市开发区域的法律实施不动产登记的程序的省令》。总之，行政法规针对的都是一些需要具体落实与推进的措施和方法。[①]

三　规划计划配套，全面有序推进

推进都市圈建设，不可以一蹴而就，需要制定长、中、短期不同的规划或计划。这些计划和规划在中央政府的统一指挥下，由各都市圈建

---

① 以上内容参阅吉田英一《大都市圈整备三法》，http：//www. minto. or. jp/print/urbanstudy/pdf/research_ 22. pdf，2019 年 6 月 15 日。

设推进相关机构制定，报送内阁，最终由总理决定。表4为日本大都市圈整备规划、计划的体系。

表4 日本大都市圈整备规划、计划的体系

<table>
<tr><th colspan="2">项目</th><th>首都圈</th><th>近畿圈</th><th>中部圈</th></tr>
<tr><td rowspan="4">基本计划</td><td>名称</td><td>首都圈基本计划</td><td>近畿圈基本建设计划</td><td>中部圈基本开发建设计划</td></tr>
<tr><td>宗旨</td><td>规定人口规模、土地利用以及其他建设计划的基本事项</td><td>规定基本方针，有关基础性重大设施建设的事项</td><td>规定基本方针，有关基础性重大设施建设的事项</td></tr>
<tr><td>制定机关</td><td>内阁总理决定</td><td>内阁、总理、大臣决定</td><td>内阁、总理、大臣决定</td></tr>
<tr><td>计划期间</td><td>大约15年</td><td>大约15年</td><td>大约15年</td></tr>
<tr><td rowspan="4">建设计划</td><td>名称</td><td>整备计划（既有市街地区、近郊建设地带、城市开发区域）</td><td>建设计划（近郊整备区域、城市开发区域）</td><td>建设计划（近郊整备区域、城市开发区域）</td></tr>
<tr><td>宗旨</td><td>按照不同的政策区域规定其有关整备的基础性重大事项</td><td>按照不同的政策区域规定其人口产业规模、土地利用、设施建设的大纲</td><td>按照不同的政策区域规定其基本构想、人口产业规模、土地利用、设施建设的大纲</td></tr>
<tr><td>制定机关</td><td>内阁总理决定</td><td>地方知事制定，内阁总理批准</td><td>地方知事制定，内阁总理批准</td></tr>
<tr><td>计划期间</td><td>5年</td><td>5年</td><td>5年</td></tr>
<tr><td rowspan="3">事业计划</td><td>名称</td><td>事业计划</td><td>事业计划</td><td>事业计划</td></tr>
<tr><td>宗旨</td><td>为实施整备计划而必须展开的年度工作计划</td><td>为实施整备计划而必须展开的年度工作计划</td><td>为实施整备计划而必须展开的年度工作计划</td></tr>
<tr><td>制定机关</td><td>内阁总理决定</td><td>内阁总理决定</td><td>内阁总理决定</td></tr>
<tr><td rowspan="3">保护区域建设计划</td><td>名称</td><td>近郊绿地保护计划</td><td>保护区域整备计划</td><td>保护区域整备计划</td></tr>
<tr><td>宗旨</td><td>规定关于保护近郊绿地的事项、关于设施整备事项、关于近郊绿地特别保护地区指定标准的事项</td><td>规定基本构想、关于利用土地的事项、关于设施整备事项</td><td>规定基本构想、关于利用土地的事项、关于设施整备事项</td></tr>
<tr><td>制定机关</td><td>内阁总理决定</td><td>地方知事制定，内阁总理批准</td><td>地方知事制定，内阁总理批准</td></tr>
</table>

注：本表由笔者参阅（日本）国土厅大都市圈整备局监修《平成元年大都市圈的整备——首都圈、近畿圈、中部圈》所收“表3-6大都市圈整备计划的体系”。

长期规划也称为“基本计划”，期限一般为15年，主要确定规划期间内都市圈建设的基本方针、人口规模、土地利用及开发建设的主要构想。基本计划都是由中央政府统一编制，内阁总理批准。计划执行期满后再编制新的基本计划。例如首都圈从设立迄今已编制了6次计划，大体情况参阅表5和表6。

表5　第1~3次首都圈基本计划概要

类别	第1次基本计划	第2次基本计划	第3次基本计划
制定时间	1958年7月	1968年10月	1976年11月
计划实施时间	目标年度:1975年	目标年度:1975年	1976年至1986年
计划制定的背景	随着经济的复兴,人口和产业向东京集中;需要建设首都圈作为政治、经济、文化的中心	经济高速增长带来的社会形势变化;修订绿化带构想计划,由此需要划定近郊建设地带	上一个计划的目标任务执行完毕,第一次石油危机带来经济和社会形势的变化
计划实施区域	以东京都中心区域为半径方圆100公里范围	东京、埼玉、千叶、神奈川、茨城、枥木、群马、山梨等8个都、县	东京、埼玉、千叶、神奈川、茨城、枥木、群马、山梨等8个都、县
人口规模	整个对象区域人口全增长型,人口规模(1975年为2660万人) 控制现行市区内人口增长,新增人口由新开发市区吸收	人口全增长型,预计1975年首都圈人口为3310万人	人口抑制型。抑制首都圈人口的增长,1985年控制在3800万人。减少东京大城市区域人口,周边地区人口适度增加
区域建设方向	在以东京都老区为中心的现有城市区域周围设置绿化带(近郊区),以抑制现有城市区域的扩张 在城市开发区域建设大量卫星城作为工业城市,吸收增长的人口和产业	按照细化城市功能的方向重新划定城市空间,让现有城市区域,作为一个分担枢纽功能的区域 将距离城市中心50公里半径的区域新设定为近郊建设地区,以取代绿化带(近郊区)。针对人们强烈的市街化愿望,有计划地建设城市街道,与绿地和谐共存 在周边城市开发区域,继续推进卫星城开发	对于东京大都市地区,为了逐步纠正对东京都中心的单极依赖,形成相对于地震等灾害具有高度安全的区域结构,推进建设具有区域中心特征的多核城市,形成由多核城市组成、具有多极结构的广域城市综合体。在周边地区,则除了发展传统的农业和工业生产功能外,还努力增强其社会和文化功能,形成一个居民无须到东京大都市城区上班的大都市郊区外围地区

续表

类别	第1次基本计划	第2次基本计划	第3次基本计划
各种功能的配置	限制在东京都城区内增设工厂和大学,只允许不易分散的产业及人口适度增加	中枢功能由首都地区的核心部分承担,物质生产和流通功能广泛分布于整个首都圈,适当配置与之相关的日常生活功能	在考虑选择性分散中枢功能的同时,在东京大都市区域内广泛地进行多核布局。尽可能减少大学等机构向首都圈地区集中,并将其从东京都城区转移到现有市区以外的地区。工业布局方面,为了避免整个首都地区的工业显著扩张,积极推进从东京大都市地区转移的政策
其他方面的建设		列举大量旨在改变首都圈区域结构的大规模建设工程(如高速公路网、高速铁路网、大规模住宅区城市街道、大规模水源地开发等)	谋求形成丰富的区域社会,重视地震发生后的防灾救灾,以此作为地区建设中的最基础的条件
备考	1962年8月修订人口规模为2820万人		

资料来源:https:/ww. m1it. go. jp/comon/001116833. pdf,2021年3月2日阅览。

表6 第4~6次首都圈基本计划概要

类别	第4次基本计划	第5次基本计划	第6次基本计划
制定时间	1986年6月	1999年3月	2016年
计划实施时间	从1986年起的约15年	1999~2015年	2016年以后的10年(部分为5年)
计划制定的背景	基于以自然增长为中心的人口缓慢增长趋势,以及国际化、老龄化、信息化和技术创新发展等社会变化大趋势,为了迎接21世纪而制定	根据首都地区从增长时代到成熟时代的转变中各种情况的变化,以及新的全国综合计划而制定(1997年3月)	人口老龄化社会的到来,国际竞争加剧,需要加强面与面之间的交流,以降低首都圈单极集中的风险,需要制定预防对策
计划实施区域	东京、埼玉、千叶、神奈川、茨城、栃木、群马、山梨等8个都、县	东京、埼玉、千叶、神奈川、茨城、栃木、群马、山梨等8个都、县	东京、埼玉、千叶、神奈川、茨城、栃木、群马、山梨等8个都、县

续表

<table>
<tr><th>类别</th><th>第 4 次基本计划</th><th>第 5 次基本计划</th><th>第 6 次基本计划</th></tr>
<tr><td>人口规模</td><td>在以自然增长为主的人口增长基调的基础上，减少了社会增长，2000 年首都圈整体人口为 4090 万人</td><td>整个首都圈人口 2010 年达到 4190 万人后转而减少，2015 年为 4180 万人</td><td>首都地区人口预计将从 2010 年的 4350 万人增长到 2015 年的 4360 万人，而后开始下降，2025 年将下降到 4240 万人</td></tr>
<tr><td>区域建设方向</td><td>在东京大都市圈，改变对东京都老区，特别是市中心的单极依赖结构，形成以业务核心城市为中心的独立都市圈，并将其重新构建为多核多圈型区域结构
在周边地区，以核心都市圈为中心，促进各种功能的集聚，发展渔村等地区，以加强地区之间的合作，提高地区的独立性</td><td rowspan="2">由对中心的单极依存性结构转变为以首都圈的各地区为中心，形成以中心城市为核心的高度独立的地区，实现相互功能分担、协作和交流的“分散型网络结构”，将与首都内外有着广泛联系的业务核心城市、关东北部地区等核心都市圈培育和发展为“广域合作基地”
在都市圈内，在东京和近郊地区的适当分工和合作下，推进城市功能的重新定位。在东京，包括市中心居住区，推进城市空间的重组。在近郊地区，通过基地之间的职能分工、合作和交流形成“环形基地城市群”
在关东北部和东部地区以及内陆西部地区，在保证土地有序利用的同时，培育基地，实现环型方向上的区域合作，形成“首都圈大环合作轴”</td><td>构建“紧凑 + 网络”型首都圈，将无核心扩散型区域结构转变为多核心网络型区域结构：促进面与面之间的互动以及城市与渔村的共生；形成与辐射方向联动的多环结构：促进城区、近郊建设地带、城市开发区域的共同发展，对于已形成的东京圈内各业务核心城市，利用其现有的集聚点、区位、交通条件、自然环境等，打造具有个性和吸引力的城市，将筑波研究学院城建设成科技中心城市</td></tr>
<tr><td>各种功能的配置</td><td>从在全国范围内进行合理布局的角度出发，促进各种功能有选择性地分散布局等。在东京大都市圈，多方面发展业务管理功能和国际交流功能。避免工业、大学等机构规模显著扩大。依靠大城市知识和信息的积累，发展新的产业和研发职能。在周边地区，促进工业、农业、林业和渔业的发展，此外促进业务管理、国际交流和高等教育职能的集约性发展</td><td rowspan="2">实现首都圈未来愿景的措施：
①加强与防灾减灾一体化的发展战略和基础防灾能力
②在超级大区域的前提下增强国际竞争力
③将促进都市和渔村的对等交流列入政策措施，以超常规手段应对超高龄社会的到来
④进一步提升社会系统的质量
⑤通过灵活、高效的生产系统振兴日本经济
⑥增强区域环境创新和意识创新
⑦创造青年、妇女、老年人、残疾人等都能够参与的社会环境
⑧建设渔村，回归田园生活
⑨打造唯有首都圈才拥有的世界通用型观光点
⑩通过奥运会、残奥会向世界展示首都圈和东北地区的复兴面貌</td></tr>
<tr><td>其他方面的建设</td><td>完善交通通信体系以推进交流研究和推进位于东京城市中心部分的政府机构的搬迁</td><td>作为实现未来愿景的措施：
①建立自由活动场所以增强日本活力
②建立个人能够开展多样化活动的社会
③建立与环境共生的首都圈
④建立具有安全、舒适、高品质生活环境的区域
⑤建立创造能够作为资产传承给子孙后代的首都圈</td></tr>
</table>

注：其中“第 6 次基本计划”为笔者所加。

资料来源：https：//wwwmlitgojp/common/001116833pdf，2021 年 3 月 2 日。

从以上6次基本计划的内容可以看出，每次计划都是根据当时国内外经济形势的变化，在区域建设方向和各种功能配置方面侧重点有很大的不同。

中期计划也称为“整备计划”（建设计划），期限5~10年，主要内容是各区域如何建设现有市街地、近郊建设地区、城市开发地区。首都圈由中央主管机关（早期是建设省、中期是国土厅、后期是国土交通省）负责编制，最终由总理决定，近畿圈和中部圈则由地方知事会同中央主管机关编制，总理批准。

整备计划要根据形势的变化而调整方向和重点。如近畿圈共编制了6次整备计划，每一次计划都有不同的着力点。例如，第1次计划编制于1965年5月，主要目的是解决昭和40年代（1965~1975年）大城市人口过于稠密的弊端和缩小地区之间的经济差距，同时实现产业的发展和居民福祉的提升，使近畿圈有序均衡地发展。第2次计划编制于1971年7月，主要目的是解决居民住房困难等问题以及城市生活设施建设滞后的问题。第3次计划编制于1978年11月，主要是着力解决和改善人居综合环境。第4次计划编制于1988年2月，重点是先行开展多极分散型国土布局，建设国际经济文化圈，建立“多核协作型圈域构造”，以此创造出一个充满活力的新近畿圈。第5次计划编制于2000年3月，重点在于建设一个可以称为“世界都市”的近畿圈，使该圈域内的产业、文化、生活达到高度调和、均衡及融合，环境安全舒适。第6次计划编制于2016年3月，最突出的是如何在近畿圈将一定的城市功能紧凑地结合在一起，为延缓人口减少的趋势，需要改善生活工作环境，使得孩子易生易养，妇女产后能顺利就业，不因孩子的教育而被迫迁居，同时增强大学的实力以吸引年轻人落户。[①]

整备计划包括哪些内容呢？现以2016年国土交通省制定的《近畿圈

---

① 请参阅日本国土交通省《近畿圈整备计划》，平成28年3月编制。

整备计划》为例作介绍，以管窥全貌。该计划除序言外由2部分3章构成。序言主要叙述计划的意义、性质、适用区域和时间及落实措施。第1部分共有2章，第1章阐述近畿圈面临的各种课题和现状，第2章描绘近畿圈的未来蓝图以及旨在实现这一蓝图的政策措施，其中包括近畿圈的定位，如该计划将该地区定位为连通亚洲的门户，引领日本发展的引擎，体现日本历史、传统文化及具有魅力的地区，人与自然共生、可持续发展的世界性领先区域。同时对人口规模和土地利用也做出了具体规划。第2部分则是近畿圈基础设施的具体建设计划，列举了26个项目，包括道路、轨道铁路、港湾、渔港、机场、电子通信设施、河川、海岸保护设施、防沙设备、塌方预防设施、森林的保安设施、灌溉排水设施、水渠、工业用水渠、工业用地、住宅和住宅用地及市街建设用地、下水道、垃圾处理设施、城市公园、医院、大学等高等教育机构及研究设施、普通教育文化设施、自然公园、遗产保护设施、社会福利设施、中央批发市场。可以说，这些项目涉及居民生活的方方面面，其目标十分人性化。例如，在道路建设方面列入方便残障人士通行的无障碍化道路建设以及自行车专用道建设等内容。

短期计划又称“年度计划”“事业计划”，主要规定本年度实施并须完成的工程建设项目，在主管部委的指导下由各地方政府负责编制完成，报内阁、总理决定后生效。事业计划需要最终由总理决定，其主要原因是保证都市圈内各县市的平衡发展，同时各县市的城市开发和建设需要国家财政的支持，因此必须通过这一办法保证各地的建设计划支出在国家财政的可负担范围之内。①

此外，与都市圈内环境保护相关的保护地区建设计划方面，首都圈的由中央政府负责编制，内阁总理决定后生效。近畿圈和中部圈的则由

---

① 据《平成18年度首都圏整備計画の策定について》介绍，随着大都市圈制度的完善，事业计划已于平成18年（2006）废除，https：//www.mlit.go.jp/singikai/kokudosin/shutoken/1/06.pdf，2021年3月20日。

所属各县知事和有关市町村行政首长协商，经过由各地方行政主官组成的地方协议会讨论后，经中央主管机关报送总理批准后生效，计划的主要内容是关于绿地建设和环境保护以及土地利用等方面的实施措施，一般为10年。

为了有序平稳地推进都市圈建设，又将都市圈做梯次划分。例如，由1都7县组成的首都圈又被细分为东京圈（埼玉县、千叶县、东京都、神奈川县）、近临3县（埼玉县、千叶县、神奈川县）和周边4县（茨城县、栃木县、群马县、山梨县），同时还把东京都内的千代田区、中央区、港区定位为“都心3区”，作为重点规划区域。同时，如表1、表2和表3所示，都市圈还根据建设目标以及区域功能做出区域划分，如首都圈和近畿圈内再细分成既存市街地区、近郊建设地带（含近郊绿地保护区域）、城市开发区域、高等教育及工业设施限制发展区域。中部圈则分成既存市街地区、城市建设区域和城市开发区域等3种类型。这种划分，便于针对区域的不同特点精准施策，防止城市开发和建设中出现“一窝蜂”“一刀切”和互相攀比乃至恶性竞争等现象。

四　加强中央统一领导，充分吸取社会各界的智慧

日本宪法规定日本地方制度实行地方自治，地方在人事、财政、税收方面都被赋予了广泛的自治权。地方行政首长和议会议员都由地方居民自行选举产生，中央不能直接干预。宪法还规定，中央政府不能就单个的地方政府事权进行特别立法，中央如果要对单个地方政府的社会发展和经济事项特别立法，必须在当地举行居民投票，获得过半数居民同意，该法才能生效实施。①

① 《日本国宪法》第95条规定，仅仅适用一个地方公共团体的特别法。依据法律规定，如在当该地方公共团体的居民投票中没有获得过半数的同意，国会不得制定之。

但是，如前所述，都市圈建设涉及多个地方自治体，其在人口规模、辖区面积、社会发展和经济水平甚至文化传承等诸多方面存在差异。如果采取自愿结合、聚散自由的方式推动都市圈的建设，将难以避免“强欺弱”“大压小”的现象，这样不利于形成合力。有鉴于此，日本政府在推动都市圈建设之初，采取的措施就是强化中央政府的统一规划和统一领导，一个都市圈统一按照一张蓝图进行建设，而在制定规划时实行由上而下、自下而上相结合的方针，充分发挥政界、学界、产业界等的作用，集思广益，使都市圈建设产生的红利均衡地惠及民众，具体做法体现在以下几个方面。

第一，每一个都市圈都设立一个相对独立的中央指挥机关，负责制定都市圈的整体规划和协调各个地区社会发展及经济事务。国会先后制定颁布的首都圈、近畿圈、中部圈等 3 部都市圈整备法对此都做出了明确规定，设立主管都市圈业务的独立机关作为中央主管机关的二级行政机构。这一机构在首都圈被称作“首都圈整备委员会”，在近畿圈和中部圈被称作“近畿圈整备本部”和“中部圈开发整备本部”。名称虽异，组织结构和赋予的职责基本相同。整备委员会的委员长和整备本部的本部长都是在获得国会批准后由内阁总理任命，实际上是由内阁组成机关的国务大臣出任。这些机构并非虚设，其下设有担当行政事务的办事机构，共有官员和职工编制 130 多人。[①] 这些指挥机关被赋予以下 3 项职权：编制都市圈的整备计划及调查研究计划、协调并推动整备计划规定的各项业务、实施法律赋予整备委员会或整备本部的其他权力。[②]

---

① 参阅三大都市圈政策形成史编辑委员会编《三大都市圈政策形成史证言首都圈、近畿圈、中部圈》，株式会社行政出版，2000，第 93 页。

② 详细情况请参阅以下链接：https：//ja. wikipedia. org/wiki/% E9% A6% 96% E9% 83% BD% E5% 9C% 8F% E6% 95% B4% E5% 82% 99% E5% A7% 94% E5% 93% A1% E4% BC% 9A，https：//ja. linkfang. org/wiki/% E8% BF% 91% E7% 95% BF% E5% 9C% 8F% E6% 95% B4% E5% 82% 99% E6% 9C% AC% E9% 83% A8，2021 年 3 月 4 日阅览。

1968 年，由田中角荣担任会长的自民党都市政策审议会对这种“三驾马车式”的都市圈领导体制提出批评，要求建立综合且合理的开发体制，以实现计划编制的综合化、政策实施的高效化，建议设立一元化的中央行政机构。田中出任总理后，立即将这一设想付诸实施，1974 年 6 月撤销三个都市圈整备委员会（整备本部），将这些业务划归新成立的国土厅下设的大都市圈整备局，实行一元化领导体制。但是，由于大都市整备局的人员编制减少近一半，中央领导并推行都市圈建设的力量有所削弱，遭到诟病。①

第二，为了使都市圈的规划、计划以及业务的推进能够集思广益，充分回应各方面的关切，委员会和本部之下设立有“整备审议会”，负责接受整备委员会（整备本部）的咨询，开展相关业务的调查研究并提出建议和意见。1979 年三大都市圈整备审议会与其他审议会合并成立新的“国土审议会”后，整备审议会成为国土审议会下属的“分部会”。虽然层级有所降低，但其独立议事的权限未变。整备审议会成员由国会参众两院议员代表、地方政府行政长官代表、产业界和学界代表组成。“分部会”之下还设立专门委员会，成员由委员和特别委员、专门委员组成，如第八届国土审议会首都圈整备分科会有委员和特别委员 19 人，其中众议员 4 人、参议员 2 人，地方政府代表、产业界和学界代表 13 人；2005 年组建的“首都圈整备部会”共有特别委员 10 人，会长由时任富士通公司的顾问秋草直之担任，成员中地方行政长官代表 2 人、产业界代表 3 人、研究机构代表 2 人、学界代表 3 人。②

---

① 参阅三大都市圈形成史编辑委员会编《三大都市圈政策形成史证言首都圈、近畿圈、中部圈》，株式会社行政出版，2000，第 88 ~ 95 页。

② 成员包括富士通公司的顾问秋草直之、千叶县知事森田健作、川崎市长阿部孝夫、东京大学空间信息科学研究中心主任浅见泰司、东京大学研究生院新领域创成科学研究科教授横张真、东急不动产股份有限公司董事长植木正威、财团法人电力中央研究所理事大河原透、日本工会总联合会副会长西原浩一郎、财团法人城市住房理事长、异文化交流人士马理·克里斯汀等。

审议会的主要工作是审议都市圈的基本计划、整备计划以及事业计划。如上所述这些计划一般都由主管都市圈的有关行政机关的行政官员编制，但它是否能够立项需要通过审议会的审查讨论，达成一致意见后才能由国务大臣报送内阁、总理，总理批准后生效。

与首都圈和近畿圈设立审议会不同，中部圈则成立名为“中部圈开发整备地方协议会”的议事机构，以充分调动都市圈内各地方政府的积极性。地方协议会由组成中部圈的9县（富山县、石川县、福井县、长野县、岐阜县、静冈县、爱知县、三重县、滋贺县）3市（名古屋市、静冈市、滨松市）的县知事、市长、议会议长以及学界的知名学者组成。地方协议会下设干事会，由上述9县3市负责开发和编制规划、计划的有关司局机构的负责人组成。2010年“中部圈开发整备地方协议会”会长由爱知县知事大村秀章担任，事务局局长由爱知县的副知事青山贵子担任。地方协议会在圈内所属县市都设有办事机构，一般由地方政府内主管规划和政策研究的机构承担，如爱知县由“政策企划局企划调整部企划课”负责、三重县由“战略企划部政策建议广域协作课”负责。协议会不定期举行会议，一般1年召开数次会议。例如，自1966年11月“中部圈开发整备地方协议会”举行第1次会议至2015年共召开24次会议，其中1967年一年就召开了4次会议。协议会主要审议都市圈内的基本计划、建设计划以及实施措施。计划编制前，协议会成员要向所属市町村的主要负责人征求意见，听取意见，协商对策，以尽量满足各地的需求。建设计划编制业务废除以后，自平成19年（2007）起，协议会则以《关于中部圈开发整备的提案和希望》的形式继续就都市圈的开发整备提出建议。①

① https：//www. pref. mie. lg. jp/KIKAKUK/HP/renkei/09503011950. htm，2021年3月12日。

五　政策透明公开，主动接受社会监督

日本的都市圈建设还有一个特点就是透明公开。无论是基本计划还是建设计划以及事业计划，其组织结构、组成人员以及议事过程和决定内容都要以会议记录的形式公开，互联网普及以后则在官网上公布，民众可自由阅览。为了保障民众知情权，都市圈内规划、计划的编制、审议情况，在基本计划和建设计划确定后必须公布。同时，关于审议会的审议讨论过程也必须撰写翔实的会议记录并予以公布。

计划付诸实施后，其进度要以白皮书的形式公布。三大都市圈都有各自的白皮书，如《首都圈白皮书》《中部圈经济白皮书》等。白皮书的内容与基本计划或建设计划的项目相对应，通过比对两者之间的内容，民众就能看到计划的执行情况及其效果，从而对政府的工作给予评价。白皮书的内容不仅有定性的描述，还有各种图表和数据，使人能有直观的了解。

发行都市圈建设白皮书，既是对政府工作的总结，也是保障民众的知情权，更是接受社会监督的一种好形式。它既可以调动大众参与都市圈建设的积极性，也使得都市圈建设中各种可能滋生腐败和不正之风的风险在社会的监督下得到有效控制。

六　对日本都市圈建设的评价

平成23年（2010），为了更好地推动都市圈制度建设，日本国土交通省对日本都市圈建设情况做了一次全面的评估和总结，根据逻辑模型，并兼顾个别政策的实施效果，以及个别政策与整个制度之间的因果关系，既中肯地总结了都市圈建设取得的成就，也冷静地指出了其存在的问题和不足。

关于都市圈建设取得的成绩，该评估报告认为在大都市圈制度下，

核心城市中的街道建设和特色城镇建设取得了进展，交通网络的建设促进了人员的流动，从而使多样化的工作方式易于实现，这为提高不同地区人们的生活质量（QOL）做出了贡献。为此，报告着重总结了以下几个方面的成就。

第一，在抑制大都市圈中心地区人口和工业过度集中方面，既有地区人口增长速度的持续减缓，特别是近郊地区在人口的增长和定居方面取得了进展。

第二，在抑制工厂、企业等过度集中并有计划地将其向大都市圈周边地区分散方面取得了重大进展，对既有城市区域的开发有所减少，而近郊开发区和城市建设区域发展较快。当初抑制大都市圈中心区域过度集中的目标部分得到实现。

第三，在近郊开发区和城市建设区域有计划地容纳大都市圈快速增长的人口方面，由于对住宅用地的供应，以及对道路、下水道、城市公园等基础设施开展了有计划地建设，各种建设指标都达到了一定水平。

第四，得益于通过推动建设由多个核心城市形成的多核、多圈型区域结构以及分布式网络结构，改变对城市中心地区的单极依赖结构，建设职住平衡的都市圈等措施，在解决诸如对城市中心的单极依赖而导致上下班拥挤等大城市问题，以及预防灾害的软肋方面，取得了一定程度的进展。有规划地推进的道路和城际铁路等交通网络建设有助于都市圈内多核型区域结构的形成。

评估报告也分析了都市圈建设中需要解决的问题。

第一，由于对城市功能实行最佳配置和形成自立型的中心城市等政策性课题还未能完全落实，业务中枢功能存在继续向城市中心集中的趋势，远距离上下班、上学等情况仍存在。为培育独立性中心城市和建设职住平衡的都市圈，还有很多问题亟待解决。

第二，在建设优质街道方面，仍然有许多亟待解决的问题，例如，首都圈城市规划道路的建设指标仅完成了55%左右（据国土交通省

2009 年的调查）。此外，在防灾方面，东京都仍有占地约 2400 公顷的密集街道需要予以重点改善（据国土交通省 2003 年的调查）。

第三，迫切需要解决大都市圈在经济高速增长时期建设起来的基础设施的更新问题。同时，由于人口老龄化趋势加剧，过去那种人口流入大都市圈的压力已基本消除，而应对老年人口数量大幅增加成为一个紧迫的课题。

第四，在确保整个大都市圈的绿地建设方面，近郊绿地保护制度发挥的作用还不充分，整个大都市圈的绿地仍在减少。例如，按离城市中心距离（0~10 公里、10~20 公里、20~50 公里）来比较日本首都圈、伦敦圈和巴黎圈的植被面积，日本首都圈在所有不同距离范围内的绿地面积都低于其他大都市圈，特别是 10~20 公里范围内的森林、农田和草地面积的总和仅为伦敦圈和巴黎圈的一半左右（据国土交通省平成 15 年调查）。

第五，在诸如交通网络中起重要作用的环城公路建设方面，与国外相比处于落后地位，如伦敦、北京和首尔均达到 100%，巴黎为 85%，而日本首都圈只有 47%（国土交通省的调查）。[①]

日本制定都市圈制度以来，有的地方已经连续建设了 70 多年，虽然取得了骄人的业绩，但也仍然存在许多短板。这些对于中国来讲值得研究和借鉴，以便中国的都市圈建设能够避人之短、扬己之长。

参考文献

《第 1 部　东京经济的概况》，https：//www. sangyo-rodo. metro. tokyo. lg. jp/toukei/e130c 54b0e166a4e956c5dafe36ad799_ 6. pdf，2021 年 3 月 18 日。

① 以上内容请参阅日本国土交通省编《基于首都圈整备法等法律对大都市圈政策的评估》，平成 23 年 3 月，第 67~69 页，https：//www. mlit. go. jp/common/000186372. pdf，2021 年 3 月 8 日。

《首都圈 日本》，https：//ja. wikipedia. org/wiki/% E9% A6% 96% E9% 83% BD% E5% 9C% 8F_（% E6% 97% A5% E6% 9C% AC），2021 年 3 月 23 日。

（日本）国土厅大都市圈整备局监修《大都市圈的整备》，财团法人关西情报中心发行，1989 年 5 月。

吉田英一：《大都市圈整备三法》，http：//www. minto. or. jp/print/urbanstudy/pdf/research_ 22. pdf，2019 年 6 月 15 日。

刘鹤：《中国最大的挑战是城市化》，https：//wemp. app/posts/3b4af344 - 93bb - 4f20 - 8782 - 56d6ad5833ea，2021 年 3 月 10 日。

日本国土交通省编《基于首都圈整备法等法律对大都市圈政策的评估》，平成 23 年 3 月，https：//www. mlit. go. jp/common/000186372. pdf，2021 年 3 月 8 日。

三大都市圈政策形成史编辑委员会编《三大都市圈政策形成史证言首都圈、近畿圈、中部圈》，株式会社行政出版，2000。

《中部圈开发整备计划新计划推进资料》，中部圈开发整备地方协议会，2017 年 3 月。

特大城市网络安全风险特征、治理难点和治理路径研究

李　茂*

摘　要： 特大城市的网络安全治理作为一种战略型治理，其面临的风险形势和特点都与一般城市有着显著差异，应当对其呈现出的规律进行研究，并从国家治理体系和治理能力现代化的角度构建其顶层设计和实现路径。本文从特大城市网络安全风险的表现类型出发，系统分析风险特点和治理难点，并在此基础上，结合习近平总书记网络空间治理的思想，有针对性地提出了协调网络安全和经济社会发展、增强特大城市网络安全软硬实力、网络安全在线上线下的配合和交互中改进等对策建议。

关键词： 特大城市　网络安全　风险　治理体系

一　引言

特大城市治理问题一直同国家的繁荣发展紧密相连，是我国治理体系和治理能力现代化所要关注的一个重点问题。相比于西方特大城市从

* 李茂，经济学博士，北京市社会科学院市情调查研究中心副研究员。

前现代到现代、后现代的漫长发展历程，我国特大城市治理格局在短短三十多年的时间里就呈现出了全球化与本土化以及不同社会阶段特征相互叠加的高度复杂性。伴随特大城市社会经济发展步伐的加快，与流动性、开放性和不确定性相联系的各类城市治理矛盾与风险也将不断涌现。

党的十八大以来，习近平总书记站在坚持总体国家安全观、推进国家治理体系和治理能力现代化的高度，对城市治理和安全发展工作做出一系列重要论述。习近平总书记强调，抓城市工作，要把安全放在第一位，形成全天候、系统性、现代化的城市运行安全保障体系；要树立“全周期管理”意识，探索超大城市现代化治理新路子。这些重要论述为我们推进城市治理和安全发展提供了根本遵循和行动指南。[①] 2017 年 6 月 1 日，《中华人民共和国网络安全法》正式颁布实施，这是适应我国网络安全工作新形势、新任务，落实习总书记重要决策部署，保障网络安全和发展利益的现实举措。

网络安全问题是特大城市面临的新兴非传统安全问题之一。互联网技术发展和普及打破其广阔的地域、时域特征所带来的交流和沟通的客观约束，一方面，增进了特大城市内外部交流，推动其经济发展；另一方面，互联网技术同城市交通、城市管理、城市生活、公共安全相互交织，成为黑客、网络犯罪组织和境外敌对势力宣传和策划不法活动的工具，滋生了城市管理体系非法侵入、重要机构系统分布式攻击、城市运行系统无序干扰、组织和个人信息恶意泄露、网络谣言肆意传播和网络基础设施破坏等一系列安全问题。特大城市的网络安全治理作为一种战略型治理，其面临的风险形势和特点都与一般城市有着显著差异，应当对其呈现出的规律进行研究，并从国家治理体系和治理能力现代化的角度构建其顶层设计和实现路径。

---

① 韩立明：《深入践行安全发展理念　探索特大城市治理新路》，《群众》2020 年第 13 期，第 22～23 页。

二　特大城市的网络安全现状

特大城市是划分城市规模的分类之一，各国国情不同，划分标准也各不相同。联合国通常将100万人口以上的城市划定为特大城市。在我国，人口规模达500万以上的城市被称为特大城市。[①] 2021年2月3日，中国互联网络信息中心（CNNIC）发布的第47次《中国互联网络发展状况统计报告》显示，我国四大直辖市的IPv4占比接近33%，网页数和网络终端总数也占据较大比重。特大城市是网络技术应用的高地和网络用户的集中地。

网络时代的到来，特别是移动互联网的普及给特大城市带来了巨大的机遇和优势，也给特大城市的治理带来新的风险与挑战。信息技术的发展为特大城市内外部主体之间架起了“信息高速路”，实现了海量信息的实时高效传输。一方面，这突破了过去长期以来特大城市大尺度空间范围的约束和阻隔，带来了各种新型的社会和经济参与方式，客观上推动了城市生产力的进步和社会交往水平的提高。另一方面，黑客、网络犯罪组织和境外敌对势力利用各种网络攻击技术和信息舆论操纵手段开展了城市管理体系非法侵入、重要机构系统分布式攻击、城市运行系统无序干扰、组织和个人信息恶意泄露、网络谣言肆意传播和网络基础设施破坏等活动，企图破坏特大城市的安全稳定，颠覆特大城市运行秩序，实现自身非法利益，传播网络负面情绪，扰乱城市居民的心态，给特大城市带来了各类显著区别于一般城市的网络安全问题。

目前特大城市中各个系统都建立了网络安全防护体系，在应对传统型网络安全威胁时能够较好地发挥作用。但从目前情况来看，特大城市

① 2014年11月，国务院印发的《关于调整城市规模划分标准的通知》规定，城区常住人口500万以上1000万以下的城市为特大城市，城区常住人口1000万以上的城市成为超大城市。本文为了概念的统一性，不做具体的划分，而是将规模较大的城市统称为特大城市。

中各个网络安全治理主体彼此独立分散，处于“一盘散沙、各自作战”的状态，还属于“封闭隔离”的网络安全治理体系，难以实现网络安全治理的合力，以应对新时期网络攻击，形成多层次、全方位的网络安全治理体系。因此，特大城市网络安全治理能力尚不能适应特大城市所面临的复杂国内外形势。特大城市网络安全问题及其治理已经成为我国国家治理实践中不容忽视的重大、迫切和现实的挑战。

三　特大城市的网络安全风险与挑战

（一）特大城市网络运行安全的风险与挑战

1. 恶意代码攻击

特大城市网络应用端口数量众多、类型复杂，恶意代码、病毒程序在特大城市网络端口中具有较多的侵入路径。一旦入侵成功，通过特大城市的网络传播就变得非常容易。这种代码或程序的传播性、隐蔽性、破坏性等使其与传统网络相比，更加难以预防。例如，蠕虫病毒这样的恶意代码，自身的传播扩散并不需要寄生文件，在特大城市网络应用复杂的环境下检测和清除难度十分巨大，防范成本较高。

2. 拒绝服务攻击

特大城市拥有数量庞大的物联网，物联网内部节点数量众多，并且以集群方式存在。因此，在同一个时间段的数据传输过程中，海量异质阶段的数据传输需求将会导致传输频道阻塞，极大程度降低传输效率，引发“分散式拒绝服务攻击”（Distributed Denial of Service Attack）情况。这将导致很多的大型网站、数据中心无法进行操作和处理，不仅仅会影响用户的正常使用，而且将会造成经济财产损失和安全事故。

3. 传输层和应用层的安全风险

在特大城市互联网的传输层和应用层将面临现有传统网络（IPv4）

的所有安全问题；同时特大城市物联网在感知层所收集的数据种类纷繁复杂，来自不同节点的数据是瞬间海量的且多源异构数据，由此带来的网络安全问题将呈现出更加复杂的特性。

4. 安全运行保障体系不健全

网络设备运行环境有待优化，安全评估工作不够健全，网络运行安全管理制度落实情况参差不齐，跨部门、跨行业的网络安全管理机构和机制建设尚处在起步状态等。

（二）特大城市网络信息安全的风险与挑战

1. 信息存储安全风险

特大城市的计算机系统、网络协议和数据库安全水平不统一，一些个人和组织可以借助系统出现的漏洞，采用后门程序、信息炸弹、拒绝服务、网络监听、密码破解等手段侵入计算机系统，盗窃数据库存储信息，进行信息破坏、信息泄露或恶意占用系统资源，严重影响特大城市运行与管理。

2. 信息传输风险

特大城市日常信息交往规模巨大，很多日常社会生活所需信息、数据都需要通过互联网来传输。网络中传输的这些信息面临着各种安全风险，如被非法用户截取从而泄露企业机密；被非法篡改，造成数据混乱、信息错误从而造成工作失误；非法用户假冒合法身份，发送虚假信息，给正常的特大城市运行秩序带来混乱，造成有形的破坏和损失。

3. 身份认证和访问控制风险

特大城市部分重要部门应用系统的用户权限管理功能设计不够科学，身份认证和识别技术过于简单，不能灵活实现动态化和内涵特征化的操作权限设定。

4. 信息安全制度不健全

信息安全组织管理体系有待进一步完善，需要从顶层设计层面、管理层面和执行层面统一特大城市信息安全管理；重要数据安全备份不及时，数据备份的可靠性、完整性与成本可控性之间还存在很大矛盾，缺乏定期安排数据恢复测试，检验其可用性，及时调整数据备份和恢复策略；信息安全教育不到位，安全意识较为薄弱。

（三）特大城市网络监测预警与应急处置的风险与挑战

1. “被动防御”理念带来的制约

总体来看，特大城市网络信息安全预警监测和应急处置建设缺乏统一规划，工作指导理念还处在“被动防御”阶段，无法适应当前特大城市网络安全危机四伏的态势。虽然一些特大城市对网络信息安全应急法制建设有了足够的重视，在网络信息安全应急管理机构的设置、人员培训方面取得了一定的成效，但是仍处于被动防护状态，没有实现主动防护，难以实现应急方案的提前预备。

2. 核心部件关键技术受制于人

现有大部分监测预警和应急处置的核心部件和关键技术仍依赖国外，暂时无法摆脱设备与技术受制于人的局面，面临着被“卡脖子”的风险，需加大针对核心技术的攻坚力度，扭转被动局面。

3. 需要建立完善应急处置总结和报告制度

特大城市相关主管部门还缺乏及时查明网络信息安全事件的发生经过和原因的相关制度，还没有形成针对应急处置和恢复重建工作的系统总结，围绕改进措施的配套方案还有待完善。

（四）特大城市网络舆论场的风险与挑战

1. 特大城市网络舆情风险繁多复杂

特大城市网络普及率高，网民的互联网（App、软件、平台等）使用水平较高，网络突发事件种类繁多，传播速度快、传播效度高，网络热点舆情类型复杂，涌现频率高、传播强度大。不法组织和海外敌对势力利用特大城市网络开展“舆论战”“心理战”的力度持续增强，利用特大城市各类网络传播错误思想、错误思潮和有害言论的风险不断加大。国内某些自媒体平台（账号）也有利用特大城市网络实现“带节奏”“造焦虑”“流量套现”的动机。

2. 特大城市网络恐怖主义威胁始终存在

从西方发达国家特大城市的恐怖主义事件来看，网络技术的使用完全改变了恐怖组织的动员模式。特大城市各类各型网络（社交网络、社群网络、知识平台等）的开放性和隐蔽性为其动员提供了机会和场所，网络动员的低成本性和便捷性增强，恐怖主义组织利用网络动员能力提高。民族分裂势力、极端宗教势力、境内外敌对势力利用特大城市网络营造恐怖氛围和组织策划暴恐活动的风险始终存在。

四　特大城市的网络安全风险特点

（一）复杂性

从横向截断发展段来看，特大城市治理重大网络安全风险呈现出复杂性特征。特大城市关键基础设施中系统的扩大化、大规模集成和互联互通使得自身脆弱性强化和安全威胁复杂化：一方面，以人工智能、5G、物联网、虚拟现实技术为代表的新技术近年来得到快速应用，传统能源、电力、交通平台联入网络，成为关键信息基础设施的有机组成，这些数据具有异质性的特点，增加了治理难度；另一方面，随着技术和社会发展需要，在基础设施已被赋予全新定义的前提下，特大城市关键基础设施面临各种全新技术攻击下的新风险。

（二）变化性

从纵向截断发展段来看，特大城市重大网络风险呈现出显著的变化性特征。一方面，传统的网络攻击强度越来越大、攻击手段越来越多、攻击途径越来越复杂；另一方面，特大城市物联网领域暴露出的系统漏洞愈发明显，成为特大城市关键基础设施和网络安全的重要威胁。黑客、非法组织和海外敌对势力不仅可通过“物联网”安全漏洞进行恶意网络攻击，别有用心的国家也可能通过“物联网”漏洞进行网络情报搜集工作，使网络安全工作变得更加复杂。

（三）关联性

特大城市人口规模庞大，网络安全参与主体众多，各种维度划分相互之间都有重合和关联；特大城市网络安全问题与其他安全问题之间有着紧密的关联，如普通的民事纠纷、治安问题或者是灾害及事故处置，也会被冠以某种特大城市的色彩，利用网络舆情渲染和激化矛盾；网络诈骗、网络信息窃取和网络攻击等犯罪行为多发生在特大城市。

（四）涌现性

网络上的信息在使用和传播过程中，各类数据相互交织、相互影响、相互渗透，信息共享与使用紧密耦合，信息发布、信息共享、信息使用、信息泄露等相互激发，产生共振，造成连锁性效应，引发公共危机的链式爆发，衍生和次生出更多问题，影响执政权威、威胁国家政治安全。特大城市网络问题涌现，并呈现出非传统安全问题与传统安全问题同时涌现的特点。

五　特大城市网络安全风险治理难点

（一）特大城市的网络基础设施安全存在漏洞

当前，特大城市网络治理的重心在于对网络内容安全的治理，对网络运行安全、网络数据安全和监测应急的重视度相对不足。随着特大城市智慧化水平的不断提高，关键信息基础设施投入的数量和规模快速增长，而在信息化项目的规划和建设过程中对网络安全的投入不足。按照西方发达国家的经验，信息化项目建设中对安全项目的投入要超过20%，而当前我国特大城市在信息化项目中的安全投入远达不到这个比例。

（二）特大城市网络安全治理软实力不足

特大城市网络安全治理的软实力不能匹配其网络运行使用需求。许多相关配套制度还没有建立，相关法规政策尚处在建设中，有些法律解释还处于空白阶段，高端网络安全人才流失严重（人员流失、岗位流失），特大城市网络安全学科建设起步晚，网络安全人才培养使用模式还在摸索中。

（三）特大城市网络管制治理和网络生态治理的矛盾

网络管制是通过行政管理手段进行，突出“有形的手”，强调的是“他律”“规制”；网络生态治理是依照网络传播规律发挥作用，突出“无形的手”，强调的是“自律”“自洽”。特大城市网络运行需要在两者之间有所取舍，有所侧重，需要平衡好网络管制和网络生态治理之间的关系。网络安全治理是为了发展，在安全的网络环境下更好地利用信息化手段促进经济发展，增进民生福祉。两者之间的过偏过倚都不利于特大城市的网络发展。因此，这将是未来特大城市网络安全治理长期所要面临的课题。

（四）特大城市网络多元主体构建共识的困境

特大城市人口数量众多、利益多元、诉求不同、观念各异。这样的现实存在给价值观整合和共识的形成带来困难。特大城市网民的信息素质和网络安全知识水平参差不齐，客观上制约了其在网络信息认知、辨析、甄别等方面的能力，使其更容易受到负面信息的误导和迷惑，也更容易产生偏激的网络行为，这些因素通过网络传播的负面信息、突发事件和特大城市地区本身就存在的各类复杂矛盾交织演化，极易造成大量的网络风险，加剧各类群体之间的隔阂。

六　特大城市网络安全治理的路径选择

习近平总书记指出，网络安全和信息化是相辅相成的，“网络安全和信息化是一体之两翼、驱动之双轮，必须统一谋划、统一部署、统一推进、统一实施。做好网络安全和信息化工作，要处理好安全和发展的关系，做到协调一致、齐头并进，以安全保发展、以发展促安全，努力建久安之势、成长治之业”。① 习近平总书记的这一重要论断，为推动我国特大城市网络安全治理体系的建立，树立正确的特大城市网络安全工作思想指明了方向。今后一段时期，特大城市网络安全治理要从以下几个方面着手，加快推进实施。

（一）统筹兼顾，协调网络安全和经济社会发展

不能以网络安全限制互联网使用和升级，也不能以经济利益、科技创新、文化差异挤压网络安全。安全是科学发展的重要基础条件，任何以牺牲安全为代价的发展都难以持续；科学发展是安全的基础，任何不讲发展的绝对安全都行之不远。网络上的技术、监管、执法、维权等问题，反映了网络安全与经济、文化、科技、社会等方面的关系，我们要在网络安全与各方关系上，结合特大城市发展的阶段性特征，动态调整好整体与局部、长远与短期之间的关系。

---

① 习近平：《在网络安全和信息化工作座谈会上的讲话》，《人民日报》2016年4月26日。

（二）多管齐下，增强特大城市网络安全软硬实力

构建特大城市各类网络一体化的关键信息基础设施系统安全协同防护体系，对特大城市各类关键信息基础设施系统进行功能整合，有效保护和利用各类信息；加强核心部件研发力度，拥有关键技术的自主知识产权；树立“主动防御”理念，建立风险源识别研判体系，建立网络安全事件预警监测和应急处置机制；加快人才队伍建设，改善人才培养模式等。

（三）迭代更新，网络安全在线上线下的配合和交互中改进

网络更新换代呈现出纷繁复杂的景象，需要我们借鉴维护传统安全的经验。建立线上线下相配合相交互的网络安全机制，维护全方位安全。要通过各种手段加强宣传引导工作，将网络安全作为社会共同责任，网络安全实践要以产品和服务融合的方式来解决问题；网络使用主体要在动态更新中确保对数据的控制。

（四）扬长避短，发挥全新技术在网络安全实践中的作用

网络科技层出不穷，网络安全技术手段不断更新。目前，动态防御技术、态势感知技术、可信计算技术、后量子密码技术蓬勃发展，应用场景持续扩展。要高度重视全新技术的特点，了解它们的应用场景，明晰这些技术的应用界限，充分发挥全新技术在网络安全实践中的作用。

（五）交融前行，构建更具韧性的特大城市网络生态环境

构建更具韧性的特大城市网络生态环境就是要发掘特大城市网络自我净化、自我发展的能力，加强其自身抵御各类外部不良因素冲击的能力。其核心是建立特大城市网络社会多元主体共同参与的治理框架和机

制，实现网络治理主体的交互交融，建立良性互动的共识领域，从根本上避免“一管就死、一放就乱”。

（六）密切合作，推进建设网络空间命运共同体

特大城市网络不是“信息孤岛”，而是中国互联网和全球互联网的重要节点单元和组成部分。要与其他城市和其他国家分享发展机遇、共享发展成果、参与网络安全治理，加强在技术交流、打击网络恐怖和网络犯罪等领域的密切合作，建立健全多边、民主、透明的互联网治理体系，推进形成共同治理的新格局。

参考文献

习近平：《在网络安全和信息化工作座谈会上的讲话》，《人民日报》2016 年 4 月 26 日。

张焕国、韩文报、来学嘉、林东岱、马建峰、李建华：《网络空间安全综述》，《中国科学：信息科学》2016 年第 2 期。

王世伟：《论信息安全、网络安全、网络空间安全》，《中国图书馆学报》2015 年第 2 期。

杨嵘均：《论网络虚拟空间的意识形态安全治理策略》，《马克思主义研究》2015 年第 1 期。

于志刚：《网络安全对公共安全、国家安全的嵌入态势和应对策略》，《法学论坛》2014 年第 6 期。

王磊：《关于计算机网络信息安全及防护策略探究》，《电脑知识与技术》2014 年第 19 期。

彭沙沙、张红梅、卞东亮：《计算机网络安全分析研究》，《现代电子技术》2012 年第 4 期。

戴媛、郝晓伟、郭岩、余智华：《我国网络舆情安全评估指标体系的构建研究》，《信息网络安全》2010 年第 9 期。

昌平区回龙观地区行政区划调整效果评估

张佰瑞*

摘　要： 为加强新时代首都街道工作，提升大型社区治理能力，增强社区管理力量，推进回龙观地区城市管理体制综合配套改革，2019年回龙观（镇）地区拆分为3个街道办事处。本文对行政区划调整落实情况、行政区划调整效果及存在的问题、镇改街行政区划调整的经验进行了评估和总结。

关键词： 回龙观地区　行政区划　街道办事处

为解决昌平区回龙观地区行政区划设置与城市管理需求不匹配的问题，促进区域经济社会协调发展，2015年昌平区政府请示调整昌平区回龙观镇（地区）行政区划，将回龙观镇（地区办事处）拆分设立3个街道办事处。2019年6月，史各庄、回龙观、龙泽园三个街道挂牌成立，标志着回龙观镇改街工作正式落实。截至2020年9月，三个街道已经成立一年有余。为了落实蔡奇书记关于“市民政局和昌平区对回龙观镇改三街道要很好跟踪评估完善”的批示，根据国务院《行政区划管理条例》的要求，北京市行政区划与区域发

* 张佰瑞，北京市社会科学院市情调查研究中心副主任、副研究员。

展研究会受北京市民政局的委托开展区划调整效果评估。现将评估情况报告如下。

一 行政区划调整落实情况

昌平区政府按照《北京市民政局关于调整昌平区回龙观地区行政区划的批复》（京民划函〔2015〕224号）、《北京市机构编制委员会办公室关于同意为昌平区回龙观地区新建街道办事处核定机构编制的批复》（京编办行〔2016〕92号）的要求，认真落实行政区划调整工作，完成了回龙观街道、龙泽园街道、史各庄街道的筹建和挂牌运行工作。

（一）机构和人员编制落实情况

按照北京市批复，三个街道完成了机构和人员编制核定。机构设置方面，按照精简、效能、便民的原则和综合化、扁平化方向，整合相近职能，新建街道统一设置“六室一队三中心”。“六室”即综合办公室、党群工作办公室、平安建设办公室、城市管理办公室、社区建设办公室、民生保障办公室，“一队”为街道综合行政执法队，“三中心”为市民活动中心（挂党群活动中心牌子）、市民诉求处置中心（挂综治中心牌子）、便民服务中心（挂退役军人服务站牌子）。

人员编制方面，结合镇机构改革和“接诉即办”工作，进一步加强编制保障，充实了三个街道工作力量。回龙观街道行政编制（政法专项编制、统计专项编制）43名、行政执法专项编制20名、事业编制63名；龙泽园街道行政编制（政法专项编制、统计专项编制）43名、行政执法专项编制20名、事业编制63名；史各庄街道行政编制（政法专项编制、统计专项编制）43名、行政执法专项编制20名、事业编制60名。

表 1 各街道编制情况

单位：名

街道	行政编制（政法专项编制、统计专项编制）	行政执法专项编制	事业编制
回龙观街道	43	20	63
龙泽园街道	43	20	63
史各庄街道	43	20	60

（二）办公驻地落实情况

根据《昌平区回龙观地区行政区划调整工作实施方案》，三个街道的办公驻地已落实，并投入使用。回龙观街道驻地位于黄土店南路 G6 高速路东侧北京青年创业示范园院落（曾作为回龙观镇政府驻地）。龙泽园街道办公驻地为原回龙观地区办事处原址（回龙观东大街 199 号），此房屋 2008 年 1 月交付使用。史各庄街道办事处办公场所设在东店 269 号原北四村拆违打非指挥部院落（曾作为原史各庄乡政府驻地）。

（三）勘界和落实情况上报工作

1. 行政区划勘界工作

依据《北京市民政局关于调整昌平区回龙观地区行政区划的批复》（京民划函〔2015〕224 号）、《昌平区回龙观地区行政区划调整工作实施方案》做好回龙观地区调整后 3 个街道边界线的勘界工作。

从2015 年 9 月至 2016 年 2 月，昌平区民政局会同回龙观镇、北京市测绘设计研究院对回龙观地区新设 3 个街道办事处之间的行政区域界线进行了初步勘定。2019 年 6 月 22 日，回龙观镇改三街道挂牌成立，根据《昌平区回龙观地区行政区划调整工作实施方案》任务分工和时间节点安排，对回史线、龙史线、回龙线、霍回线、沙史线、东史线、霍龙线七条界线进行踏勘，并于2020年9月完成了勘界工作，形成成果图，随后组织三个街道和相关镇街签订界线协议书完成上报工作。

2. 行政区划图更新情况

依据国务院《行政区划管理条例》（国务院令第704号）和《昌平区回龙观地区行政区划调整工作实施方案》，按照《北京市民政局关于调整昌平区回龙观地区行政区划的批复》（京民划函〔2015〕224号）要求，做好昌平区行政区划图的更新工作。严格按照批复示意图更新完善昌平区行政区划图；按市民政局规定要求上报昌平区新版行政区划图（样图）并征求意见；2020年4月完成新版昌平区行政区划图的印制工作，并于6月完成昌平区属各单位的发放工作。

3. 行政区划落实情况上报工作

北京市民政局于2015年6月30日印发《关于调整昌平区回龙观地区行政区划的批复》（京民划函〔2015〕224号），决定回龙观镇拆分为3个街道办事处。从2015年9月至2016年2月，区民政局会同回龙观镇、北京市测绘设计研究院对回龙观地区新设3个街道办事处之间的行政区域界线进行了初步勘定。2018年8月下旬，昌平区委、区政府决定启动回龙观地区行政区划调整，由昌平区民政局负责起草《昌平区回龙观地区行政区划调整工作实施方案》（以下简称《实施方案》）。9月19～28日，昌平区民政局就《实施方案》分两轮征求了昌平区委办公室等43家相关单位及回龙观镇的意见及建议。9月29日，昌平区民政局对部分内容做了修改和完善，并由昌平区政府审阅。其间，昌平区委组织部、区人力社保局抽调了100名干部补充到回龙观镇，落实镇改街工作。11月16日召开昌平区政府专题会，就《实施方案》内容进行了研究调整，昌平区民政局修改后再次征求了27家相关单位及回龙观镇的意见及建议，并提交昌平区政府常务会和区委常委会审议。

昌平区委、区政府考虑到回龙观“北四村”拆迁工作跨龙泽园、史各庄两个新设街道办事处且任务艰巨，故暂缓审议《实施方案》，将根据“北四村”拆迁情况适时实施镇改街工作。2019 年 6 月 12 日，昌平区委召开了五届区委常委会第 91 次会议，研究了回龙观地区行政区划调整工作实施方案，决定正式启动实施，领导小组成员单位和各专项工作组、“三街道”片区工作组根据职责分工，积极落实专项工作方案。

2019 年 6 月 22 日上午，回龙观、龙泽园、史各庄 3 个街道正式挂牌成立。依据回龙观地区行政区划调整工作实施方案总体工作部署，各专项工作组及“三街道”片区工作组根据职责分工，严格按照时间节点完成各项工作及后续上报工作。

二　行政区划调整效果

自 2019 年 6 月史各庄、回龙观、龙泽园三个街道挂牌运行以来，在各部门的大力配合下，在“回天三年行动计划”[①] 和“街乡吹哨、部门报到”等一系列综合措施的推动下，城市治理水平得到一定提升，行政区划调整对地区经济社会发展的积极作用逐渐凸显。

（一）行政区划调整优化了管理幅度，提升了属地管理能力

行政区划调整前，回龙观镇辖区面积 30.6 平方公里，辖 8 个行政村，建成自然小区 106 个。根据 2011 年末数据，回龙观辖区总人口 33.6 万人，相当于昌平全区人口密度的 8.86 倍。2013 年末，回龙观社区总人口已增加至 40.8 万人，常住人口为 36.8 万（包括本镇户籍人

① 《优化提升回龙观天通苑地区公共服务和基础设施三年行动计划（2018—2020 年）》，北京市昌平区人民政府网，2018。

口、人户分离人口、外省来京人口），其中本地户籍人口 6.7 万。当时面临人口规模大、人口结构倒挂、管理幅度过大的发展困境，难以适应城市治理需要。行政区划调整以后，回龙观镇辖区面积 8.8 平方公里，常住人口 15.7 万人，龙泽园街道辖区面积约 8.2 平方公里，辖区内常住人口 16.8 万人，史各庄街道辖区面积 13.4 平方公里，常住人口 8.3 万人。截至 2020 年 11 月，“镇改街”显著缩小了行政管理单元，减少了单个街道的管辖范围和服务人口，优化了城市管理幅度，补充和加强了基层管理力量，提升了属地管理能力，为提升城市治理水平、促进地区发展创造了条件。

（二）环境得到改善

三个街道挂牌成立以来，回龙观地区（镇改三街的区域）城市环境得到改善，主要环境指标数据呈现积极变化。

1. 大气环境指标改善

一是 PM2.5 浓度下降①。2018 年 7 月至 2019 年 6 月，回龙观镇 PM2.5 累计浓度为 46 微克/立方米，高于同期昌平区累计浓度均值（41 微克/立方米）；2019 年 7 月至 2020 年 7 月，史各庄街道、回龙观街道和龙泽园街道 PM2.5 累计浓度分别为 37 微克/立方米、40 微克/立方米和 39 微克/立方米，同期昌平区累计浓度均值为 37 微克/立方米。

调整后效果分析。回龙观地区（镇改三街的区域）PM2.5 累计浓度同比均有不同程度的下降。其中，史各庄街道改善幅度最大且与同期昌平区累计浓度均值持平。

---

① 参比时段说明。大气环境质量与时间关联性较大，同比数据较能说明变化情况，本资料中 PM2.5 浓度变化情况选择回龙观镇“2018 年 7 月至 2019 年 6 月”与三街道“2019 年 7 月至 2020 年 7 月”对比。数据节点选择原因：一是 2020 年市生态环境局公布的全区各镇街月度 PM2.5 浓度数据时间截至 2020 年 4 月，二是行政区划调整后自 2019 年 7 月开始三街道空气质量数据开始分化。

二是 TSP 浓度显著降低[①]。2019 年 1～6 月，回龙观镇 TSP 累计浓度为 141 微克/立方米，高于昌平区累计浓度均值（132 微克/立方米）；2020 年 1～7 月，史各庄街道、回龙观街道和龙泽园街道 TSP 累计浓度分别为 98 微克/立方米、110 微克/立方米和 99 微克/立方米，接近于同期昌平区累计浓度均值（98 微克/立方米）。

回龙观地区（镇改三街的区域）主要环境指标数据的积极变化，一方面得益于北京市整体大气环境质量的改善，另一方面也和行政区划调整后环境执法力度的加强有密切关系。2019 年 1～5 月（行政区划调整前），累计检查回龙观镇涉污企业 297 家次。行政区划调整后，环境执法检查及行政处罚力度进一步加强，执法和处罚次数明显增加。2019 年 6 月至 2020 年 8 月（行政区划调整后），相关部门共检查史各庄街道涉污企业 338 家次，回龙观街道涉污企业 534 家次，龙泽园街道涉污企业 360 家次。史各庄街道共涉及处罚 30 个、罚款 195.25 万元（建设项目 13 个、危废项目 6 个、大气项目 5 个、水项目 3 个、其他项目 2 个、噪声项目 1 个），回龙观街道共涉及处罚 53 个、罚款 30.3 万元（建设项目 33 个、大气项目 12 个、危废项目 6 个、噪声项目 2 个），龙泽园街道共涉及处罚 25 个、罚款 52.3 万元（建设项目 4 个、危废项目 1 个、噪声项目 11 个、大气项目 9 个）。

2. 园林绿化水平进一步提升

结合“回天三年行动计划”，TBD 城市休闲公园、体育文化公园、自行车专用路附属绿化、平原造林等一批项目建完投用，回龙观镇一拆三街道之后，各类绿地总量有所提升。经测算，三街道在一年的时间内，整体绿地率由原来的 63.5% 增长至 65%。

① 参比时段说明。大气环境质量与时间关联性较大，同比数据较能说明变化情况，本资料中 TSP 浓度变化情况选择回龙观镇“2019 年 1～6 月”与三街道“2020 年 1～7 月”对比。数据节点选择原因：一是 2019 年 1 月起市生态环境局开始公布全区各镇街 TSP 浓度数据，二是 2020 年市生态环境局公布的全区各镇街月度 PM2.5 浓度数据时间截至 2020 年 4 月。

（三）公共服务设施建设加快推进，公共服务能力得到提升

1. 公共服务设施建设进展顺利

回龙观镇改三街行政区划调整周期和“回天三年行动计划”实施周期高度重合、相互支撑，对改善回龙观地区的城市发展和城市治理起到了促进作用。“回天三年行动计划”共涉及回龙观地区（史各庄、龙泽园、回龙观三个街道）经济社会发展变化项目20个，包括教育项目10项（幼儿园4项、中小学校6项）、医疗卫生项目2项、文化体育项目1项、养老等福利设施3项、园林绿化项目3项以及社会管理设施1项。目前，20个项目中已完工投入使用的项目3个，分别是瑞旗家园社区卫生服务分中心、西城安置房配套养老院、西城安置房配套养老院，其他项目均按计划加快推进。

2. 社区文化服务设施得到改善

原回龙观镇拆分为回龙观街道、史各庄街道、龙泽园街道三个新建街道，并分别选址改造建设三个新的综合文化中心。龙泽园街道选址国风美唐社区改造建设2000平方米的综合文化中心，目前已完成装修改造施工招投标工作。回龙观街道利用原回龙观镇税务所腾退的办公用房，建设1300平方米的街道综合文化中心，目前正在完善装修改造设计方案。史各庄街道利用在领秀慧谷北社区接收的配套用房，改造建设2800平方米的街道综合文化中心，目前已完成装修改造工程的50%。回龙观地区综合文化室达标率从2018年的51%提升到88.1%。

表2　回龙观地区文化设施情况

单位：个

街道	室外文化广场	电影院	博物馆	阅读空间	演出场所
回龙观街道	8	2	0	17	2
史各庄街道	10	2	0	0	0

续表

街道	室外文化广场	电影院	博物馆	阅读空间	演出场所
龙泽园街道	1	2	1	2	2

资料来源：昌平区文化旅游局。

表 3　回龙观地区社区（村）综合文化室情况

单位：个，%

街道	社区(村)综合文化室				
	社区(村)总数	达标数	不达标数	设置率	达标率
回龙观街道	22	19	3	100	86.4
史各庄街道	9	4	5	100	44
龙泽园街道	36	19	17	92	53

资料来源：昌平区文化旅游局。

表 4　回龙观地区社区（村）图书室情况

街道	社区图书室		
	数量(个)	馆舍面积(平方米)	藏书量(万册)
回龙观街道	16	914	10.57
史各庄街道	7	315	2.22
龙泽园街道	28	1080	15.34

资料来源：昌平区文化旅游局。

新建公共服务设施增加了公共服务设施供给，在很大程度上改善了原回龙观地区公共服务设施严重不足的状况，提升了公共服务水平，增强了居民的幸福感和获得感。

3. 医疗卫生服务体系进一步完善

2019 年 6 月（调整前），回龙观地区有医疗机构 181 家。2020 年 7 月底（调整后），回龙观地区有医疗机构 189 家，其中史各庄 46 家、回龙观 53 家、龙泽园 90 家，整体比区划调整前增加 8 家。其中，史各庄街道共有医疗机构 45 家，其中医院 8 家（三级医院 2 家、一级医院6家），社区卫生服务站1家，村卫生室1家，门诊部2家，诊所16家，医务室1家，医学检验实验室16家。回龙观街道共有医疗机构53家，其中医院3家（三级医院1家、一级医院2家），社区卫生服务中心1家，社区卫生服务站8家，门诊部9家，诊所30家，医务室2家。龙泽园街道共有医疗机构90家，其中医院7家（三级医院2家、二级医院1家、一级医院4家），社区卫生服务站7家，村卫生室1家，门诊部13家，诊所56家，医务室1家，医学检验实验室3家，护理站2家。

（1）社区卫生服务资源配置进一步优化。回龙观、史各庄、龙泽园三个街道每个街道正规划建设1个社区卫生服务中心、2个分中心、16个社区卫生服务站、2个村卫生室。其中，回龙观街道设置1个社区卫生服务中心、8个社区站、1个卫生室；龙泽街道设置2个分中心、7个社区卫生服务站；史各庄街道设置1个社区卫生服务站、1个卫生室。

（2）卫生健康基本公共服务均等化水平得到提升。三街道共78个家医团队，回龙观街道55个、龙泽园街道20个、史各庄街道3个，服务常住人口41.4万人。中心家医签约132815人，签约率32.04%，其中重点人群签约65699人，重点人群签约率90.00%。

（3）老年人健康服务体系建设和医养结合工作取得积极进展。回龙观社区卫生服务中心纳入了“北京市老年健康服务示范基地”建设项目名单，示范开展包括老年健康教育、预防保健、疾病诊治、康复护理、长期照护、安宁疗护的综合连续全流程老年健康服务。回龙观社区卫生服务中心充分发挥党建引领作用，与业务工作有机融合，以党员为主，融入社区卫生服务站组成服务团队，与辖区内失独老人及残疾人签订《居家养老健康服务协议书》，建立和谐、稳定的家医式关系，为其提供主动、连续、综合、个性化的健康管理服务。老年人日常管理人数达到25073人。

4. 社区养老服务体系进一步完善

(1) 社区养老驿站数量增加。2020 年回天地区计划新建 6 家社区养老服务驿站，其中天通苑地区 2 家、回龙观地区 4 家，现已备案运营 3 家、正在装修改造 1 家、2 家待签署房屋租赁合同。

(2) 养老照料中心加快建设。龙泽园街道养老照料中心正在选址中。回龙观街道养老照料中心已于 2019 年底备案并运营。该中心建筑面积 1628.63 平方米，住养房间 28 间，设置床位 71 张，现有服务人员 11 人。史各庄街道养老照料中心位于领秀慧谷 C 区 2 号楼第 2 层，建筑面积 1409 平方米，项目完成运营方的招投标工作，装修改造方案进一步完善中。

(3) 新建改建养老机构 3 家。紫金新干线配套养老设施：总面积 2109 平方米，建成已移交，并通过招标确定了国医堂中医院为运营商。装修和设备购置工作已完成，2 月已正常运营接收老人。瑞旗家园配套养老院项目总投资 208.91 万元，床位约 40 张，对养老院局部进行改造，改造区域建筑面积 1400 平方米。瑞旗家园配套养老院维修改造项目正在进行招投标、确定施工单位的工作，7 月底进行施工，计划年底前完工。

5. 加快基础教育设施建设，促进回龙观地区教育均衡发展

为了优化教育资源布局，改善回龙观地区办学条件，解决上学难、学位不足的问题，快速推进回天计划教育项目建设。回龙观地区（龙泽园、回龙观、史各庄街道）基础教育设施建设项目共 10 个，可提供学位 7650 个，其中幼儿园 4 所，提供学位 1530 个；中小学 6 所，提供学位 6120 个。截至 2020 年 8 月，6 个项目已开工建设，具体项目包括回龙观育新学校实验楼及配套工程、三合庄幼儿园（集体出资）、领秀慧谷幼儿园、领秀慧谷九年一贯制学校项目、北店嘉园小学、北四村配套 18 班幼儿园、北四村配套 27 班九年一贯制学校、1805 街区 6008 地块小学、1805 街区 0043 地块中学、1805 街区 6009 地块幼儿园。

（四）城市秩序持续向好

1. 综合执法效能明显提升，重点执法工作稳步推进

（1）综合行政执法工作稳步推进，执法效能显著提升。2019年6～12月，回龙观三街道96310热线举报量共计734件，其中，回龙观街道执法队466件，龙泽园街道执法队182件，史各庄街道执法队86件，同比下降78.6%，环比下降48.9%。

2019年6月至2020年8月，回龙观三街道累计结案891起，罚款总额313.97万元，其中，一般程序共结案684起，同比上升12.5%；罚款313.37万元，同比上升3.49%；简易程序共结案207起，罚款6040万元。2019年6月至2020年8月，回龙观三街道履行新案由11个，同比增长1000%。

（2）重点执法工作稳步推进。持续深入推进占道经营专项整治工作。结合疫情常态化防控形势，在重点检查“三类场所”（商务楼宇、商超、餐饮）防疫措施落实情况的基础上，对三类场所店外经营、附近无照经营等行为进行检查，做到一查多效。积极探索了“商户自治”管理模式。全面落实疫情防控工作要求，积极推进生活垃圾专项执法工作。

2. 交通环境改善

（1）公交出行环境进一步改善。为进一步优化回天地区公交出行环境，提升交通整体水平和服务能力，昌平区交通局积极协调市公交集团做好公交基础设施更新工作，提升服务水平。2019年6月至2020年8月，在回龙观地区114个站位建设了123个电子站牌，完成更新及新建30座候车亭，公交出行环境进一步改善。

（2）交通秩序持续改善。昌平支队将“回天利剑”行动作为长效机制，深入履行交通管理职责，持续深化开展交通综合治理，强力整治

交通乱象，进一步缓解了交通拥堵，努力营造回天地区最佳交通秩序环境。2019 年 6 月以来史各庄、回龙观、龙泽园三个街道接警量由上年的 455 起下降至 333 起，同比下降 26.81%，交通拥堵状况明显改观。现场处罚各类违法行为 2.5 万起，同比增加 7.87%。其中，查处酒后 152 起，非司机 110 人，严重涉牌 116 起，处罚货车 6974 起，违反禁令 3141 起，扣留摩托车、电动三轮 418 辆，处罚违法停车 71887 起，拖车 924 辆，处罚非机动车行人 7450 起，处罚电动自行车 4890 起。清理“僵尸车”248 辆，通过前期的治理，“僵尸车”舆情明显减少，上述三个街道辖区静态秩序有了明显的改善。

3. 街道环境面貌提升

2019 年 6 月三个街道挂牌成立以来，街道环境整治力度得到强化，环境问题销账率逐渐提高。三个街道共计挂账 1853 处，销账 1822 处，销账率 98%。镇改街后，由于加大了巡查检查力度，回龙观地区挂账数量同比增长 72%，环境检查与环境挂账更加细致，覆盖面更大，主要道路街面环境保持面貌良好，同时加大对背街小巷、居民小区和村庄周边的环境检查挂账力度，确保环境整治无死角全覆盖，确保回龙观地区三个街道的街道环境面貌得到较大提升。

（五）城市治安形势进一步好转

2019 年 6 月至 2020 年 8 月，回龙观地区黑车扰序警情 29 件，同比下降 34.09%。接报黄赌警情 173 件，同比下降 47.09%。其中涉黄警情 103 件，同比下降 29.93%；涉赌警情 70 件，同比下降 61.11%。2020 年以来，昌平区治安支队以疫情防控工作为核心，依托夯基系列行动、三清三个一批、“6 + N”社会面治安秩序突出问题常态化打防管控工作，全力维护地区治安稳定，营造良好的社会治安环境，城市治安形势进一步好转。

（六）农村经管工作顺利过渡

由于街道和乡镇存在管理体制差异，镇改街之后，涉及农村经管工作过渡和后续管理问题。原回龙观镇共有 12 个农村集体经济组织，2019 年 6 月正式拆分为回龙观、龙泽园、史各庄三个街道，拆分后，回龙观街道下辖 4 个村集体经济组织、龙泽园街道下辖 3 个村集体经济组织、史各庄街道下辖 5 个村集体经济组织。回龙观镇拆分以来，三个新设街道均沿用原回龙观镇农村财务工作流程、工作规章、工作方法，认真履责、严格落实，积极建设农村财务工作队伍，确保各村集体在回龙观镇拆分期间做好农村集体重大事项民主决策程序“十步法”、“收支两条线”管理、库存现金及银行存款管理、大额资金使用管理、固定资产管理、债权债务管理等重点工作，农村经管工作运行良好。

在各自街道工委、街道办事处班子领导下，三个新设街道农村经管工作顺畅交接，财务账簿、经济合同等重要资料完整转存。新街道办事处揭牌后，原镇经管站相关职能由 3 个街道办事处内设的社区建设办公室承接，社区建设办主任负责经管相关工作，同时聘用社会专业财务工作人员进行辅助，其中回龙观街道聘请 2 人、龙泽园街道聘请 2 人、史各庄街道聘请 4 人。3 个新设街道以国家法规、市级规范与区级政策的文件精神作为工作依据，结合区级经管部门的业务指导与各自街道实际情况，开展辖区内的农村经管工作，保障镇改街之后农村经管工作的有序开展。

（七）群众幸福感和获得感提升

为了解镇改街以来，群众对城市管理和民生服务的切身感受，评估小组召开了居民代表座谈会，在社区开展问卷调查。从座谈和问卷反映的情况来，群众幸福感和获得感提升：51.18% 的居民认为城市环境变好，53.90% 的居民感到城市变得更加安全，49.15% 的居民认为生活变得更加便利。

三　镇改街行政区划调整的经验

（一）行政区划调整对提升城市治理水平具有重要促进作用，但需要与城市治理综合措施相配套

行政区划作为行政管理的基础性制度，是城市空间划分和城市管理的重要依据。管理幅度是影响行政管理效率的重要因素。调整行政区划设置，有利于优化行政区划布局，合理确定管理幅度。此次镇改街综合考虑经济社会发展条件、人口数量、行政管理力量配置等诸多要素，将一镇改为三街，缩小了原来镇域的管理幅度，增加了行政管理力量，带动了资源优化配置，使行政管辖幅度与管理能力逐渐匹配，使资源要素配置和区域发展需求逐渐协调，取得了较好的政策效果。

但是，行政区划调整只是行政管理的一项改革，属于先导性的改革措施，它确定了一个地区的行政管理框架。要想全面提升一个地区的城市治理水平，仅仅依靠行政区划调整远远不够，还需要综合的配套措施。原回龙观地区镇改街之所以能够取得较好的效果，与“回天三年行动计划”的实施、街道大部制改革的实施以及“街乡吹哨，部门报到”等街道管理体制改革有紧密的联系。

（二）行政区划调整必须坚持问题导向，为破解城市发展难题提供制度支撑

行政区划属于上层建筑，必须与经济基础相适应。行政区划调整不是简单的管理空间划分，是破解城市发展问题的一把钥匙。回天地区作为北京城市化进程中形成的大型居住区，由于历史原因，人口大量聚集，人口结构倒挂，公共服务体系建设滞后，交通拥堵，公共服务配套不足，基层社会治理矛盾突出，居民群众反映比较强烈。为破解这一难

题，一方面要从上层建筑入手，构建提升城市治理水平的制度体系，其中包括行政管理体系、基层治理体系；另一方面要夯实城市治理的经济基础，加大资金、人员和设施投入，扩大民生服务供给。此次镇改街的效果和经验表明，行政区划调整要瞄准城市发展的热点地区、难点地区、热点问题发力。坚持问题导向，为破解城市发展难题提供制度支撑。

（三）行政区划调整要处理好镇街体制转换与平稳过渡的关系

按照我国现有的行政管理体制，乡镇和街道在机构性质、职能定位、机构设置上存在一定的区别。从职能定位看，乡镇总体上以统筹农村地区或者城乡结合地区的发展和管理为主要任务，涉农事务较多，涉农职能较多，涉农机构较为健全，对农村事务和集体经济管理有一套较为完整的管理体系。街道的职能是在本街道党的工作委员会领导下，执行党的路线方针政策，依法履行辖区公共服务、城市管理、社会治理等综合管理职能，统筹协调辖区地区性、社会性、群众性工作。因此，街道属于城市型行政单元，以城市管理和公共服务为主要职能，涉农职能、涉农事务、涉农机构普遍较少。

在乡镇向街道转制的过程中，部分村和地区没有实现完全城市化，还存在农民、村委会和集体经济组织。而现有的街道对涉农事务普遍缺乏系统的制度安排。乡镇转变为街道以后，农民怎么管，集体经济组织怎么办，乡镇向街道的过渡是否存在体制转换的风险？这些问题成为各区级政府较为关心和担忧的问题，在一定程度上阻碍了行政区划调整步伐和城乡管理体制的转换。

回龙观镇改三街的实践证明，城市管理和公共服务的提供并不必然和居民的身份相关联，街道同样可以为本辖区的农民提供应有的公共服务；通过街道内部机构和人员的配置，可以赋予街道部分农村经济管理的职能；通过有效的业务指导和工作衔接机制，可以保障镇改街之后农村经管工作的有序开展，可以有效化解镇街体制转换中的过渡风险。

（四）行政区划调整要坚持以人为本的城市治理理念

以人为本的城市治理理念已成为时代潮流和城市治理的重要遵循。“人民城市人民建，人民城市为人民”“城市让生活更美好”已成为人民群众的普遍期盼。行政区划调整要坚持以人为本的城市治理理念，把提升城市治理水平、提升人民群众的幸福感和获得感作为出发点，从而获得群众的普遍支持。

四　存在的问题及政策建议

（一）存在的问题

1. 行政区划调整后运行保障还有待加强

（1）办公用房保障

目前三个街道已按照行政区划调整的批复落实了办公驻地，但综合执法队、便民服务中心、政务服务大厅、统计所、社保所等配套办公用房还不能及时按标准配备到位，部分设施还处于规划和协调阶段。

（2）办公经费保障

街道成立后财政部门积极统筹各方资金，按照现有测算标准下发各项保障资金和专项资金。2019 年初下达原回龙观镇政府体制资金 17162 万元，其中基本公共服务均等化资金 6428 万元。三街道成立后，按照辖区面积、户籍户数、流动人口等因素进行重新分配，自 2019 年下半年开始将原回龙观镇政府“基本公共服务均等化资金”调整为三街道

"特殊性转移支付资金"，另外为增强三街道综合整治效果，落实回天地区三年行动计划，安排三街道社会综合治理及环境整治资金每年2000万元，纳入特殊转移支付资金，作为街道可统筹财力。根据资金保障方案，将2019年下半年体制资金共计12161万元拨付至三街道，其中人员经费2539万元，公用经费408万元，特殊转移支付资金9214万元。2020年初下达三街道体制资金共计26384万元，其中人员经费6405万元，公用经费1024万元，事权和下划事项5523万元，特殊转移支付资金13432万元。

但三个街道辖区老旧小区多，维修改造任务重；街道办公设备老化，更新维护费用较高；受疫情影响，防疫支出增加。受这些实际因素的影响，街道办事处仍然面临着一定的资金保障压力。

（3）人员保障

人员保障方面，由于街道刚成立一年多，人员还没有满编，开展日常工作还受到人员不足的制约。

2. 公共服务水平提升速度与群众的期盼还有差距

尽管行政区划调整后，在回天行动计划和多项改革措施的支撑下，基层治理力量有所加强，公共服务设施短板有所补齐，群众的满意度有所提升，但行政区划调整的政策效应还没有完全显现，公共服务设施建设运营还需要一定的时间。教育、医疗、养老、社区服务等公共服务水平提升速度与群众的期盼还有差距。

（二）政策建议

第一，为保障镇改街取得更好的政策效果，市区两级需要加强统筹，加大资金投入，统筹办公用房和人员配备，提升街道运行保障能力，提升街道服务水平。第二，加快基础设施建设，抢回因疫情耽误的建设工期，尽快补齐民生服务短板。要及时发布基础设施建设计划，让群众了解相关信息，回应群众期盼。

五　评估结论

经过调查研究和分析，此次镇改街行政区划调整瞄准北京市城市治理的重大问题、难点问题和热点地区，通过“一镇改三街”的方式，优化了昌平区回龙观地区的区划设置和管理幅度。在行政区划调整的引领带动下，通过实施回天行动计划、改革街道管理体制等，回龙观地区的城市治理水平得到提高，群众幸福感和获得感有所提升。昌平区政府认真落实区划调整方案和批复，区划调整工作落实情况总体较好，但运行保障还需进一步加强。此次行政区划调整较好地处理了镇街体制转换问题，保障了镇改街之后农村经管工作的有序开展，为其他乡镇向街道转制积累了经验。

参考文献

《优化提升回龙观天通苑地区公共服务和基础设施三年行动计划（2018～2020年）》，北京市昌平区人民政府网，2018。

孙琼欢：《关于乡镇行政区划调整的若干思考——以湖北省咸宁市咸安区乡镇撤并为个案》，《山东行政学院山东省经济管理干部学院学报》2006年第3期。

魏爱云：《基层行政区划体制改革的试验田——民政部区划地名司司长戴均良就乡镇撤并问题答记者问》，《人民论坛》2006年第3期。

戴均良主编《行政区划与地名管理》，中国社会出版社，2009。

欧盟碳排放交易体系对京津冀区域性碳市场建设的启示

侯昱薇*

摘　要： 碳交易机制是以市场手段控制温室气体排放的有效途径。2017年全国碳交易市场建设正式启动，在逐步扩大全国碳市场涵盖行业范围、建立健全制度的同时，应注重区域碳市场的构建，以试点市场为基础，以点带面，推动全国市场的建设。构建京津冀区域碳市场，为全国区域碳市场构建形成示范，既有利于试点市场自身的发展，也有利于全国碳市场的构建。本文分析和总结了EU ETS的运行成效和区域市场建设的经验，并以此为基础，探析了京津冀区域碳市场建设中的阻碍，提出了建设京津冀区域碳市场，要立法先行，统一区域内碳市场交易制度、辅助管理制度和监管制度，注重相关数据库等基础设施的建设。

关键词： 京津冀　区域碳市场　EU ETS

一　问题的提出

（一）研究背景

为应对气候变化危机，全球各缔约方经过多轮谈判，形成了全球气

* 侯昱薇，经济学博士，北京市社会科学院市情调查研究中心助理研究员。

候治理的基本规则与实施机制，并达成以下三项国际条约。一是，1992年6月通过的《联合国气候变化框架公约》（以下简称《框架公约》），其目标是将大气中温室气体的浓度稳定在防止气候系统受到危险的人为干扰的水平上。二是，1997年12月在日本京都签署的具有法律效力的《京都议定书》。作为《框架公约》的补充条款，它为主要工业国家温室气体的减排量制定出明确目标。三是，2015年12月在巴黎气候变化大会上通过的《巴黎协定》。在《框架公约》的规则下，它规定了应对气候变化新阶段各缔约国的明确目标和全新的实施机制。中国作为发展中国家，《京都议定书》的两期承诺中均未规定其减排量上限。随着在全球政治、经济领域的地位日益提高，中国承诺遵循《巴黎协定》中“共同但有区别”的减排责任，积极参与全球治理、承担起必要的环境责任，彰显了大国担当的同时，也为推动自身高质量发展、促进经济社会全面绿色转型、提高生态文明建设水平提出了更高要求。2020年9月，习近平总书记在第75届联合国大会上郑重宣布，中国力争在2030年前实现碳达峰，2060年前实现碳中和（简称“3060”目标）。这一目标的提出，体现了中国走可持续绿色发展道路的决心，更为经济高质量发展指明了方向，低碳发展成为中国在转换经济体制、优化产业结构、改善生态环境进程中所必须遵循的原则。

碳交易机制作为促进低成本实现碳减排目标的市场手段，增强了国家间的减排合作，它不仅是解决全球变暖的有效途径，更是国家走向低碳发展的途径之一。2013年6月起，中国7个碳交易试点陆续启动。2016年12月，四川和福建碳交易市场在吸取试点市场经验的基础上正式成立。2017年12月，国家发改委印发《全国碳排放权交易市场建设方案（发电行业）》，标志着中国正式启动全国碳排放交易体系建设。2020年底生态环境部发布《全国碳排放权交易管理办法（试行）》和《全国碳排放权登记交易结算管理办法（试行）》，全国碳交易体系基础建设基本完成。2021年4月，习近平总书记在“领导人气候峰会”上表示，将启动全国碳市场上线交易。构建全国碳交易机制，既是中国实现减排承诺、低碳发展目标的重要手段，也是与国际碳减排市场连接的重要方式，是提高碳交易话语权的必要途径。然而，中国全国碳交易市场还处于起步阶段，行业范围单一、辅助体系缺失、市场化意识薄弱。加之各省市交易市场长期处于独立运行状态，在减排理念、法律法规、交易机制设计、抵消机制设计、MRV 机制设计等方面均存在差异，建立真正意义上的全国碳市场任重道远。从国家层面讲，地方碳市场是全国市场的重要组成部分，也是推进全国市场建设的有力抓手。因此，在逐步扩大全国碳市场涵盖行业范围、建立健全制度的同时，应注重区域碳市场的构建，以试点市场为基础，以点带面，从而带动全国市场的建设。由于能源结构、产业结构等原因，京津冀区域的碳排放量在中国主要区域碳排放总量中的占比较大①。研究表明，21 世纪初的十年内，河北省碳排放量在京津冀碳排放总量中的占比超过 70%，其中仅钢铁行业的碳排放量就占 20%②。因此，解决京津冀区域环境与气候问题、控制区域碳排放量，必须整体考虑，充分发挥市场在资源配置中的作用。北京、天津作为第一批碳试点市场，具备较为完善的市场基础，京津冀区域协同发展也对形成区域碳市场具有促进作用。构建京津冀区域碳市场，为全国区域碳市场构建形成示范，既有利于试点市场自身的发展，也有利于全国碳市场的构建。

（二）文献综述

构建区域碳市场，实现“点”之间的市场连接，有利于降低成本、增强市场流动性。Burtraw 等认为，有效连接的碳市场，为参与者提供

① 李丽红、杨博文：《京津冀区域性碳排放权交易立法协调机制研究》，《河北法学》2016 年第 7 期。

② 黄晟、李兴国：《京津冀协同视阈下河北省碳排放和碳交易》，《清华大学学报》（自然科学版）2017 年第 6 期。

了更多的选择，能够实现配额的有效分配，减少“点”市场间因相互竞争而产生的交易成本[①]。而地理位置的远近、经济协同程度，以及净福利的增长程度，则决定了区域碳市场是否能够有效运行[②]。在全国碳市场上线交易之际，研究区域碳市场的建设，既是全国市场建设真正铺开的重要一步，也是中国碳市场与国际碳市场进行有效连接的必要步骤。邬彩霞认为，碳排放信用的区域交易，是实现国内碳信用标准化的必要条件；建立区域碳市场是实现国际市场连接的有效铺垫[③]。

二　欧盟碳排放交易体系

欧盟碳排放交易体系（European Union Emission Trading Scheme, EU ETS）是全球第一个跨国家、参与国家与地区最多的区域碳排放权交易市场，也是当前世界上交易规模第二大的碳排放权交易体系，其覆盖的温室气体排放量占欧盟整体排放量的40%[④]，是世界上最主要也是最具代表性的强制减排机制市场，以配额交易为主。研究EU ETS的发展经验及其在进行区域市场建设中取得的成效，对京津冀建立区域碳排放市场具有一定的借鉴意义。

（一）欧盟碳排放交易体系的发展

1998年6月，欧盟委员会出台《气候变化：后京都议定书的欧盟策略》，并在其中引入碳排放交易机制。2003年《排放贸易指令

① Burtraw D. K. L., Munnings P. C., Weber P. and Woerman M., “Linking by Degrees: Incremental Alignment of Cap-and-Trade Markets,” RFF Discussion Paper, 2013.

② Flachsland C., Marschinski R. and Edenhofer O., “To Link or Not to Link: Benefits and Disadvantages of Linking Cap-and-Trade Systems,” *Climate Policy*, 2009, 9 (4).

③ 邬彩霞：《国际碳排放权交易市场连接的现状及对中国的启示》，《东岳论丛》2017年第5期。

④ ICAP, “Emissions Trading Worldwide: Status Report 2021,” Berlin: International Carbon Action Partnership. 2021.

(2003/87/EC)》以法律的形式明确了碳排放权交易的地位，并由此创立了“欧盟排放许可”。在进行减排控制的历程中，欧盟始终致力于建立总量控制模式，并积极探索区域碳排放权交易体系建设，在不断地探索、丰富、实证下，最终在2005年1月1日建成了全球首个跨国碳排放权交易体系，即EU ETS。

EU ETS主要经历了以下几个阶段。

第一阶段为2005~2007年。该阶段被定义为试运营阶段，其措施只针对欧盟的25个成员国。这一阶段在实行之初采取了“祖父法”进行排放量配额（简称“EUAs”）的分配，EUAs免费发放但不能延续至下一阶，且规定成员只能将配额的5%用于拍卖。由于对各行业的历史排放数据缺乏了解，第一阶段配额发放量远高于企业实际需求量，加之无法顺延配额的规定，使得第一阶段的碳排放权出现供大于求的局面，最终致使该阶段的EUAs成交价持续走低。

第二阶段为2008~2012年。该阶段是欧盟履行《京都议定书》义务的阶段，也可看作是其发展的主要阶段。该阶段EUAs仍免费发放且能延续至下一阶段，但数量较第一阶段下降6.5%①，允许进行自主拍卖的配额由第一阶段的5%上升至10%。这一阶段EU ETS的发展显著，包括将区域交易成员扩大至欧盟周边国家，行业范围也逐渐扩大，引入各类灵活履约机制如清洁发展机制（CDM）和联合履约机制（JI），开展碳排放权衍生品交易等。但是，虽然采取了一定措施以平衡配额供需，配额过剩问题依然一直存在，在该阶段后期出现的成交价下跌趋势依然无法缓解。不可否认的是，该阶段EU ETS取得了决定性的长足发展，同时碳配额交易也相比第一阶段出现了激增。

第三阶段为2013~2020年。该阶段计划在2020年实现比1990年

① 张妍、李玥：《国际碳排放权交易体系研究及对中国的启示》，《生态经济》2018年第2期。

排量降低20%以上。该阶段是EU ETS全面进行改革、完善的关键时期。一是，进行分配模式变革，将之前由成员国自主进行分配转变为由欧盟统一进行配额制定，并由其依照“统一协调”的原则将指标向成员国进行分配，分配方法也由原来的“祖父法”转变为“基准线分配法”。二是，从免费分配向拍卖分配过渡，将拍卖配额从第二阶段的10%提升至50%。三是，制定规范，对EU ETS的MRV制度进行规范，提升EU ETS的公平性和透明性，提升其应对风险的能力，可以说这一阶段的发展重点主要是风险控制。四是，对抵消机制严格施加限制，鉴于之前第一、第二阶段的信用抵消较宽松而引发不少的隐患，该阶段不仅制定了针对第一、第二阶段的剩余信用适用规制，还严格对外部信用抵消进行把控。

2021年1月起，EU ETS正式进入第四阶段，这一阶段欧盟将在《欧洲绿色协议》指导下，实现2030年温室气体排放量较1990年至少下降55%，21世纪中叶实现碳中和。这一阶段，总体配额的43%为免费分配，其中，航空业免费配额将下降至行业的80%以下，而电力行业则无免费配额。在拍卖配额中，10%将向欧盟低收入国家分配。欧盟在该阶段制定的规则更加严格、合理、公平，且可预测，这主要是为了应对一些企业向气候政策宽松国家转移的风险。这些规则具体表现为：对50个高风险行业（可能向欧盟以外搬迁的行业）的免费配额进行削减，并预留更多的免费配额以应对市场新增的碳排放企业、行业；同时根据行业数据及时进行参照基准更新。

（二）欧盟碳排放交易体系的运行成效

EU ETS从2005年的1月1日开始施行之后，对全球碳排放交易体系始终具有引导和示范作用。在运行的16年中，EU ETS取得了瞩目的成效。

首先，EU ETS的建立，显著促进了欧盟地区的碳减排。欧盟环境署（European Environment Agency，EEA）于2013年10月发布了针对性的减排预测报告，明确提出，欧盟2012年的碳排放量与1990年同期相比下降18%，同欧盟之前所设定的2020年碳排放量与1990年同期相比下降20%的目标进行对比已没有明显的差距。并且，欧盟使用可再生能源的比重上升到了13%，同之前所设定的2020年可再生能源使用比例达到20%的目标相差无几。换而言之，欧盟已经提前实现了《京都议定书》中对其所设定的碳减排目标。

其次，EU ETS的建立，显著促进了低碳项目投资。建立碳排放交易体系的最初目的就是利用规模化的碳交易，释放价格制度的平衡功效，推动企业最大化地使用低碳能源并对低碳技术的开发和使用提供大力支持。截至2020年6月30日，欧盟共利用CDM和JI机制从发展中国家收购了480.94百万吨的碳减排量（见表1）。这种机制不仅对发展中国家生产模式从高碳向低碳的转型产生了积极作用，还对碳减排技术的发展产生了推动作用，更对其低碳产业的发展形成了强大驱动力。

表1　截至2020年6月底EU ETS成员通过CDM和JI机制购买的碳减排量

单位：百万吨，%

国际低碳合作项目来源国	降低的碳排放量	占比
CERs	288.86	60.06
中国	213.31	73.85
印度	20.30	7.03
乌兹别克斯坦	10.17	3.52
巴西	6.00	2.08
越南	3.71	1.28
智利	3.21	1.11
墨西哥	3.17	1.10
韩国	2.93	1.01
其他	26.06	9.02
ERUs	192.07	39.94

续表

国际低碳合作项目来源国	降低的碳排放量	占比
乌克兰	147.69	76.89
俄罗斯	32.06	16.69
波兰	2.82	1.46
德国	1.65	0.85
法国	1.24	0.64
保加利亚	0.50	0.26
其他	6.11	3.21
总计	480.94	100.00

资料来源：欧盟执行委员会“Report on the Functioning of the European Carbon Market 2020,” https：//eur-lex. europa. eu/legal-content/EN/TXT/？uri = CELEX%3A52020DC0740&qid = 1620279018748。

最后，EU ETS 的建立为构建全球碳排放交易体系奠定了基础。EU ETS 成为各个国家建立区域或全国碳排放权交易市场的参照，同样为全球碳排放交易系统的建立做出了有效的铺垫。EU ETS 属于跨国性质的碳排放交易综合体，它将各个国家的碳排放监测以及配额交易等工作有机结合在一起，让碳交易各阶段有效串联在一起、让各大碳排放交易所通过竞争获得了切实的发展和进步。这些机制的创新，为全球碳排放交易制度的建立提供了强有力的理论支撑。目前，EU ETS 已将冰岛、列支敦士登和挪威的碳配额市场纳入，同时与瑞士和澳大利亚碳市场实现完全连接。

（三）欧盟碳排放交易体系区域发展的经验

第一，立法先行。从 EU ETS 的发展历程可知，立法是其首先要予以应对的问题，并且法律法规伴随着交易制度的完善而健全。欧盟委员会在 2003 年 10 月 25 日颁布的针对性法令，对于欧盟碳排放权交易制度而言是里程碑式的政令，让其立法拥有了强有力的理论依据，让碳交易更具权威性和规范性。欧盟碳排放权交易系统十分完善，出台了具有针对性的多项规章制度，对欧盟各国碳排放的相关工作进行了细致、精准的要求。2009 年欧盟颁布的相关指令在第三阶段通过改进成为法律依据，并围绕其制定了针对性的制度。根据 EU ETS 的立法步骤，所有的碳交易活动都应当在相关律法规定的引导下开展。

第二，注重自上而下的整体性。EU ETS 是以总量交易原则为基础所建立的碳排放权交易系统，运行初始阶段其总量的设计主要考虑的是各地“灵活性”，为的是让更多的区域、主体加入新兴的碳排放权交易系统。EU ETS 后期在设置总量时主要依据的是前期的经验和教训，废除了更具灵活性和区域自主性的国家分配方案（NAP），通过欧盟委员会所设定的总量，自上而下地对各成员国的配额实施具体分配，这种注重“协调性”“整体性”的改革从根本上解决了配额过剩这一问题。

第三，统一管理标准，加强交易市场监管。2011 年初，EU ETS 爆发了与 EUAs 交易有关的重大风险，黑客利用成员间管理规则不一致而形成的安全漏洞，从数个国家碳登记处窃取大量 EUAs，导致当年 EUAs 现货交易量严重萎缩，交易额仅 28 亿美元（占市场全体的 2%）①。EUAs 遭窃事件严重打击了 EU ETS 的公信力，并凸显了成员国碳登记处安全措施不足与统一管理机制缺乏的弊端。但有趣的是，碳期货与碳期权的交易量不仅未受影响，甚至还较前一年大幅增加。这是因为 EU ETS 在发展初期就将碳期货与期权产品归类为金融工具，受到金融市场相关法令严格监管，而现货交易却未受到规范。早在 2010 年，欧盟委员会就对碳配额的场外衍生品交易做出需定期报告的要求，同时出台《金融工具指令》和《市场滥用指令》，进一步规范碳配额衍生品交易，如强制场内交易、入场资格限定、信息披露规范等。以上两部法规指令

① 张晶杰、王志轩、雷雨蔚：《欧盟碳市场经验对中国碳市场建设的启示》，《价格理论与实践》2020 年第 1 期。

将碳配额衍生品完全划入金融工具体系范畴，并加以等同于金融衍生品的监管力度。碳现货市场价格的剧烈波动与脆弱性反映出加强 EUAs 现货交易监管的必要性，因此 2017 年欧盟执行委员会修订了《金融工具指令》和《市场滥用指令》，并于 2018 年 1 月生效。新修订的法案将碳配额纳入金融工具范畴，即不仅其衍生品交易需受到金融体系的监管，而且现货交易同样纳入金融监管覆盖范围。

三　建立京津冀区域碳交易市场面临的障碍

北京碳试点市场曾尝试开展京冀跨区域排放权交易，与河北省承德市辖区内的 6 家水泥厂签署协议，将其纳入区域减排贸易体系。但由于执法权问题、减排水平不足、减排成本高企等问题，区域间交易有待进一步推广。

（一）京津冀碳交易缺乏立法协调机制

基于立法先行原则，京津冀区域碳市场的建立需要相关法律法规予以保障和指导。北京和天津碳试点市场于 2013 年底相继启动，经过近十年的发展，两地市场在顶层立法、配额发放、抵消机制、核查机制、市场培育等方面都存在较大差异；而河北省尚未建立碳配额交易的相关市场，缺乏交易立法及制度设计，个别地方因担心强制减排对当地经济发展产生影响而开展减排工作动力不足。目前，三地仅北京实现了真正意义上的强制履约，交易立法等级高于津冀。立法协调机制的缺乏，导致强制履约无法在区域内施行，即使将三地减排机构纳入统一市场，也无法对立法等级不够甚至无相关立法地区的减排机构进行约束，执法管辖问题仍会成为区域市场顺利运行的一大障碍。立法协调机制的缺乏，还造成京津冀区域内碳泄漏现象严重。京津两地对违约控排企业的惩罚力度相对较大，企业为降低或规避违约成本甚至减排成本，会选择迁址至京冀或津冀交界的河北管辖地内，京津两地碳排放可能因此而降低，但河北由于有效的碳市场尚未建立、强制减排机制空缺、京津冀碳减排立法协调机制缺乏等各种原因，碳排放量会大幅上升，最终导致京津冀区域内碳排放总量不降反增，造成所谓碳泄漏，严重阻碍区域温室气体控排进程。

（二）区域市场分割，发展水平差距大

自中国建立碳排放交易试点市场以来，以地区为主导的交易体系均是封闭式交易市场，相互分割。这类封闭式的市场虽然在发展初期可以兼顾各地区在经济发展中表现出的差异性，但长期来看存在很多弊端：一是，虽然在地区市场发展中由政府主导可以最大限度地促进市场发展，但同时，附带行政主导特色的市场本就容易滋生腐败，引发权力寻租现象。此外，地方政府主导的市场还容易出现碎片化的特征，鉴于产业、行业在各地区之间存在的巨大差异，各地的碳排放权配额往往并不均衡，自成体系的碳排放交易市场阻碍了市场之间的衔接、融合、发展。京津两地控排企业往往不能进行“配额互抵”，跨地区的碳配额流动十分困难。二是，长期的分割使区域内各碳市场发展水平差距巨大，京津冀三地市场在控排成本、违约惩罚等方面都存在差异，一旦形成统一市场，势必一方或多方的控排成本、行政成本将大大增加，极大影响了区域碳市场建设的主动性。

（三）欠缺以市场手段解决环境问题的意识

欠缺以市场手段解决环境问题的意识这一问题不仅在京津冀地区存在，在全国范围也存在。中国正处在城市化、现代化的关键时期，经济结构、生态环境等问题不容乐观，这在一定程度上制约了碳减排机制的完善。首先，从2000年开始，中国能源消耗量迅猛增长，能源消耗结构以煤炭为主。以河北省为例，2011年之前其煤炭消费量占能源消费

量的比重均在90%以上[①]。虽然国家一直在补贴、鼓励新能源发展，包括对电力汽车的种种优惠，但是新能源仅占能源结构的15%左右，这一比例从2019年起有所上升，但中国煤炭消费水平依旧高于世界平均水平约三成，也就是说中国仍是“高碳”国家[②]。其次，从国家经济产业结构来看，中国产业中高耗能、高污染的行业占比极高，相较于发达国家以第三产业为主的经济结构，中国第三产业占比远低于发达国家水平。从上述经济要素来看，虽然中国一直在强调可持续发展，政府也积极推进产业结构调整和鼓励新能源发展，但是传统行业依旧固守自身利益，不愿意为碳减排而做出改变。尤其是在中国多数高能耗的企业中，电力企业一直未进行有效的市场化改革，而这一行业的碳排放比重又较大。所以有学者认为，“目前为止，中国还没有能够形成用市场机制来解决环境问题的意识”。

四　建立京津冀区域碳交易市场的建议

EU ETS的发展过程证明了在不严重影响参与成员经济发展的情况下，也能同时达到温室气体减量的目标。中国虽非京都议定书强制减排国家，但仍通过CDM大规模参与全球的碳交易，积极参加自愿减排计划，近年更为了发展低碳经济及争取碳市场的话语权，陆续开启国内各碳试点交易，并于2017年底正式启动全国统一碳排放交易体系。全国统一碳排放交易体系的建设是一个长久的过程，无法一蹴而就。在城市试点的基础上，扩展区域试点市场，探索市场间连接与融合的发展路径，是当下全国碳市场建设初期所需要深入研究的。在京津冀协同发展

① 黄晟、李兴国：《京津冀协同视阈下河北省碳排放和碳交易》，《清华大学学报》（自然科学版）2017年第6期。

② 朱潜挺、常原华、朱拾遗：《国内外碳交易体系对构建京津冀区域性碳交易市场的启示》，《环境保护》2019年第16期。

战略和生态文明建设背景下，京津冀区域碳市场的建设具有重大的引领和示范意义。

首先，应成立专门的京津冀区域碳市场工作组，负责厘清和制定区域碳市场交易所需的法律法规和各项制度。北京和天津碳试点市场已运行近十年，各自具有相对完备的控排标准、配额分配机制、抵消机制和MRV机制等。需制定一套统一的、折中的法律规章和市场标准，并以此为基准，对于相应体制机制达到或高于区域标准的，可沿用原有规章，否则一律采用区域碳市场相关体制机制。河北省并无自身碳交易市场，可直接借鉴区域碳市场法律法规和制度设计。

其次，应特别注意区域碳市场流动性的问题，促进市场平台的连接和统一。北京和天津碳试点中虽开放了控排企业、个人及非履约机构交易，但仍以控排企业的交易为主体，普遍存在交易日不连续、交易量集中于履约期限前一段时间的现象。鉴于京津现有碳市场规模较小、河北潜在碳市场规模不确定，应特别注意区域配额分配和碳市场流动性的问题，避免市场成为一摊死水。建立区域配套系统，如注册登记、交易结算、数据存储等，兼容现有平台，逐渐形成统一的市场平台。2011 年 EU ETS 发生的黑客利用安全漏洞窃取配额非法贩售事件，值得引以为鉴，电子交易已是世界潮流，确保交易安全非常重要。将来在建构交易平台时，应特别注重强化安全措施，避免资安漏洞。同时，鉴于碳交易的特殊性质以及参与主体的多样性，区域碳交易管理系统应在建立初期就与证监会、银保监会等监管机构协同。在交易的管理机制方面，为免多头马车的弊端，尝试建立统一的管理系统。

最后，完善温室气体核算制度，建立区域碳市场长期数据库。EU ETS 第一阶段和第二阶段均出现过配额超额发放或减排主体为规避罚款而倾向超额减量的情况，同时，体系内缺乏可靠的排放数据作为支持，导致各交易体系均出现配额超量分配的现象，引发碳价在短期内暴跌。无论是否处于市场机制转变的情况下，完善的温室气体核算体系、科学的减排评估系统和有效的减排成果追踪系统都是碳交易市场有效运行的必要条件。京津当下的排放额度仍以免费核配为主，建议应尽早掌握区域内企业的温室气体排放量，建立一个关于排放量的长期大数据库，将其作为排放额度核配的依据。

参考文献

李丽红、杨博文：《京津冀区域性碳排放权交易立法协调机制研究》，《河北法学》2016 年第 7 期。

黄晟、李兴国：《京津冀协同视阈下河北省碳排放和碳交易》，《清华大学学报》（自然科学版）2017 年第 6 期。

Burtraw D. K. L. , Munnings P. C. , Weber P. and Woerman M. , "Linking by Degrees: Incremental Alignment of Cap-and-Trade Markets," RFF Discussion Paper, 2013.

Flachsland C. , Marschinski R. and Edenhofer O. , "To Link or Not to Link: Benefits and Disadvantages of Linking Cap-and-Trade Systems," *Climate Policy*, 2009, 9 (4) .

邬彩霞：《国际碳排放权交易市场连接的现状及对中国的启示》，《东岳论丛》2017 年第 5 期。

ICAP, "Emissions Trading Worldwide: Status Report 2021," Berlin: International Carbon Action Partnership, 2021.

张妍、李玥：《国际碳排放权交易体系研究及对中国的启示》，《生态经济》2018 年第 2 期。

张晶杰、王志轩、雷雨蔚：《欧盟碳市场经验对中国碳市场建设的启示》，《价格理论与实践》2020 年第 1 期。

朱潜挺、常原华、朱拾遗：《国内外碳交易体系对构建京津冀区域性碳交易市场的启示》，《环境保护》2019 年第 16 期。

碳中和下的北京森林资源碳汇价值分析

刘小敏*

摘　要： 中国提出“3060”碳达峰、碳中和目标，北京也面临着实现碳中和目标的挑战。为评估北京实施碳中和的潜力、路径与价值实现方式，本文梳理森林碳汇核算方法、碳汇价值实现机制，并估算北京当前终端能源消费的碳排放量，测算北京森林生态系统碳汇能力，对比探索北京实施碳中和建设的重点，发现：当前北京森林碳汇能力仍不足以承担实现碳中和目标的主要任务，需进一步推进节能减排，提升能源结构中新能源比重，加强CCS碳汇研究，实施人工造林计划，完善林业发展机制，建立统一的碳交易市场，提升碳价值实现效率，提升北京森林碳汇能力。

关键词： 碳中和　森林碳汇　碳排放量　碳汇价值

一　前言

人类经济活动的资源消耗形成大量温室气体排放，使得全球气候变暖问题凸显，利用森林资源的集碳功能来实现全球碳平衡成为一个重要

---

* 刘小敏，北京市社会科学院市情调查研究中心助理研究员，博士，北京世界城市研究基地专职研究员。

的生态议题。为应对气候变暖挑战，1992 年联合国大会通过《联合国气候变化框架公约》、1997 年多国达成《京都议定书》。2020 年，中国首次承诺在 2030 年左右实现碳达峰、2060 年实现碳中和，森林碳汇将在碳减排行动中发挥重要作用。当前，中国年碳排放量约占世界的 27%，是全球碳排放量最高的国家之一。北京在节能减排方面走在全国前列，但是，面临区域性环境治理压力。北京将在碳达峰与碳中和方面继续发挥“领头羊”的作用。除了优化能源结构、提高清洁能源比例外，深挖重点行业节能，推进森林碳汇发展、大力推进人工造林以增强固碳能力，提升碳治理水平，将成为北京应对碳中和挑战的重要工作内容。

面对温室气体方面的挑战，除了致力于减少人类活动的温室气体排放外，以造林等生物措施来吸收、固定大气中的温室气体（碳汇），成为各国选择控制大气中温室气体比例的重要途径之一，有较多研究者致力于碳汇相关的研究。所谓碳汇，即从大气中清除 CO_2 的过程、活动或机制。由于森林在生长过程中通过同化作用吸收大气中的 CO_2，并以生物量的形式将其长期固定，森林成为碳汇的重要途径，据估算，地球森林生态系面积超过 4.1×10^9 hm^2，碳储量占全球陆地碳库总储量的 77%，① 因此，森林碳汇是全球碳循环中的重要一环，准确估算森林及其生态系统的固碳能力，是实施碳中和、碳平衡的关键因素，也是推进包括碳汇在内的碳市场交易的重要基础。

北京在节能减排工作方面取得较好的成绩，走在全国的前列，也是我国较早的 8 个提出要在“十三五”期间实现碳达峰的城市之一，并在加紧开展碳中和路径研究、制定专项行动。2020 年底，北京全市森林蓄积量增加到 2520 万立方米，森林覆盖率达到 44.4%，处于我国中

① 王效科、冯宗炜、欧阳志云：《中国森林生态系统的植物碳储量和碳密度研究》，《应用生态学报》2001 年第 1 期。

上游水平，森林资源年碳汇量 779 万吨二氧化碳，森林碳汇将在碳中和行动中发挥重要的作用。可见，北京森林碳汇能力既是探索实施碳达峰、碳中和路径的关键变量，也是提高碳治理水平、充分发挥市场机制在碳交易中作用、提升碳汇交易效率的重要基础性数据，同时，由于北京的森林资源 90% 以上分布于生态涵养发展区，通过碳汇价值估算，也可以为完善森林生态效益补偿机制研究提供重要的依据。

为此，本文将梳理碳汇估算方法，测算北京森林碳汇水平，并以北京碳排放量为基础，结合碳价值估算，评估北京碳汇价值，估算碳中和差距，并提出相应的政策建议。

二　碳汇测算与价值评估方法

（一）森林碳汇总量测算方法

森林碳汇测量方法是实施碳中和评估与森林碳汇管理、评估森林碳汇生态效益、开展以碳汇为目的的森林经营的基础，国内外专家已经积累了许多方法。综合而言，可分为以生物量为基础的生物量法、蓄积量法、生物量清单法和以大气监测为基础的涡旋相关法、涡度协方差法等。

1. 生物量法

生物量法，也称平均生物量法，一般根据单位面积生物量、森林面积、生物量在树木各器官中的分配比例、树木各器官的平均碳含量等参数计算而成。早期应用生物量法时，是通过大规模的野外实地调查，得到实测的数据，建立一套标准的测量参数和生物量数据库，用样地数据得到植被的平均碳密度，然后用每一种植被的碳密度与面积相乘，估算生态系统的碳储量。该方法具有直接、明确、技术简单的特征。生物量根据取样方式可细分为皆伐法、标准木法和相关曲线法，李意德等采用皆伐法对尖峰岭热带山地雨林的生物量进行了研究；① 杨丽韫等采用标准木法估算长白山原始阔叶红松林的碳汇量；② 黄从德采用相关曲线法估算四川省森林碳储量，相关法是要在样地内伐倒少许树木，确定生物量与胸径或树高的回归关系，然后利用回归关系和所有树木的实测胸径或树高推算样地的生物量。③ 方精云、陈安平就是利用生物量方法推算中国森林植被碳库，采用土壤有机质含量估算我国土壤碳库，得到计算结果：我国陆地植被的总碳量为 6.1×10^9 吨，森林 4.5×10^9 吨，疏林及灌木丛 0.5×10^9 吨，草地 1.2×10^9 吨，作物 0.1×10^9 吨，荒漠 0.2×10^9 吨，沼泽地 0.8×10^9 吨，其他 0.3×10^9 吨。④ 陈遐林运用生物量法对华北各主要森林类型生态系统总碳储量进行了计算，得到油松 235.082t/hm^2，落叶松 54.1408 t/hm^2，桦木林 269.8966 t/hm^2，杨树林 170.911 t/hm^2，柞木林 642.6994 t/hm^2。⑤ 孙翀、刘琪璟利用全国森林资源清查资料中的北京市部分数据，基于生物量转换因子法，通过建立不同森林类型蓄积量与生物量间的回归方程，估算出北京市不同时期森林的生物量和碳储量，并对碳储量的变化进行了分析。⑥ 结果表明，北京市森林碳储量在5年内由796万吨增加到852万吨。并且指出，在全市森林碳储量中，栎类、阔叶类以及杨树类在碳汇中起重要作用，不过树龄不合理，幼龄林与中龄林面积大且碳储量低。生物量不仅与树种相关，也与立地质量、气候条件等多种因素相关，并且，现场取样时，存在一定的选择偏

① 李意德等：《尖峰岭热带山地雨林生物量的初步研究》，《植物生态学与地植物学学报》1992年第4期。

② 杨丽韫、罗天祥、吴松涛：《长白山原始阔叶红松林不同演替阶段地下生物量与碳、氮贮量的比较》，《应用生态学报》2005年第7期。

③ 黄从德等：《四川省森林植被碳储量的空间分异特征》，《生态学报》2009年第9期。

④ 方精云、陈安平：《中国森林生物量的估算：对 Fang 等 Science（Science，2001，291：2320～2322）一文的若干说明》，《植物生态学报》2002年第2期。

⑤ 陈遐林：《华北主要森林类型的碳汇功能研究》，北京林业大学学位论文，2003。

⑥ 孙翀、刘琪璟：《北京主要森林类型碳储量变化分析》，《浙江农林大学学报》2013年第1期。

好，因此，使用生物量方法，在现场调研采样时存在一定的精度误差。

2. 蓄积量法

蓄积量法，也称平均换算因子法，对森林主要树种进行抽样实测，计算其生物量平均含碳容量（$t \cdot m^3$），根据森林的总蓄积量计算出生物量，再根据生物量与碳量的转换系数求森林的固碳量。该方法在国际生物学计划（IBP）期间被广泛应用。法国 Peyron 等通过用不同树种的立木材积乘以它们的换算因子，计算得出碳汇，其中，木材体积换算成碳吨数的因子为：$1m^3$木材约含 0.28t 碳（针叶树和杨树）；1 m^3木材约含 0.30t 碳（除杨树外的阔叶树）。李意德等采用蓄积量法对云南南部热带森林的碳库总量进行了估算，结果表明，云南南部的热带天然林的碳素库总量在 0.653 亿吨以上。[①] 康惠宁等采用蓄积量法对中国森林固碳的现状和潜力进行了估计和预测，结果表明，中国森林目前碳积累高于碳释放，年平均净碳汇量为 0.8627×10^8吨，在未来 20 年内中国森林净碳汇能力约增加 773×10^8吨/年。可见，蓄积量法是生物量法的延伸，它继承了生物量法的优点，如操作简便、技术直接明了、有很强的实用性，但是在转换系数上只考虑树种而对其他因素考虑的不够，使得其与生物量量化一样存在精度问题，比如林木的生物量与木材材积比并不是不变的，随着树龄、立地、个体密度等变化而变化。[②]

3. 生物量清单法

生物量清单法是以生物量与蓄积量的关系为基础计量方法，计算公式为：$P_c = V \times D \times R \times C_c$，其中 V 是某一森林类型的单位面积森林蓄积量，D 是树干密度，R 是树干生物量占乔木层生物量的比例，C_c 是植物中碳含量（常采用 0.45），据乔木层生物量与总生物量的比值，估

---

① 李意德等：《尖峰岭热带山地雨林生物量的初步研究》，《植物生态学与地植物学学报》1992 年第 4 期。

② 方精云、陈安平：《中国森林生物量的估算 ：对 Fang 等 Science（Science，2001，291：2320 ~ 2322）一文的若干说明》，《植物生态学报》2002 年第 2 期。

算出各森林类型的单位面积总生物质碳储量。王效科等利用这种方法对各森林生态系统类型的幼龄林、中龄林、近熟林、成熟林和过熟林的植物碳储存密度进行估算，再根据相应森林类型的面积得到中国各森林生态系统类型的植物碳储量，最后得出中国森林生态系统的现存的植物碳储量为3.255亿~3.7241亿吨碳。[①] 赵海珍等根据生物量和蓄积量的关系，测量河北雾灵山自然保护区森林的碳汇情况。生物量清单法优点是直接明确、技术简单，但是工作量大、存在采样误差等问题。[②]

4. 涡旋相关法及其类似方法

涡旋相关法是以微气象学为基础，通过测量林冠上方CO_2的涡流传递速度来估算森林固态量的方法。这类方法可以测量出森林碳汇的变化。Malhi等还创建了与之相关的涡度协方差法，需要对能量、水分、CO_2进行测定，此方法被作为碳通量研究的一个标准方法广泛应用。[③] 王文杰等应用涡度协方差法对帽儿山实验林场老山实验站的落叶松林的CO_2通量进行了测定，并将测定的结果与应用其他方法测定的结果进行比较，结果表明，在考虑林下植被的时候，涡度协方差法的测定结果非常准确。[④]

（二）森林碳汇的价值估算

1. 碳汇效用价值的形成基础：碳排放空间的稀缺

人类的经济体系与生活均依赖于大量的化石能源消耗，并会产生大

① 王效科、冯宗炜：《中国森林生态系统中植物固定大气碳的潜力》，《生态学杂志》2000年第4期。

② 赵海珍等：《雾灵山自然保护区森林的碳汇功能评价》，《河北农业大学学报》2001年第4期。

③ 王文杰等：《陆地生态系统二氧化碳通量网的建设和发展》，《东北林业大学学报》2002年第4期。

④ 王文杰等：《陆地生态系统二氧化碳通量网的建设和发展》，《东北林业大学学报》2002年第4期。

量的 CO_2。碳汇之所以具备经济价值，主要还是碳排放的稀缺性。根据IPCC 报告，全球大气 CO_2体积分数从工业革命前的 280×10^{-6}已增加到现在的 356×10^{-6}，当大气温室气体体积分数达到 600×10^{-6}时，此时，地球平均温度会上升 2.2 ~ 5℃，大气碳排放空间越来越少。而且，碳排放温室效应产生的气候变暖会对社会经济产生影响，温度带北移，冰川、冻土减少，海平面升高，一些极端天气气候事件增加，病虫害增加，地表径流、旱涝灾害频率等发生变化，水资源供需矛盾将更为突出，人们因气候变化而产生不适应的感觉。

在 2010 年哥本哈根气候会议上，这一目标已具体化到 550×10^{-6}。尽管这一目标的科学性尚待进一步论证，但是许多发达国家，特别是欧盟已经提出必须将 2050 年的大气中温室气体的体积控制在此目标下来确立减排目标与路径。同时，根据此目标，可以估算出不同年份中全球的碳排放容量，大气中的 CO_2的环境容量已成为全人类日益稀缺的宝贵环境资源。

2. 碳汇价值的构成

碳汇价值形成分为两个阶段，第一是碳固定价值，即生态系统将大气中的 CO_2固定成有机物，是这一活动所带来的价值；第二是碳蓄积价值，即以有机物形式固定的碳的价值。那么碳汇价值是碳固定价值和碳蓄积价值之和。

碳固定价值量的度量源于碳排放所形成的损失，但是由于碳排放——大气、CO_2浓度——社会经济损失是一个非常复杂的反馈系统，准确估算其实际价值困难非常大，一般用间接方法来近似估算碳固定价值量，如碳税法、排放许可的市场法和人工固定碳成本法。碳蓄积价值量：CO_2库蓄积储存所产生的利益，实际估算可以用人工蓄碳所带来的成本衡量，如仓储成本法、温室效应损失法、人工储存成本法。

森林汇碳具备碳固定与碳蓄积两项功能价值，因此，其碳汇价值量的估算公式如下：

$$V = V_c + V_s = C_0 + P_s \cdot \int_{t=0}^{T} Q(t)dt + Q(t) \cdot P_c$$

其中，V 为碳汇价值；V_s为碳蓄积价值；V_c为碳固定价值；C_0为初始碳蓄积价值；P_s为单位 CO_2蓄积量的价值；P_c为单位 CO_2固定量的价值；Q（t）为某时段碳固定量。

（三）碳汇价值实现机制与价格形成

碳价值目前可以通过碳交易、碳税和固碳项目实际成本等机制形成碳价格，并在此基础上通过碳补偿实现碳价值。

1. 碳交易

为实现《联合国气候变化框架公约》中全球温室气体减量的目标，并以此公约为法律架构约定了清洁发展机制（CDM）、联合履行（JI）和排放交易（ET）3 种减排机制。根据这种机制设计，碳交易被区分为配额型交易和项目型交易两种。配额型交易是指总量管制下所产生的减排单位的交易，如欧盟的排放配额（EUAs）交易，主要是国家之间超额减排量的交易，通常是现货交易。项目型交易是指因进行减排项目所产生的减排单位的交易，如清洁发展机制下的“排放减量权证”、联合履行机制下的“排放减量单位”，主要是通过国与国之间合作的减排计划产生的减排量交易，通常以期货方式预先买卖。世界上已建立了欧盟排放权交易体系（EU ETS）、英国排放权交易体系（ETG）、芝加哥气候交易所（CCX）和澳大利亚国家信托（NSW）4 个比较有规模的碳交易所，但是碳交易规则仍在完善中，并未建立全球碳市场，不过各国均在发展区域性碳市场。2011 年以来，中国在北京、天津、上海等地开展碳排放权交易试点，覆盖电力、钢铁、水泥等 20 余个行业近 3000 家重点排放单位，累计配额成交量约为 4.3 亿吨二氧化碳当量，累计成交额近 100 亿元人民币，全国碳交易市场正在加速形成[①]。不过，随着世界经济形势变化，国际碳交易价格波动比较大，占据全球碳交易量的85%以上的欧盟碳交易市场的碳交易价格最高曾达30欧元/吨，最低曾到8欧元/吨，目前为25欧元/吨。我国暂无碳排放总量约束，以自愿交易为主，平均碳交易价格为23.5元/吨，市场规模较小，市场价值较低[②]。

2. 碳税

税收是一项重要社会治理与调节手段，受发达国家与经济学家们推崇。碳税是按照化石燃料产生的碳排放量来征收，一般要先由政府给定每吨碳排放量的价格，然而折算出对电力、天然气以及原油、煤炭等的税费率。目前，瑞典、法国、荷兰等国家推行不同的碳税政策，如瑞典国家碳税对私人用户征收全额碳税，对工业用户减半征收，对公共事业机构则免征此税；法国对化石能源使用的征税标准是每吨碳17欧元。目前，中国仍无开征碳税的时间表，2009年《中国碳税税制框架设计》中的专题报告提出，中国碳税征收标准可能会为每吨碳10～70元。

3. 固碳成本

碳捕获和封存（CCS）是指把CO_2从排放源分离出来，输送到一个封存地点并且长期与大气隔绝的过程。目前正在实施运行的碳捕获和封存项目可以从成本的角度准确实证地揭示出碳固定价值或碳排放价值。现有几种不同类型的CO_2捕获系统，管道是在1000kg内大量输送CO_2的首选途径。IPCC第三工作组主持编写的《关于CO_2捕获和封存的特别报告》中对CO_2捕获和封存的成本进行了全面评估，包括系统成本在内的评估结果为每吨碳0.5～43.2美元。

可见，通过对碳交易、碳税以及固碳成本的研究发现，现行机制形

① http：//www.tanpaifang.com/tanjiaoyi/2021/0428/77660.html.

② http：//www.tanpaifang.com/tanjiaoyi/2021/0505/77727.html.

成的碳价值差异较大，其中，碳税征收标准稳定在每吨 4.1 ~ 61.4 美元，碳固定（捕获）价值在每吨 5 ~ 115 美元，碳交易形成的碳价值在每吨 8 ~ 28 欧元，因此，可初步测定国际碳汇价值每吨 0.5 ~ 43.2 美元，中国碳价值水平为每吨 23 元。

三　北京森林碳汇价值估算

（一）北京碳排放量估算

在碳中和背景下，北京碳汇价值既受地区碳汇供需的影响，也与全国碳市场交易价格，甚至是国际碳市场价格紧密相关，因此，首先要估算北京的碳排放量，然后估算北京森林碳汇能力，这样便可对照估算出北京在碳中和要求下的碳排放权稀缺程度，从而为优化碳中和实现路径、政策提供参考。

一般用“碳足迹”来衡量城市碳排放总量，即直接或间接支持人类活动所产生的二氧化碳及其他温室气体总量，通常用产生的二氧化碳吨数来表示。测算时，首先要界定排放源。根据《2006 年 IPCC 国家温室气体清单指南》，国家温室气体来源有能源消耗（化石燃料燃烧排放），对于城市来说，主要碳源包括终端化石能源使用、工业生产过程、土地利用变化、城市废弃物处理，其中以终端化石能源使用为主，本文重点估算终端化石能源使用中的碳排放量。

根据《北京统计年鉴 2020》数据，北京 2019 年终端能源消耗总量为 7360.32 万 tce，终端能源消费量为 7054.66tce，从结构看，北京已经形成以油气为主、电力外调的低煤炭能源消费格局，这为北京的环境改善创造了重要条件。

表 1　2020 年北京终端能源消耗总量

项　　目	终端消费量	农、林、牧、渔业	工　业	居民生活
原煤及相关(万吨)	96.37	2.69	40.98	48.65
汽油及相关(万吨)	1437.96	4.12	98.25	370.20
油制品(万吨)	222.76	0.05	180.24	2.32
天然气(亿立方米)	64.10	0.00	14.99	23.35
液化石油气(万吨)	21.09	0	1.56	0
热力(万百万千焦)	18755.63	0	4370.82	7504.01
电力(亿千瓦时)	1100.12	17.68	232.79	417.17
其他(万吨标准煤)	109.00	0	7.17	28.57

资料来源：《北京统计年鉴 2020》。

为准确估算碳排放总量，我们可选用终端能源消费物理量作为估算对象。不同品种能源在终端消费时会形成不同的排放量，因此，可参考国家发改委设定的二氧化碳排放系数，其中原煤为 1.9kgCO_2/kg，原油为 3.02kgCO_2/kg，汽油为 2.925kgCO_2/kg，天然气为 2.162 kgCO_2/kg，使用电力虽然不直接排放二氧化碳，但是考虑中国的电力结构以煤电为主，也含二氧化碳，因此，我们参考 2005 年我国区域电网单位供电平均二氧化碳排放对华北地区的二氧化碳排放（kg/kWh）取值为 1.246。

表 2　北京终源消费的二氧化碳排放量

单位：万吨 CO_2

碳排放量	终端消费	农、林、牧、渔业	工　业	居民生活	消费量合计
原煤及相关	115.18	5.11	77.87	24.49	279.40
汽油及相关	4314.27	12.37	302.89	1082.87	4906.53
油制品	674.41	0.16	542.60	7.19	1161.24
天然气	138.46	0	32.38	50.44	402.56
液化石油气	65.38	0	4.84	0	68.14
热　力	2063.12	0	480.79	825.44	2063.12
电　力	1370.75	22.03	290.06	519.79	1453.33

根据以上分析结果，北京 2019 年的二氧化碳排放量为 10517.29 万吨，折算成碳为 2886.3 万吨碳。如果参考当前国内碳排放权价值，北京碳排放权价值量约为 24.2 亿元人民币，如参考当前欧洲碳排放价值的均值每吨 25 欧元，则北京碳排放价值量折算为 204.6 亿元人民币。

从北京碳市场交易实际数据看，截至 2019 年末，北京碳市场累计完成各类碳排放权交易超过 6000 万吨，成交额超 16 亿元，其中，2019 年全年成交碳配额 700 余万吨，交易额 4.23 亿元。① 交易价值占实际价值仍较低，北京碳交易市场发育仍待完善。

（二）北京森林碳汇估算

1. 碳汇估算方法

按时段分，可分为静态估算法和动态估算法。静态估算法是估算某一时刻森林的固碳量，单位为千克或吨。动态估算法是在考虑到树林生长阶段时的各年净固碳量，单位为吨/年。按估算维度分，可分为宏观估算方法和微观估算方法，宏观估算方法估算森林的直接固碳和间接固碳，微观估算方法只包括森林直接固碳，而直接固碳分为林木生物量固碳、林下植物固碳（凋落物）和林地固碳。考虑到分析需要，我们选择静态估算法，并进行微观分析。

2. 森林直接固碳方法

参考前文分析，对照北京的情况，本文选择蓄积量法，其中对固碳密度关键因参数进行界定，具体公式为：

$$C_{ij} = \delta \times \rho \times \gamma$$

其中，C_{ij}为第 i 类地区第 j 类森林类型的固碳密度，δ 为生物量扩

① http：//www.tanpaifang.com/tanguwen/2020/0203/67993.html.

大系数，ρ 为容积系数，γ 为含碳率。

参数值确定方法如下。对于生物量扩大系数 δ，IPCC 默认值为 1.9，根据测树学求得，中国阔叶林、针叶林的平均生物量占整棵树的 16%，树叶占 7%，树干占 52%，树根占 25%，得到树林生物量扩大系数为 1.9。对于容积系数 ρ，IPCC 默认值为 0.5。对于含碳率 γ，IPCC 默认值为 0.5，我国平均针叶林大于 0.5，阔叶林小于 0.5。

3. 以蓄积量法为基础的森林固碳思路

森林系统固碳主要包括林地、森林及林下植物三个方面，本文重点从森林出发，估算其林木生物量，采用蓄积量法估算出林木的含碳量，再根据林地与森林、林下植物与森林之间的关系，估算出林地以及林下植物的固碳量。

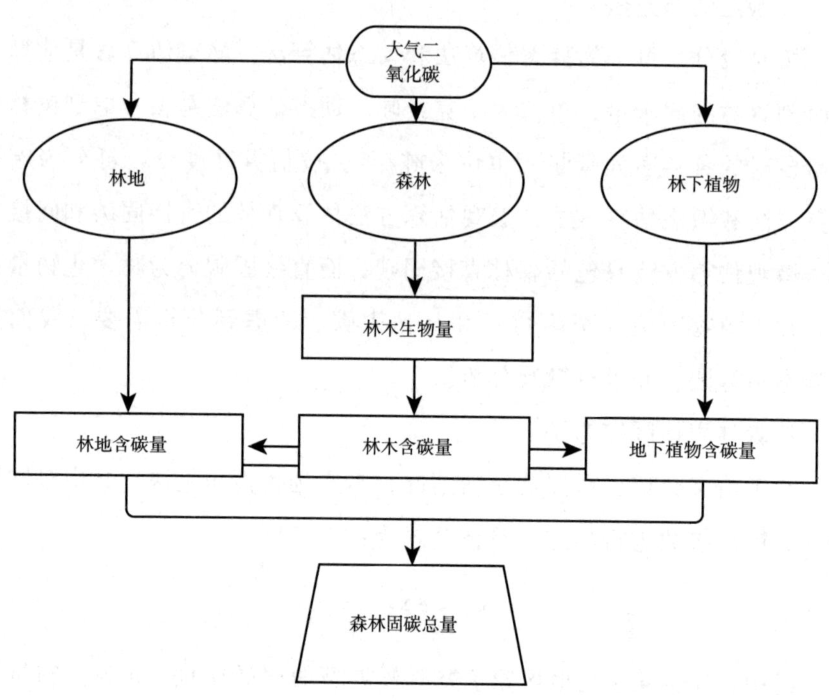

图 1　北京森林碳汇框架

基于以上的测算框架，可得到森林全部固碳量的计算公式：

$$CF = \sum(S_{ij} \cdot C_{ij} \cdot V_{ij}) + \alpha\sum(S_{ij} \cdot C_{ij} \cdot V_{ij}) + \beta\sum(S_{ij} \cdot C_{ij} \cdot V_{ij})$$

其中，S_{ij}为第 i 类地区第 j 类森林类型的面积；C_{ij}为第 i 类地区第 j 类森林类型的碳密度；V_{ij}为第 i 类地区第 j 类森林类型的面积的蓄积林；α 为林下植物碳转换系数；β 为林地碳转换系数。

法国学者研究表明，林地固碳量、森林固碳量与林下植物固碳量分别占生物固碳总量的51%、41%和8%。林下植物碳转换系数 α，根据森林生物量来估算林下植物（含凋落物）的固碳量，一般取0.195。林地碳转换系数 β，根据森林生物量来估算林地的固碳量，一般取值1.244。

（三）北京森林资源价值量估算

2020年，北京森林覆盖率为44.4%，林木绿化率达62.5%，其中林地面积为113万公顷，乔木林地面积为74.33万公顷，森林面积为84.8万公顷，湿地面积为5.96万公顷。从林木蓄积看，活立木蓄积为3064.2万立方米，乔木林蓄积为2520.7万立方米，其他林木蓄积为543.5万立方米(见表3)。

表3　北京森林资源分布情况

指标	计量单位	北京市	生态涵养发展区	占比(%)
林地和湿地面积				
林地面积	公顷	1129980.65	1047149.70	92.7
乔木林地面积	公顷	743344.03	679678.93	91.4
森林面积	公顷	848313.92	779143.95	91.8
湿地面积	公顷	59555.75	50204.13	84.3
林木蓄积				
活立木蓄积	万立方米	3064.18	2498.95	81.6

续表

指标	计量单位	北京市	生态涵养发展区	占比(%)
乔木林蓄积	万立方米	2520.67	2126.89	84.4
其他林木蓄积	万立方米	543.48	372.06	68.5
森林覆盖率	%	44.4	68.70	怀平密延四区平均值
林木绿化率	%	62.5	76.50	怀平密延四区平均值

针对北京的森林资源情况，为简化估算，将森林资源分为林分（乔木林地）、经济林、灌木以及其他林地（枯倒木、散生木和四帝树）进行估算。参照孙翀等的分析，北京森林面积可对应折算为林分42.42万公顷，经济林16.97万公顷，灌木15.27万公顷，其他林木10.18万公顷，根据对应的参数，得到相应碳储量分别为748.7万吨、201.05万吨、100.32万吨、104.69万吨，合计为1154.76万吨（见表4）①。

表4　2020年北京森林林木资源量及碳蓄储量

单位：万公顷，万吨

项目	面积	碳储量
林分	42.42	748.70
经济林	16.97	201.05
灌木	15.27	100.32
其他林木	10.18	104.69
合计/均值	84.84	1154.76

考虑到数据可得性，参考法国参数，林地碳储量折算系数为0.195，得到225.2万吨碳，林地下碳储量折算系数为1.244，得到1436.5万吨碳，北京森林碳储蓄量为2816.5万吨，平均碳密度为17.7吨/公顷。

① 孙翀、刘琪璟：《北京主要森林类型碳储量变化分析》，《浙江农林大学学报》2013年第1期。

另外，我们没有考虑到城市园林绿地的碳汇，参考 2013 年林勘院森林资源资产评估研究报告研究结果，可估算出城市园林绿地的碳储量为 153 万吨碳，年净碳汇为 13. 2 万吨碳。

（四）北京森林碳汇年净增量

森林年储碳增量决定着森林的生态经济价值量。所谓年储碳增量，即每年新增碳汇量，是相对于上一年森林碳汇总量的变化，其估算思路有两种：一种是利用生态净增量参数来估算森林年碳净增量，具体参见我国的《森林生态系统服务功能评估规范》（中华人民共和国林业行业标准 LY/T1721 - 2008），可以设定一个林分净生力指标来根据碳汇总量进行折算，如程兆伟依此计算得出舒兰市森林植被年固碳量为 31570 吨。[①] 另一种是根据森林生物量增量来估算，可以用森林资源的变动来估算。其中，赵海珍等利用蓄积量的年生长率近似代替各部分的增长率，推导出森林单位面积的年固碳量。[②]

为此，我们选择第二种估算思路，以北京生物量增量为依据，可以粗略估算年净碳汇量，北京活立木蓄积量由 2005 年的 1521. 4 万立方米增长到 2018 年的 2246. 78 万立方米，年均增长量为 3%，因此，以此值为增长率来估算年净碳汇量，大概为 85. 7 万吨碳（仅含森林生态系统），折算成二氧化碳为 322 万吨。

另外，也可以通过对比 2008 年的结果[③]来估算北京森林碳汇增量，北京森林林木的碳储量明显增长，增长了近 35%，年均增长量为 25 万吨，如果简要地换算成森林碳汇总量，则年均吸碳量为 83. 3 万吨。该值与由生物量增量估算的结果近似。

---

① 程兆伟、岳晓辉、秦增亮等：《舒兰市森林碳汇与其他生态效益分析》，《中国林业经济》2010 年第 1 期。

② 赵海珍等：《雾灵山自然保护区森林的碳汇功能评价》，《河北农业大学学报》2001 年第 4 期。

③ 孙翀、刘琪璟：《北京主要森林类型碳储量变化分析》，《浙江农林大学学报》2013 年第1 期。

（五）生态涵养发展区碳储量估算

生态涵养发展区包括昌平山区、门头沟区、房山山区、平谷区、怀柔区、密云区、延庆区，是北京的生态屏障和水源保护地，以及自然人文景观荟萃的旅游集中地，是直接影响首都生态环境的重点区域，是保障北京市可持续发展的关键区域。其中，林地面积为104.7万公顷，占全市林地面积的92.7%，乔木林地面积为68万公顷，占全市的91.4%，森林面积为77.9万公顷，占全市的91.8%。北京的森林资源主要集中在生态涵养发展区。按90%的比例可简要估算出北京生态涵养发展区的森林碳储量为1039万吨，森林系统碳储总量为2534.9万吨，年碳汇增量为77.17万吨碳。

四　结果分析及政策建议

（一）碳中和下的北京碳排放空间稀缺性分析

简要地说，碳中和即指人类活动的碳排放量与碳汇量实现“收支相抵”。中国提出2060年实现碳中和的目标，为此，需要及早规划，早做打算。北京作为我国节能减排先进地区，也需要尽早做好行动规划，特别是对北京碳中和的实现路径有更清醒的认识。

首先，北京的节能减排潜力及空间方面，一是能源利用效率提高，万元地区生产总值能耗由2006年的0.669tce下降到2018年的0.230tce。从阶段来看，2006～2010年年均下降率为5.91%，2011～2015年年均下降率为5.64%，2016～2018年年均下降率为4.34%，可见能源效率提升速度放缓。二是能源结构不断优化，能源消费结构中，煤炭占比由2010年的29.59%下降到2019年的1.81%，能源脱煤成效明显，清洁能源天然气占比由2010年的14.58%上升到2019年的34.01%，以新能源为主的其他能源占比由 2010 年的 0.09% 上升到 2019 年的 3.17%，可见，北京能源结构优化空间中，去煤潜力较小，受缺气影响，清洁能源占比提升潜力不大，主要潜力应该在其他新能源上。

其次，从碳汇角度看，北京碳中和实现路径中，森林碳汇压力较大。2019 年，北京终端消费二氧化碳排放总量为 10517.29 万吨，当年森林生态系统实现新增碳汇 322 万吨，仅能实现 3% 左右的碳中和，如果全面核算，再考虑到城市公园绿地，可能实现当前碳排放量的 4.6%，两者之间的差距仍很大。

再次，需要较大比例地提升森林碳汇能力。到 2060 年，假设年固碳量达到当前森林碳汇能力的 200%，为 644 万吨，同时，碳排放量下降率保持在年均 3% 左右，2060 年的碳排放量为 2293 万吨，森林碳汇需高达 1649.5 万吨，北京需新增的森林碳汇能力是现在的 5 倍。

最后，从价值实现角度看，按照当前国际二氧化碳排放价值估算，北京的碳排放价值为 204.6 亿元，森林系统年碳汇价值为 6.3 亿元。随着距实现碳中和目标的时间临近，森林碳汇压力也越来越大，价值也将不断升高。

（二）政策建议

本文通过构建森林碳汇价值核算框架，对北京森林碳汇进行初步估算，从核算技术来看，可能不一定能以较精度、全面的方式实现对北京的碳汇资源核算，但是从结果来看，北京的森林碳汇资源与实现碳中和目标仍有较大的差距，为此，提出以下建议。

第一，尽早完善森林碳汇的碳排放市场交易机制。强化碳中和思维，制定林业碳汇产业规划，有计划地大规模实施人工造林，加快林业碳汇项目的开发与储备，创新森林碳汇商业模式，建立森林碳汇项目开放商制度。

第二，完善森林碳资源资产核算体系，完善森林碳汇计量监测体系，建立全国性碳汇核算标准，实现区域性碳汇资源全面核算。

第三，促进企业自行认购碳汇林，充实森林建设资金，拓展森林建设资金渠道。

第四，推动林业经营模式改革，明确林业产权，制定和采用森林多效益主导的林业发展战略和经营模式。

第五，构建高效统一的全国性碳交易市场平台，推进森林碳汇的发展，提升森林固碳能力的经济效益。

参考文献

孙翀、刘琪璟：《北京主要森林类型碳储量变化分析》，《浙江农林大学学报》2013年第1期。

方精云、陈安平：《中国森林生物量的估算：对 Fang 等 Science（Science，2001，291：2320～2322）一文的若干说明》，《植物生态学报》2002年第2期。

李意德、曾庆波、吴仲民等：《尖峰岭热带山地雨林生物量的初步研究》，《植物生态学与地植物学学报》1992年第4期。

赵海珍等：《雾灵山自然保护区森林的碳汇功能评价》，《河北农业大学学报》2001年第4期。

王效科、冯宗炜：《中国森林生态系统中植物固定大气碳的潜力》，《生态学杂志》2000年第4期。

何英：《森林固碳估算方法综述》，《世界林业研究》2005年第1期。

王效科、冯宗炜、欧阳志云：《中国森林生态系统的植物碳储量和碳密度研究》，《应用生态学报》2001年第1期。

聂道平、徐德应、王兵：《全球碳循环与森林关系的研究——问题与进展》，《世界林业研究》1997年第5期。

王文杰等：《陆地生态系统二氧化碳通量网的建设和发展》，《东北林业大学学报》2002年第4期。

《气候变化国家评估报告》编写委员会：《气候变化国家评估报告》，科学出版社，2007。

新发展阶段北京率先实现碳中和的路径研究

王晓晓　陆小成*

摘　要： 北京在绿色低碳发展方面一直走在全国前列，率先探索碳达峰、碳中和的有效路径，为全国碳达峰和碳中和发挥表率、示范和引领效应。北京实现碳中和目标存在碳减排工作创新不够、传统能耗强度大比重高、低碳政策激励力度不够等难题。立足新发展阶段，北京应加快构建碳减排激励机制，积极开发绿色低碳能源，大力发展低碳产业，鼓励低碳消费与碳减排合作，率先实现碳中和目标，谱写绿色、低碳、高质量发展的新篇章。

关键词： 北京　碳达峰　碳中和

习近平总书记在第七十五届联合国大会一般性辩论上宣布，中国将采取更加有力的政策和措施，二氧化碳排放力争于2030年前达到峰值，努力争取2060年前实现碳中和。中央经济工作会议将做好碳达峰、碳中和工作作为2021年八大重点任务之一。碳中和是指某个地区在一定

---

* 王晓晓，博士，澳门科技大学人文艺术学院副教授、博士生导师，研究方向为城市发展、空间规划、低碳经济；陆小成，博士，北京市社会科学院城市所所长、研究员，日本山梨学院大学访问学者，研究方向为生态文明、低碳经济、城市治理。

时间内人为活动直接和间接排放的二氧化碳，与其通过植树造林等吸收的二氧化碳相互抵消，实现二氧化碳“净零排放”。[①] 我国明确提出到2030年左右碳排放达到峰值，并要求一批低碳试点城市尽快明确碳达峰时间，北京、上海等发达地区率先实现碳达峰并稳中有降。目前，我国部分发达城市以及生态资源丰富的城市，如北京、武汉、深圳、昆明等已实现碳达峰目标，下一步要加快实现碳中和目标还有一段艰难的路要走。北京作为全国政治中心、文化中心、科技创新中心和国际交往中心，因人口、产业、建筑等高度密集，生产、交通、消费等各方面能耗和碳排放强度大，率先实现碳达峰并稳中有降、率先实现碳中和的责任重大，任务艰巨。立足新发展阶段，北京应加快探索率先实现碳达峰、碳中和的有效路径。

一　北京率先实现碳中和目标的战略意义与现实基础

《中共北京市委关于制定北京市国民经济和社会发展第十四个五年规划和二〇三五年远景目标的建议》明确提出，到2035年绿色生产生活方式成为社会广泛自觉，碳排放率先达峰后持续下降。2021年2月4日，北京市委蔡奇书记在全市中央生态环境保护督察整改工作动员部署会上强调，深入实施“绿色北京”战略，积极推进低碳绿色发展，要研究制定实现碳中和的时间表和路线图，实施二氧化碳排放控制专项行动，进一步调整产业、能源、交通等结构，确保率先实现碳排放达峰后稳中有降。立足新发展阶段，北京率先探索实现碳达峰、碳中和目标的有效路径具有重要的战略意义。

从国际上看，当今世界正经历百年未有之大变局，全球气候变暖成

① 胡鞍钢：《中国实现2030年前碳达峰目标及主要途径》，《北京工业大学学报》（社会科学版）2021年第3期

为人类社会可持续发展面临的巨大挑战。面对全球性危机，中国宣布将进一步提高国家自主贡献力度，中国作为全球生态文明建设重要参与者、贡献者、引领者的地位和作用进一步彰显。习近平总书记关于实行碳达峰、碳中和的系列重要讲话，彰显了中国积极应对气候变化的雄心和决心，体现中国大力推进生态文明建设、走绿色低碳发展道路的大国责任与担当，为共同保护好人类赖以生存的地球家园贡献了中国智慧和中国方案。北京作为国家首都，中国所面临的应对全球气候变化的国际压力同样也是首都北京的压力，首都北京需要在生态文明建设中占领主导性的战略地位，在国际舞台展现出积极姿态，率先实现碳中和目标，以绿色低碳发展赢得未来经济竞争与低碳博弈的重要话语权。

从国内和北京自身发展来看，北京在绿色低碳发展方面一直走在全国前列，作为全国科技创新中心和绿色发展的首善之区，同时也作为全国能源消费和碳排放大市，率先实现碳达峰并稳中有降，率先探索碳中和的有效路径，为全国碳达峰和碳中和发挥表率、示范和引领效应。碳达峰、碳中和工作为新发展阶段中国低碳发展确立了新目标、注入了新动力，符合中国低碳发展战略内在演化逻辑。[①] 北京市积极践行“两山”理论，实现经济发展与碳达峰并稳中有降的双赢，指导和谱写新时代绿色北京建设与低碳高质量发展的伟大实践和美丽篇章，加快形成率先实现碳达峰、碳中和的北京经验与创新模式。

近年来，北京市推动大气污染治理，加快产业结构优化和能源清洁转型、大力疏解非首都功能，燃煤量大幅下降，为全市碳达峰后稳中有降、碳中和工作打下了扎实的基础。北京在全国率先实行碳排放总量和强度“双控”机制并取得积极成效。“十三五”时期，北京市在全国率先提出和实施减量发展重大战略，着力发展符合首都功能定位的高精尖

① 张友国：《碳达峰、碳中和工作面临的形势与开局思路》，《行政管理改革》2021 年第 3 期。

产业，深入开展疏解整治促提升专项行动，累计退出企业2154家，主要集中在建材、机械制造、金属制品、木制品加工等行业，其中有不少就是"碳排放"大户，为碳排放强度持续下降奠定了基础。"十三五"时期，北京的二氧化碳排放强度下降率达到23%以上、降至每万元GDP 0.42吨，是全国省级地区最优水平，超额完成国家下达的下降20.5%的规划目标①。但总体来看，北京能源消费、碳排放等方面还存在不小的压力。

一是能源消费总量逐年增加还未达到峰值。如表1所示，2019年，北京市能源消费总量为7360.32万吨标准煤，其中煤炭、石油、天然气等三大化石能源占全部能源消费总量的70.37%。2010年以来，北京市能源消费总量从6359.49万吨标准煤逐年增长到7360.32万吨标准煤，尽管煤炭占能源消费总量比重从2010年的29.59%下降到2019年的1.81%，但石油占能源消费总量比重从2010年的30.94%增长到2019年的34.55%，天然气占能源消费总量比重则从2010年的14.58%增长到2019年的34.01%，其他能源（包括低碳新能源）占能源消费总量比重则从2010年的0.09%增长到2019年的3.17%。

表1　北京市能源消费总量及其比重

单位：万吨标准煤，%

年份	能源消费总量	占能源消费总量比重					
		煤炭	石油	天然气	一次电力	电力净调入（+）、调出（-）量	其他能源
2010	6359.49	29.59	30.94	14.58	0.45	24.35	0.09
2011	6397.30	26.66	32.92	14.02	0.45	25.62	0.33
2012	6564.10	25.22	31.61	17.11	0.42	25.38	0.26

① 《碳减排加速北京绿色发展》，《北京日报》2021年3月4日。

续表

年份	能源消费总量	占能源消费总量比重					
		煤炭	石油	天然气	一次电力	电力净调入(+)、调出(-)量	其他能源
2013	6723.90	23.31	32.19	18.20	0.35	24.99	0.96
2014	6831.23	20.37	32.56	21.09	0.41	24.03	1.54
2015	6802.79	13.05	33.79	29.18	0.40	21.71	1.88
2016	6916.72	9.22	33.14	31.88	0.66	23.37	1.73
2017	7088.33	5.06	34.00	32.00	0.65	26.15	2.14
2018	7269.76	2.77	34.14	34.17	0.61	25.68	2.63
2019	7360.32	1.81	34.55	34.01	0.67	25.79	3.17

资料来源：《北京统计年鉴 2020》，http://nj.tjj.beijing.gov.cn/nj/main/2020-tjnj/zk/indexce.htm。

二是石油消费量超过煤炭消费量，三大化石能源消费与外调电力成为全市碳排放的主要来源。从碳排放的能源品种构成来看，2019 年煤炭、石油、天然气等三大主要能源消费比重分别为 1.81%、34.55%、34.01%。除了以上三种能源消费外，北京是典型的资源依赖型城市，北京外调电力占能源消费比重从 2010 年的 24.35% 增长到 2019 年的 25.79%。除了以上能源外，北京其他能源消费比重从 2010 年的 0.09% 增加到 2019 年的 3.17%。其他能源包括光伏发电、风力发电、垃圾发电等绿色新能源。2020 年 3 月，北京市发改委、市财政局、市住房和城乡建设委员会联合发布《关于进一步支持光伏发电系统推广应用的通知》，要求市区两级政府集中办公区试点实施光伏发电改造，市区两级政府投资项目优先开展光伏建筑一体化应用，鼓励居民在自有产权住宅、新建居住建筑、新建厂房、冬奥赛区、三城一区等高端功能建筑、商业楼、写字楼、大型商业综合体、农村配套服务设施、各类交通枢纽、机场、火车站、停车场、新建大中小学校、医院、政府办公大楼等各类领域安装分布式光伏，实施六大阳光工程。

三是北京碳排放部门构成以第三、二产业和生活消费为主。北京加快产业结构调整，2019 年第三产业比重为 83.5%，第一、二、三产业及生活消费分别占能源消费总量的 0.76%、25.14%、51.12%、22.98%。如表 2 所示，第三、二产业成为能源消费的主体，这两大部门所占比重之和在 2/3 以上。1/5 以上的碳排放来自居民生活部门。

表 2　北京产业能源消费比重

单位：万吨标准煤

项　　目	2019 年	2018 年
能源消费总量	7360.4	7269.7
第一产业	55.8	60.7
第二产业	1850.7	1835.2
第三产业	3762.5	3681.4
生活消费	1691.4	1692.4

资料来源：《北京统计年鉴 2020》，http://nj.tjj.beijing.gov.cn/nj/main/2020-tjnj/zk/indexce.htm。

四是碳交易市场不断扩大。北京作为全国试点的碳排放权交易市场，开展了绿色低碳、节能减排等方面的制度创新。2013 年，北京市人大率先发布《关于北京市在严格控制碳排放总量前提下开展碳排放权交易试点工作的决定》，2014 年市政府发布《北京市碳排放权交易管理办法》，主管部门相继制定发布《企业（单位）二氧化碳排放核算和报告指南》等 20 多项地方标准及交易规则，构建了支撑试点碳市场运行的法规政策体系。北京市 2013 年启动碳市场工作，截至 2020 年底，纳入北京市试点碳市场管理的重点碳排放单位 843 家，各类碳排放权产品累计成交 6803 万吨，成交额 19.4 亿元。目前，北京碳交易市场总体供需平衡，一定程度上支撑了“十三五”时期碳排放强度下降目标的实现。面向“十四五”期间，北京建立与国际和全国接轨的统一碳市场具有良好的发展基础和潜力。

二　北京率先实现碳中和目标存在的主要难题

（一）各区碳减排目标不明确，碳减排工作创新不够

尽管北京明确提出碳峰值目标已经多年，但各区碳达峰、碳中和目标缺失，对实现碳中和的具体目标的设置不够明确具体，还有相当一部分地区和单位并未从全市角度充分认识碳达峰、碳中和工作对于形成倒逼机制、建设绿色北京、加快高质量发展的重要战略意义。有的将碳排放峰值目标简单理解为限制本地区发展空间的指标，峰值目标设置相对保守、决策不主动、创新不积极，存在基础数据不足、对绿色低碳发展研判不充分、降碳减排缺乏抓手等问题。一些地区在碳减排、碳中和等方面缺乏有效激励机制，缺乏有效的工作抓手，创新性政策措施不多，工作的积极性、主动性不足。需要对北京全市及各区碳减排和碳中和工作进行评估，科学设定工作目标，特别是明确各区实现碳减排碳中和目标的时间表，实现市级、区级碳峰值目标相匹配，确保北京市碳达峰并稳中有降、碳中和的工作目标不断得到落实。

（二）传统能耗强度大比重高，绿色能源空间有待提升

从碳排放源头看，制约北京碳减排、碳中和目标实现的主要困难是能源结构和产业结构的不合理，碳排放强度和能耗强度大导致的高碳锁定效应难以有效破解。一方面，从北京市来看，产业结构不断优化升级，高精尖经济占比不断提升。大部分区的第一、二产业比重较小，第三产业占主体地位。但是从能耗和碳排放强度看，第三产业和居民生活能源消费中化石能源比重高且利用效率有待提升，能耗和碳排放减少潜力大，有效减排举措不多。第三产业碳排放和居民生活碳排放占比呈现逐年增加趋势。传统的以工业减排为首要目标的激励机制难以完全胜任

新形势下的新要求。另一方面，绿色可再生能源开发不够，绿色能源结构难以得到快速提升，放缓了传统能源结构的转型升级。北京能源包括石油、天然气和电力等主要靠外输，绿色能源和绿色电力占比不高。如北京具有良好的光照条件、地热资源、风力资源，技术成熟，可开发空间大，但相对于发达国家的能源结构以可再生新能源为主，北京对太阳能、地热、风能等新能源的开发力度仍然不足，低碳新能源占比小。由于快速城镇化和巨大的刚性能源需求，能源供应系统无法短期内摆脱高碳排放需求格局，北京加快碳减排任务较为艰巨。

（三）低碳政策激励不够，绿色消费意愿不强

多年来北京出台了不少政策以鼓励居民绿色消费。但相关政策的设计和实施力度及其激励效果均有所不足，居民绿色消费意愿整体来看仍然不强。一是对使用绿色家电、新能源汽车的激励仍然不足。中等能耗家电、大排量汽车在居民购买的消费品中仍然占有较大的比重。二是资源环境价值未能充分在市场中得到体现。特别是对于能耗高的单位和家庭需要强化阶梯价格机制，加强成本约束。三是政府绿色采购有待进一步强化。需要设立更严格的标准来提升政府采购产品的低碳程度。四是宣传推广绿色消费的手段不够丰富，居民参与少，效果不明显，未能让居民深切感受到低碳消费带来的实际好处。

（四）统计数据体系不完善，对碳减排、碳中和的支撑不足

北京市各区温室气体排放相关的统计数据体系不够完善，为实现碳交易、碳中和提供支撑的关键性基础数据缺乏。目前，北京市、区两级的温室气体清单还不够完善，对行业温室气体排放的核算方式也较为单一，对于分析碳减排在各个领域的实施效果，并以此为基础促进碳交易、碳金融造成了潜在障碍。不少单位、行业、区域在推进实现碳减排、碳中和中主要依靠行政手段，缺乏持续性、有效性的市场化和社会

化手段。北京发展碳交易、碳金融有一定的基础，也初步建立了北京碳市场，但覆盖范围有限，碳交易的广度和深度不够，难以为北京碳减排、碳中和以及生态补偿等工作提供关键性的支撑作用。此外，在对实现碳减排、碳中和的目标和路径进行分析时，研究队伍建设缺乏有效整合、资金支持相对不足，采用的方法参差不齐，对路径的合理性、科学性和可操作性也缺乏充分的论证，很大程度上影响了碳排放目标和路径的设定。

三　新发展阶段北京率先实现碳中和的路径选择

中央经济工作会议要求抓紧制定2030年前碳排放达峰行动方案，支持有条件的地方率先达峰。推动碳达峰、碳中和目标实现，是推动生态文明建设、实现人与自然和谐共生的伟大实践，是推进北京经济社会全面绿色转型的重要引擎。深入贯彻习近平生态文明思想，应准确把握低碳转型战略在北京市现代化总体发展战略中的定位，以率先在全国实现碳达峰和碳中和为目标、以促进人口资源环境与城市战略定位相协调为中长期任务，倒逼谋划“十四五”时期北京市绿色低碳发展的实现路径①。立足新发展阶段，北京作为国家首都和首善之区，率先实现碳达峰、碳中和工作覆盖各个行业、领域和部门，需要结合实际难题系统谋划、多策并举、持续推进。

（一）因地制宜制定行动方案，构建碳减排激励机制

一是加快制定北京率先实现碳中和行动方案。北京各区域因资源禀赋、功能定位、经济社会基础等存在差异，在推动实现碳达峰、碳中和

① 王继龙：《北京市能否率先实现“碳达峰”和“碳中和”的思考》，《中国能源》2021年第1期。

等工作方面存在较大差异。碳达峰是基础前提，碳中和是最终目标。做好碳达峰、碳中和工作应聚焦区域特点，尽快开展北京城市能耗、碳排放、空气质量达标等方面的综合评估，分析研判北京碳达峰、碳中和的基础、优势、劣势与不足，制定符合自身实际的碳达峰、碳中和行动方案，将行动方案纳入全市总体战略规划，将碳排放控制目标纳入北京市国民经济和社会发展规划纲要。加快研究北京市经济社会全面绿色转型、实现碳中和的时间表和路线图，完善绿色低碳发展的政策体系，加快制定北京实现碳减排、碳中和的可行路径，明确各区、各行业、各部门推动实现碳减排、碳中和的目标及其配套措施，特别是针对钢铁、水泥、石化等高耗能行业加紧制定企业碳排放评价通则，强化部门协同，压实行业责任，持续推动城市经济社会全面绿色转型。

二是构建实现北京碳中和的长效机制。结合北京实际，加快创新北京实现碳减排、碳中和的体制机制，推动碳减排相关立法工作，进一步优化北京碳排放权交易机制，加快促进碳交易和碳金融的市场建设。北京率先实现碳中和目标，要发挥市场机制在资源配置中的决定性作用，在加快本地碳市场建设的同时，做好与国家碳市场的衔接工作，积极承接全国温室气体自愿减排交易中心建设，培育和建立全国统一的碳交易市场。积极发挥财政、金融、法律等多种手段的综合作用，建立健全适合北京特点并在全国具有示范效应的清洁发展、碳交易、碳金融、生态补偿等长效机制。比如，采用科学的手段和灵活的政策，明确各区域、各行业、各部门的年度碳排放总量，加快建立北京各企业和各单位的实时碳减排量、碳汇量的测算统计数据库和服务平台，企业单位每月每年的碳减排量、碳汇量可以实时冲抵，利用市场手段鼓励和引导企业参与碳减排和碳中和工作，真正让参与碳减排和碳中和的相关利益主体获得必要的回报，让搞生态的不吃亏，让碳交易不再仅仅依靠行政力量或政府补贴，形成良好的市场预期。要加快推广绿色电力证书交易等，倒逼企业使用新能源，鼓励节能减排，促进资源节约和高效利用。加强节能减排的政策激励，加大能效标识和节能环保产品认证实施力度，扩大终端用能产品能效标识实施范围。落实财政、税收和金融等扶持政策，建立“领跑者”标准，完善节能发电调度和电力需求侧管理、合同能源管理等制度，营造北京碳减排、碳中和、绿色低碳发展的良好政策环境。

三是完善碳减排和碳中和统计体系，加强促进低碳发展的人才队伍建设和低碳科技研究。要加快完善北京市各区温室气体排放相关的统计数据体系，以及为碳交易、碳中和提供支撑的关键性基础数据，加快推进北京市、区两级的温室气体清单编制工作。要发挥首都科技和人才优势，开展低碳前沿技术研究，为国家实现碳中和目标提供技术支撑。“十四五”时期是碳达峰与碳中和目标实现的关键时期，应全面加强相关脱碳、零碳、负排放技术发展的全局性部署，加快开展研发示范①。尽快制定碳中和目标下的科技创新规划和实施方案②。整合智库力量和资源，加强北京碳减排和碳中和以及生态补偿等工作的政策研究，对于实现碳减排和碳中和目标的相关技术加强创新与联合攻关，科学设定北京实现碳中和的目标和路径。

（二）加快传统能源结构转型，积极开发绿色低碳能源

《关于加快建立健全绿色低碳循环发展经济体系的指导意见》提出，要推动能源体系绿色低碳转型，提升可再生能源利用比例。北京作为能源输入型城市，应重点聚焦能源消费活动的碳减排，严控化石能源消费总量，控制新增、削减存量，强化功能疏解、提升能效和低碳新能源替代等多策并举，实现到 2025 年二氧化碳排放总量稳中有降、2035 年持续下降的目标。要加快传统能源结构调整，利用自身的光照、地

① 张贤、郭偲悦、孔慧、赵伟辰、贾莉、刘家琰、仲平：《碳中和愿景的科技需求与技术路径》，《中国环境管理》2021 年第 1 期。

② 巢清尘：《“碳达峰和碳中和”的科学内涵及我国的政策措施》，《环境与可持续发展》2021 年第 2 期。

热、生物质等资源充足优势，积极开发光伏发电、地热能、生物质能等绿色低碳新能源，加快提高清洁能源比例，为北京实现碳减排和碳中和提供强劲引擎。

一是从源头减少碳排放，降低化石能源比重。煤炭、油气在我国能源消费结构中的主体地位短期内无法改变。化石能源开采、运输、燃烧等全过程中，不可避免都会增加碳排放，是实现碳达峰、碳中和的难点。北京应以实施二氧化碳排放控制专项行动为抓手，严控化石能源消费总量，实施可再生能源替代行动。要节能开源，严格控制传统化石能源消费，确保传统能耗总量达峰并稳中有降，加大散煤治理力度，实施更加严格的控煤措施，推进以电代煤、以电代气，不断降低传统化石能源消费比重，进而从能源消费源头上减少碳排放，严控能耗强度。

二是加强能源技术创新，提高能源利用效率。在控煤压煤的同时，提高能源利用效率，实现北京城市能源供应与消费过程中的低排放。各企业加大研发投入，对生产工艺进行优化，加快重大前沿绿色能源技术创新，提升能源转化效率，加快改进现有设备、工艺的运作模式以推动节能减排。

三是积极发展低碳新能源，大力扩大光伏规模。面向“十四五”时期乃至更长时期，不断提高低碳新能源在能源消费结构中的比重，并在实现碳减排和碳中和背景下依托技术创新和成本下降，使其成为未来城市能源消费的主力军。北京应紧抓绿色低碳发展契机，大力发展光伏发电、风电、地热能、核能等清洁能源，充分利用城市建筑屋顶、广场、空地甚至道路面、废弃矿山、荒漠、滩涂等空间，大面积安装分布式光伏发电设备。采用先进技术实现光伏设备地面安装或嵌入路面，安装分布式光伏发电设备、太阳能充电桩、太阳能灯杆等，实现空间资源集约利用，并增加低碳新能源供给。同时积极发展风电、生物质发电、地热能、海洋能等新能源和可再生能源，稳步布局氢能、储能等项目，最大程度实现能源替代，提高低碳新能源在能源结构中的比重。加快解决低碳新能源电网接入问题，构建以风、光为主体的绿色电力系统，推动电网智能化，构成数字化的低碳能源互联网。

（三）构建低碳产业体系，发展绿色交通和建筑

低碳产业是以低能耗、低污染、低排放为基础的产业，在促进经济增长的同时不增加环境压力，有利于实现城市经济发展与碳排放脱钩，推动城市实现碳达峰和碳中和。北京要实现碳达峰和碳中和工作目标，应结合自身实际，除了在能源领域加强碳减排，在产业、交通、建筑等关键行业领域做文章，加快绿色低碳转型，推进产业发展低碳化、终端用能电气化、交通建筑脱碳化。

一是加强传统产业转型升级，推进低碳化全面改造。加快北京产业的低碳化改造和转型升级，提高服务业比重，保留部分工业并加快转型升级。要发展节能低碳工业，加强工业生产流程的节能减排，采用节能环保材料，改造和淘汰落后产能，实现绿色智能制造，构建绿色低碳循环经济模式，减少碳排放，实现碳中和。

二是构建低碳服务业体系，提高产业质量和效益。服务业已经成为北京产业结构的主体，但其能耗和碳排放强度仍占一定比重，要大力发展低碳服务业，促进服务业低碳化转型。要树立绿色服务意识，从服务设计、服务耗材、服务产品、服务营销、服务消费等各个环节强化节能减排与低碳发展。要大力发展低碳物流、服务外包、文化旅游等低碳产业，提高产业质量和效益，降低能耗和碳排放强度，建立低碳服务业体系。

三是建立绿色交通体系，积极发展低碳建筑。交通排放占据北京能耗和碳排放的较大比重，实现碳达峰和碳中和离不开交通领域的节能减排。要树立绿色低碳的交通发展理念，大力发展绿色低碳的交通运输工具。比如，加快对传统燃油车的淘汰，大力发展新能源车，从源头上降低尾气排放和能耗强度。一方面，要降低电动车成本，让社会公众买得

起，安装更多的充电桩及其配套设施，让电动车跑得动，出行更便捷，不断提高电动车比例。另一方面，从私家车牌照发放上逐步减少燃油车指标，北京应尽快制定停止私家燃油车牌照发放的政策，并不断将公交车、出租车等加快改造或替换为新一代新能源车。统筹交通基础设施布局，推广低碳运输方式，提高低碳物流水平，开展城市绿色交通行动，构建绿色交通标准体系，推动新能源车与能源、交通、信息通信等深度融合，实现低碳化、网联化、智能化发展。在建筑领域，大力推广低碳建筑模式，在建筑空间设计、建筑材料选择、建筑空间集约利用等方面采用绿色低碳发展理念，推进节能减排以及绿色低碳能源开发利用，比如鼓励使用生态环保建筑材料，充分利用地下和屋顶空间，在建筑屋顶等空间积极开发光伏发电设备。

（四）鼓励低碳消费与碳减排合作，全面推进碳中和工作

推动北京碳减排和碳中和工作，离不开企业、社会组织、市民的积极参与，加快构建低碳消费模式。应加快北京低碳生产生活方式的宣传，积极营造鼓励低碳消费的文化氛围，以企业、社会组织和市民多主体协同为推动力，以国际合作为重要支撑，为实现首都北京碳中和目标提供重要保障。

一是树立低碳消费理念，培育绿色低碳价值观。当前，生活部门能耗和碳排放也是城市碳排放总量中不可忽略的重要组成部分，也直接关系到市民对美好生产、生活、生态、环境的期待与需求。低碳生活、低碳消费体现人与自然、社会经济与生态环境的和谐共生、永续发展。推动城市碳达峰、碳中和，不仅要在源头进行节能减排，在消费终端、市民生活方面更要重视节能减碳，加快转变生活方式，宣传低碳消费理念，引导绿色价值观、低碳消费观和低碳生活模式。

二是鼓励购买低碳产品，培育低碳消费市场。构建低碳能源和低碳产业体系、建设低碳城市，均离不开低碳的消费市场。要通过价格补贴、

政府采购、政策扶持等多种手段培育低碳消费市场，鼓励更多的市民购买低碳产品，参与低碳生活，如绿色家电、绿色家居，建设绿色社区。增加低碳消费需求，激活低碳市场，助力北京绿色低碳发展，推动形成低碳需求牵引低碳供给、低碳供给创造低碳需求的更高水平动态平衡。

三是加快森林城市建设，提升固碳减碳能力。北京作为超大型城市和资源能源严重匮乏区域，受人口、资源与环境约束，生态承载力低，雾霾频现、地质下沉、水体污染等问题严重，需要将生态环境保护与节能减排紧密结合，持续改善环境质量，提升生态系统质量和稳定性。加强生态环境保护、治理和修复，鼓励植树造林，打造森林城市，加快推进林业碳汇发展，增强固碳减碳能力。扎实推进新一轮百万亩造林绿化工程，加强低质低效林改造，推广高碳汇树种，增加森林蓄积量，提升生态系统碳汇增量，提升林业碳汇能力，以吸收和抵消更多的碳排放量，进而推动北京碳中和工作。北京土地空间有限，建筑物密集，应将生态修复和碳汇功能统筹考虑，采用现代技术手段推进城市立体绿化，实施城市森林增长工程，推进拆迁补绿、见缝插绿，建设更多的城市森林公园、郊野公园、绿化水系和道路，增加森林绿地面积，推动城市实现碳中和，不断满足市民日益增长的优美生态环境需要，推动北京经济发展和碳排放的脱钩、碳减排与碳中和的双赢，谱写新发展阶段北京绿色高质量发展的新篇章。

四是加强碳减排碳中和的多方合作，推进绿色“一带一路”建设。在国内做好碳达峰、碳中和工作的同时，要积极参与并引领全球气候治理与国际合作，为共建全球生态文明和构建人类命运共同体做出努力和贡献①。立足新发展阶段，应进一步加强京津冀及周边区域和国内外的碳减排碳中和等合作。北京要继续在京津冀协同发展战略中发挥“领头羊”作用，在推进大气污染联防联控、碳减排碳中和等方面加强与

① 何建坤：《碳达峰碳中和目标导向下能源和经济的低碳转型》，《环境经济研究》2021 年第 1 期。

天津、河北及周边区域的深度合作。要加快北京碳减排和碳中和方面的国际合作，将生态文明理念融入“一带一路”建设，加强与“一带一路”沿线国家在生态环保方面的交流合作，推进环境政策、规划、标准和技术对接，分享首都生态文明建设和绿色低碳发展的实践经验，为促进沿线国家实现2030年可持续发展议程环境目标、构建人类与自然命运共同体做出更大贡献。要不断完善碳减排和碳中和的相关政策工具，发挥金融机构作用引导绿色低碳投资，引导企业更好履行环保责任，推进绿色“一带一路”建设与高质量发展。北京作为国家首都，代表国家形象，应在推动建立全球统一碳市场、推动全球碳减排和碳中和的工作中发挥引领示范效应，提升绿色低碳发展的国际话语权，形成能代表中国首都形象的碳减排和碳中和的北京经验和方案，助力形成以国内大循环为主体、国内国际双循环相互促进的绿色低碳新发展格局，以多方合作共同建设人与自然命运共同体的美丽家园，谱写新发展阶段绿色、低碳、高质量发展的新篇章。

参考文献

胡鞍钢：《中国实现2030年前碳达峰目标及主要途径》，《北京工业大学学报》（社会科学版）2021年第3期。

张友国：《碳达峰、碳中和工作面临的形势与开局思路》，《行政管理改革》2021年第3期。

王继龙：《北京市能否率先实现“碳达峰”和“碳中和”的思考》，《中国能源》2021年第1期。

张贤、郭偲悦、孔慧、赵伟辰、贾莉、刘家琰、仲平：《碳中和愿景的科技需求与技术路径》，《中国环境管理》2021年第1期。

巢清尘：《“碳达峰和碳中和”的科学内涵及我国的政策措施》，《环境与可持续发展》2021年第2期。

何建坤：《碳达峰碳中和目标导向下能源和经济的低碳转型》，《环境经济研究》2021年第1期。

科技创新中心建设

研究型科学城的特点和发展困境

——以日本筑波科学城为例*

葛　诺　吴金希**

摘　要： 日本筑波科学城是典型的政府主导建设、专注基础研究的研究型科学城。它的建设经历过一个复杂的决策过程，既是一个区域科技创新政策问题，又是一个城市规划问题。本文分析了筑波科学城建设的决策过程及发展阶段特征，总结了研究型科学城的特殊性及其面临的发展困境，发现筑波科学城建设战略定位模糊，导致城市缺乏活力、创新动力不足等诸多问题，影响了科学城功能的发挥。在此基础上，本文提出了影响科学城建设发展的主要因素，由此构建了科学城发展的分析框架模型。同时，总结了筑波科学城建设的经验和教训，为之后科学城的建设提出了政策建议。

关键词： 区域创新体系　筑波科技城　高技术园区

研究型科学城是拥有多个科研教育机构、重在基础研究、旨在促进

* 本项目由清华大学中国现代国有企业研究院项目“北京‘三城一区’科创中心建设与日韩等国科学城建设的国际比较研究”，以及国家社科基金重大项目（项目批准号：20&ZD075）共同资助。

** 葛诺，清华大学社科学院博士生；吴金希，清华大学社科学院教授。

创新发展而有目的地设计和建设的城市区域。在知识经济发展的大背景和全球化的挑战下，科学城已成为提升国家创新竞争力的重要科技创新战略政策。然而，经过半个世纪的探索，科学城的发展喜忧参半。在大量人力、物力的投入下，科学城是否能推动科技创新、促进城市振兴？研究型科学城的发展面临哪些挑战？以往的科学城建设中有怎样的经验和教训？

本文以日本筑波科学城为例，讨论研究型科学城的政策体系及其面临的困境和挑战。第一，本文介绍了研究型科学城的基本概念，特别是其在科技创新政策和城市发展两方面的特点；第二，作为研究型科学城案例分析，本文介绍了日本的科技创新政策和筑波科学城的发展历程；第三，本文从战略定位、科技创新、城市发展等方面，讨论了筑波科学城发展面临的主要挑战和困境；第四，本文归纳和比较了研究型科学城的政策体系，浅析其未来可能的发展路径；第五，本文结合筑波科学城建设的经验，总结了研究型科学城在规划建设中的经验和教训。

一　研究型科学城：科技创新政策和城市发展战略的两面性

作为高技术园区，硅谷往往是各国讨论科学城政策的参照对象。美国硅谷是世界最成功的高技术园区之一。硅谷的成功归功于斯坦福研究园的建设，坐落在校园周围的研究园，通过吸引风险投资和低廉的土地租金为创业者提供了便利的创业条件，填补了学术界和工业界的空缺，促进了当地经济和高科技产业的增长，也开启了硅谷后续的高速发展。硅谷惊人的成功使其成为全球高技术园区的典范。此后，无论是发展中国家还是发达国家，都试图效仿硅谷的成功案例，由政府主导自上而下建设高技术园区，以促进国家或区域科学研究和创新。

从一定程度上讲，研究型科学城是追随硅谷奇迹的产物，相关政策计划或受到硅谷影响，或在绩效考评上以硅谷作为参照。相较于一般的高科技园区，研究型科学城以大规模、关注基础研究、政府主导建设、具有城市功能为特征。与硅谷半自发的发展过程不同，大多数高技术园区都是政府计划的结果。随着资金投入和政策支持力度的加大，高技术园区的计划规模从几栋楼发展到了整片市区。除科研功能之外，公共设施和居住区成为科技城的必要组成部分。

研究型科学城的建设有一套复杂的政策系统。相比于传统的高科技园区，科学城的建设方案既与科技创新政策相关，又包含城市规划政策。科学城不仅旨在促进科技创新发展，也成为振兴地方经济和城市发展的重要手段。在科技创新和城市规划领域，科学城均与一般高技术园区不同。一方面，研究型科学城在科技创新中更加关注基础研究而非产业创新，以大学和公立研究机构为主体，企业参与较少。另一方面，研究型科学城往往选址于远郊区县，甚至乡村地区，需要在城市建设和城市规划上投入大量精力。

Anttiroiko 等的实证研究讨论了三类科学城发展模式，包括规划建立的新城市、以科技为重点发展战略的城市和扩展的科学园区。[①] Charles 等依据历史背景和演化顺序进一步区分了历史上科学城建设的三次浪潮。[②]

如表 1 所示，第一波科学城的主要特征为有目的的建设、以校园景观风格为基础的新城区。这一类科学城普遍具有政府规划主导、以科研为导向等特征。日本筑波科学城、西伯利亚科学城和韩国大德科学城是

---

① Anttiroiko, A. –V. ,"Science Cities: Their Characteristics and Future Challenges," *International Journal of Technology Management*, 2004, 28 (3–6) .

② Charles, D. , " From Technopoles to Science Cities: Characteristics of a New Phase of Science Cities, Making 21st Century Knowledge Complexes: Technopoles of the World Revisited," Routledge, London, 2015.

第一波科学城的典型代表。这类科学城的建设目标是国家研究中心，企图通过地理聚集促进高等教育和科学研究的发展，在最初计划时与产业没有紧密联系。作为一项国家科技政策，这一类科学城的建设往往由中央政府主导，缺乏地方力量参与。尽管中央政府提供了多种资源和强有力的政策支持，但由于缺乏地方力量参与，科学城的发展往往受到限制，缺乏城市活力。

表 1　科学城演化的三次浪潮

项目	特点	典型代表
第一波	始建于 20 世纪 50～70 年代，新城市，由中央政府领导（缺乏地方联系），关注科学研究（而不是技术或工业），关注与国际学界的联系	西伯利亚科学城 日本筑波科学城 韩国大德科学城
第二波	始建于 20 世纪 70～90 年代，关注国民经济增长和应用科学，由中央政府出资，以商业化为重点，具有城市功能和公共服务的大型科技园	中国台湾新竹科技园 中国广州科技园 瑞典希斯塔科技城 法国索菲亚科技园
第三波	始建于 20 世纪 90 年代之后，在现有城市推动软基础设施建设，由中央和地方政府共同治理（或地方政府单独治理），注重社会网络建设和公众参与，旨在满足未来城市发展需要	英国曼彻斯特 西班牙巴塞罗那 澳大利亚墨尔本

资料来源：Charles, D.,“From Technopoles to Science Cities: Characteristics of a New Phase of Science Cities. Making 21st Century Knowledge Complexes: Technopoles of the World Revisited,” Routledge, London, 2015。

第二波科学城由国家政府规划的、位于城市外围的科学园区发展而来。它们以提供住房和便利设施而区别于一般的大型科学园区。与第一波科学城不同，第二波科学城旨在通过技术商业化和技术转让促进国民经济发展和应用研究进步。

第三波科学城的建设浪潮目前正在西方国家流行。这种类型的科学城是在现有城市内发展起来的，以社会网络构建为主，不以基础设施的硬件建设为重点。它们的目标是通过加快城市软环境建设，如公众参与和地方合作，使已有城市满足未来的发展需要。第三波科技城是当前主流的发展方向，以社会网络建设、城市声誉塑造、公众参与为主要手段，用科技提升城市发展活力。

二　筑波科学城的发展背景及历程

筑波科学城位于东京东北部，隶属于日本茨城县。从东京出发，乘“筑波快轨”45 分钟便可到达筑波。筑波科学城始建于 20 世纪 60 年代，建筑规划面积 28400 公顷，由研究教育区和周边郊区组成。研究教育区位于筑波市中心，占地达 2700 公顷，主要包括国家和公立科研教育机构、城市功能区域、居民区和公园等设施。周边郊区以私人研究机构和自然保护区为主，占地 25700 公顷。

筑波科学城的建设和日本第二次世界大战以来的科技创新政策息息相关。二战结束后，日本取得了奇迹般的经济增长和科技成就，为后发国家实现经济和科技赶超树立榜样。日本的科技创新战略不仅在日本经济奇迹中发挥着重要作用，也深刻地影响了筑波科学城的发展历程。本文将结合日本二战后的科技战略，介绍日本筑波科学城的建设规划和发展历程。

有关筑波科学城最早的决议可以追溯到 1963 年。筑波科学城五十余年的发展经历了两大转折点，可以归结为三个主要阶段（见表 2）。首先，60～80 年代的规划与建设阶段。在最初的 20 年里，筑波致力于从乡村区域发展为一个公共研究机构林立的国家科研中心。其次，着重推动合作与交流的第二阶段，以 1985 年日本筑波世博会为标志。世博会的巨大成功让筑波蜚声海外，日本政府看到了私营资本和民营企业的创新活力，修订了筑波科学城建设规划，鼓励私营企业在筑波开设研发机构，激励研究和创新合作。最后，城市振兴与国际化阶段，以 2005 年“筑波快轨”开通为分界点。在吸取前期建设经验的基础上，日本政府期待以建设省际交通和商业设施推动地方经济的发展，将筑波打造为日本科技创新中心和国际化门户。“筑波快轨”的开通不仅标志着筑波运输系统的初步形成，也显著改变了筑波市民的通勤和生活方式。

表 2 筑波科学城的发展阶段

阶段	主要特征	主要举措
规划与建设（1965～1984 年）	内阁主导的国家政策计划 以国家研究中心为建设目标 三重建设目的，设立两大区域	购买土地 基础设施建设 迁入公立机构和研究人员
合作与交流（1985～2004 年）	促进产学研合作，鼓励公私合作 交通等基础设施建设 强调对区域经济的带动作用	1985 年世博会 制定和更新建设计划 开通高速巴士 开通博物馆和建设商业设施
振兴与国际化（2005 年至今）	以国际交流和会议中心为建设目标 维修巩固基础设施 促进区域经济发展	“筑波快轨”开通

（一）规划与建设阶段（1965～1984年）

日本筑波科学城始建于 20 世纪 60 年代，由日本内阁主导规划。1963 年 9 月，日本内阁批准筑波地区为新科学城所在地，次年成立了“学术新城建设促进总部”，并计划自 1965 年起，在 10 年内建成筑波科学城。

筑波科学城计划的落地和日本的社会背景、科学技术政策有着密切的联系。一方面，二战后日本政府一直在科技创新领域扮演着重要角色，通过颁布日本《技术白皮书》、投资规划大型能源项目、颁布专利法案、推广标准化和质量控制等方式敦促日本科技创新的发展①。另一方面，日本的科技政策长期受到国内国际环境的影响。这一时期，日本的技术发展受到了美国的极大影响，在政策制度上学习西方的法律

① Fukasaku, Y., and Ishizaka, S., “Science and Technology Policy in Japan,” *Social and Economic Development*, 2010 (3).

法规①，科技政策也仍处于反应性状态，而非系统性的长远规划。②

在建设目的上，筑波科学城的建设初衷共有三点。首先，政府希望通过将几所大学迁出东京来平息激进的左翼学生运动；其次，日本内阁考虑搬迁政府办公机构到东京以外区域，以疏散东京都市内过多的人口，缓解大城市病；最后，科学技术委员会建议重新安置国家研究机构过于集中的区域，以推进日本的科学研究和高等教育的发展③。

筑波科学城于1966年开始购买土地并迁入人口。1966年，政府根据《国家首都地区发展法》开始购买土地。1970年，颁布了筑波科学城建设法，并进一步制定了城市建设的基本原则和总体规划④。随后的几年中，政府通过津贴、住房等优惠措施，引导和激励东京公立研究机构和人口迁入筑波⑤。1976年后，筑波的建设计划区分了新城的两个主要地区，分别是研究教育区和周边郊区，采取不同的发展战略。随后，筑波召开了中心城区规划会议，并分别于1980年和1981年制定了研究教育区和周边郊区的建设计划。彼时，筑波科学城作为计划创新的大型社会实验，引起了国际学术界的关注⑥。

（二）合作与交流阶段（1985～2004年）

1985年，筑波世博会吸引了日本国内外很多游客的目光，世博会也成为筑波发展的重要转折点。90年代开始，受日本经济下行影响，

---

① 王博：《战后日本技术创新与经济增长研究》，吉林大学博士学位论文，2020。

② Harayama, Y., "Japanese Technology Policy: History and a New Perspective," Message posted to https://www.rieti.go.jp/en/.

③ Dearing, J. W., "Growing a Japanese Science City: Communication in Scientific Research," 1st ed., London, UK: Routledge, 1995.

④ 研究学园都市建设推进总部：《筑波研究学园都市建设计划的大纲》，https://www.mlit.go.jp/crd/daisei/tsukuba/data/008.html，1971。

⑤ 研究学园都市建设推进总部：《筑波研究学园都市的公共公益事业等概要准备计划》，https://www.mlit.go.jp/crd/daisei/tsukuba/data/009.html，1973。

⑥ Bloom, J. L., and Asano, S., "Tsukuba Science City: Japan Tries Planned Innovation," *Science*, 212 (4500), doi: 10.1126/science.212.4500.1239, 1981.

在财政紧张和公众舆论压力的背景下，大学和国家研究机构的财政支持持续吃紧，产学研合作成为缓解公立研究机构经费紧张的突破口。在这一时期，《科学技术基本法》等支持产学研合作的法律法规相继颁布，筑波科学城开始重视私营企业和产学合作的积极作用[①]。

1989 年，日本政府重新修订了筑波建设计划，并于 1998 年更新了研究教育区和周边郊区的建设计划。此后，建设交通设施、引入私营资本、促进交流合作成为建设筑波科学城的重要举措。

一方面，交通设施作为联系筑波科学城和外界的重要渠道，成为这一阶段的建设重点。日本政府批准和规划了多个交通设施项目，包括城市中心交通广场、东京筑波城际高速公路、公路巴士运营项目、轨道交通、停车场等。

另一方面，日本政府认识到合作网络的重要性，成立了筑波科学城委员会等组织。1985 年世博会后，日本政府认识到私营部门在创新和研究活动中的重要性，激励民营企业在筑波成立研发部。同时，公立筑波大学成立了前沿跨学科研究中心，以促进学术界与产业界的合作，强化公立研究教育机构在本地学术研究交流中的核心地位。到 20 世纪末，筑波共有 300 余所公立和私立机构，研究人员超过 13000 人[②]。

在这一阶段，筑波被列入日本商业核心城市计划，区域发展和合作交流已成为科学城未来发展的重要愿景之一。与区域发展、市民生活息息相关的商业设施、交通基础设施、博物馆、图书馆、艺术馆、市民文化交流中心纷纷落成。到 20 世纪 90 年代末，筑波在就业和研发方面取得了巨大成就，被认为是日本最有发展前景的中等城市之一[③]。

---

① Harayama, Y., "Japanese Technology Policy: History and a New Perspective," Message posted to https: //www. rieti. go. jp/en/.

② 国土厅:《今后筑波研究学园都市准备方向》, https: //www. mlit. go. jp/crd/daisei/tsukuba/data/002. html, 1997。

③ Jacobs, A. J., "Embedded Localities: Employment Decline, Inner City Population Growth, and Declining Place Stratification among Japan's Mid-Size and Large Cities," *City & Community*, 5 (3), doi: https: //doi. org/10. 1111/j. 1540 - 6040. 2006. 00181. x, 2006.

（三）振兴与国际化阶段（2005年至今）

2005年之后，有关筑波的建设计划主要集中于城市振兴和国际化发展。一方面，90年代末开始的经济下行影响了公立研究机构的经费稳定性，同时科学城内早期集中建设的基础设施同步老化，阻碍了筑波的进一步发展。另一方面，筑波城市治理由中央政府主导逐渐转变为地方政府主导，以及“筑波快轨”正式开通，改变了筑波居民的生活和通勤方式，为筑波科学城未来发展提供了机遇。

“筑波快轨”于2005年开通，其运营显著改变了筑波的城市发展和生活方式。交通的发展对筑波的经济发展、城市定位产生了积极作用。“筑波快轨”不仅提升了沿线区域的地价，也提升了市民乘坐公共交通工具的意愿，有助于建设更加绿色、可持续发展的城市。同时，便利的交通也提高了筑波承办国内和国际活动的能力，使之成为一个合格的国际交流会议中心。2011年，“筑波全球创新促进机构”成立，旨在为技术商业化提供支持，打造共同创造空间和国际化平台，从而使筑波从全球业务中获益[①]。同年，筑波被指定为国际战略区，旨在通过产学研合作提升创新集群能力，助力打造更绿色的环境和更美好的生活[②]。

“筑波快轨”对市民生活方式的改变更为显著。“筑波快轨”的运营将东京到筑波的通勤时间缩短为45分钟，让筑波进入东京都市圈每日通勤范围之中。便利的交通让人们对筑波的印象从“偏远的教育乡村”变为交通便利、不拥挤的区域。但快轨的开通也成为一把“双刃剑”，它非但没有显著提升筑波人口，反而让在筑波工作的研究者搬回到东京及快轨沿线区域居住。

治理方式和治理权限的改变是这一阶段筑波科学城的重要转变之

---

① 筑波全球创新推进机构：《关于筑波全球创新推进机构》，https：//tsukuba－gi. jp，2011。

② 筑波国际战略综合特区：《关于筑波国际战略综合特区》，http：//www. tsukuba－sogotokku. jp，2001。

一。筑波市政府在这一时期发布了一系列城市振兴计划，旨在促进地方经济和社会活力。日本中央政府主要统筹筑波科学城的设施修缮、推动创新、促进国际化等战略，较少参与具体的政策制定和愿景规划。2014年，筑波市政府实施“城镇、人、工作创生”总体战略，将产业竞争力、公共福利、环境与社区、公共交通和城市安全作为筑波未来发展的主要目标，旨在为下一代创造充满活力的社区、可持续发展的环境和公共服务完善的迷人城镇，为乐享智慧未来城市明确长远愿景[①]。

三　筑波科学城的发展困境

经历了20世纪八九十年代的辉煌，如今的筑波科学城在发展绩效上饱受质疑。一方面，筑波迁入的人口始终不能达到建设计划中的预期。失去了大量激励政策和补贴后，由东京迁入的研究机构不断关闭，近年来日本电气、万友制药、三菱制纸在筑波的研究所纷纷关闭。可见筑波始终没有成为一个有吸引力的核心城市。另一方面，虽然筑波科学城在研究上获得了一定的成果和国际声誉，但研究机构的集中安置耗费了大量人力物力，其对促进学术交流合作、推进交叉学科发展的积极作用仍然有待验证。

究其原因，筑波科学城发展的主要困境可以归纳为以下三点。第一，筑波科学城计划宏大、定位模糊，建设过程中受国内外社会经济条件限制，原有规划难以完全实现。第二，作为一项科技创新政策，筑波的建设虽然对公立机构有较强的动员能力，但对私有企业、风险投资、社会网络的重视不足，导致筑波科学城创新驱动不足，科技创新成效仍有欠缺。第三，作为一项城市发展战略，筑波科学城由中央

① 筑波市可持续发展战略办公室：《筑波市“城镇·人·工作”的创生》，https：//www.city.tsukuba.lg.jp/shisei/joho/sousei/1002330.html，2018。

政府主导、自上而下建设，没有充分动员地方力量参与，早期对于交通、商业设施、公共服务的忽视影响了城市活力，限制了其后续发展。

（一）战略定位模糊，发展计划难以长期实行

在筑波科学城发展中，其发展目标和规划发生了几次较大变动。回顾筑波科学城的建设过程不难发现，筑波发展战略的转变与日本国内和国际环境变化息息相关。在建设之初，平息东京激进的左翼学生运动、重新安置东京过剩人口和学术机构是筑波科学城的重要功能。随后，以1985年世博会为契机，筑波科学城获得较高的国内和国际声誉，私营部门也被纳入了其发展体系。在20世纪90年代经济衰退的压力下，大学和公共研究机构对社会的贡献受到了公众质疑。此时，专利政策和产学研融合已成为日本科技战略的核心内容之一。在这样的背景下，筑波科学城更加积极地寻求与区域经济的互动，以此作为对公众质疑的回应。

由于筑波科学城战略定位发生转变，原本靠近东京的选址反而成为后期限制其发展的因素。受政治因素和人口疏散等初期建设目的的影响，科学城选址于距离近、地价低廉、基础设施和公共服务基础薄弱的筑波区域，以满足从东京迁移人口和机构、兴建大量公立研究机构的需求。而随着政治运动的平息和东京大城市病的缓解，政治因素和迁移人口成为筑波次要的功能，这一选址的缺陷逐渐凸显。首先，作为一个基础设施和公共服务落后的区域，筑波相较于东京明显缺乏吸引力。其次，选址在农村区域建设现代科学城，不可避免地需要同期开展大量基础设施建设，基础设施同步老化和后期修缮维护给城市发展带来巨大的财政压力。最后，东京和筑波之间的尴尬距离，使其难以成为一个独立的城市，人才和资源均倾向于回流东京。特别是在“筑波快轨”开通后，东京和筑波之间的通勤时间缩短为45分钟，推动筑波成为东京的

卫星城而非独立的核心城市。①

在长期建设过程中，较强的政策弹性十分重要。筑波科学城在经历八九十年代的快速发展之后，缺乏私营企业的进一步助力，也没有抓住互联网和电子产业的风口，错失发展良机。基础设施的同步老化成为限制科学城发展的重要因素，修缮工作极大地牵扯了这一时期精力物力，限制了其后续发展。更重要的是，筑波后续建设没有获得日本政府的持续支持和重点关注。起初，筑波科学城建设计划作为一个多部委联合规划的国家计划，通过对建设项目有策略的模糊，协调多个利益相关方，避免在建设初期过度协商导致科学城规划难以落地，然而，在随后的几年里，中央部委关于科技创新主导权的竞争影响了原有的联盟的领导力，最终导致了筑波科学城出现城市形态不完善、研究机构之间缺乏正式联系、缺乏社会活力等问题。②

（二）科技创新政策视角下的科学城：创新驱动不足

筑波科学城与典型的高技术园区之间的明显差异之一在于仅关注科学研究，而忽略技术转移和创新商业化。筑波科学城在规划时注重公立机构的作用，忽视了私营企业在研发中的贡献。作为面向科学的研究中心，国家级科研机构和大学是科学城的主体。20 世纪 80 年代以前，筑波缺乏对私营部门的关注，对于私营部门的排斥限制了其创新活力，而私营部门是日本研发的主力。在日本，私营部门稳定地承担着全国 70% 左右的研发资金。将私营部门排除在外，只迁入指定公立研发机构的做法在一定程度上导致了筑波创新驱动力不足。

在学术研究合作上，筑波科学城的成效也受到了质疑。一方面，筑

① Anttiroiko, A. - V. ,"Science Cities: Their Characteristics and Future Challenges," *International Journal of Technology Management*, 2004, 28 (3 - 6).

② Dearing, J. W. , " Growing a Japanese Science City: Communication in Scientific Research," 1st ed. , London, UK: Routledge, 1995.

波科学城的建设是否为日本的科研能力增量做出贡献仍值得商榷。虽然在某种程度上，筑波实现了国家研究中心的最初目标，例如见证了几位诺贝尔奖得主在高能物理学领域的突破。但是，筑波的公立机构及研究人员完全由东京迁入，建设筑波科学城本身是否推动了日本研究和合作仍然有待验证。另一方面，筑波科学城期待通过密集地安置研究机构促进交叉学科和研究合作的发展，但其成效仍有待检验。由于知识的隐性特征，人们往往自然地认为地理上的聚集有利于研究合作。然而地理聚集并非研究合作的必然条件，特别是随着城际交通和信息技术的发展，地域上的局限被进一步打破，地理临近性对于研究合作的影响被进一步挑战。尽管部分实证研究证实了微观（办公室内部等）和宏观层面（城市间距离等）的地理临近性对研究合作存在积极作用，但是城市内部跨学科的研究机构聚集对于研究合作的积极作用的实证研究仍然有限。

（三）城市发展战略视角下的科学城：缺乏生机活力

筑波科学城另一个饱受诟病的问题是缺乏社会活力，社区基础功能设施建设不足，其主要原因为对于城市建设的忽视和缺乏地方力量的参与。一方面，在筑波科学城建设初期，日本政府将主要精力放在迁入公立研究机构和研究人员上，忽视了公共服务和商业设施的建设。另一方面，筑波科学城早期以中央政府为主要规划者，没有充分调动地方政府的能动性，市民的生活需求没有被充分满足。

日本中央政府是筑波科学城建设初期的策划者和建设者。在筑波科学城建设初期，中央政府具有相当突出的积极作用。首先，筑波科学城作为促进国家研究和创新的科技战略，能够起到显著的宣传作用，帮助筑波科学城获得良好的国内和国际声誉，吸引人才和资源。其次，中央政府为筑波科学城提供了大量资源，高效地动员了公立研究机构参与筑波科学城的建设。最后，中央政府的领导力能最大程度动员各部委力量，协调不同部门参与科学城的建设，避免因过度协商而阻碍科学城的计划落地和建设。

需要注意的是，中央政府的单方参与对于科学城的建设来说仍不充分，这一模式会导致地方政府和公众的利益被忽视。例如，相较于提升国家研究和创新能力，地方政府更加关注区域经济的增长和吸引优势资源，公众更加关注区域的公共服务和基础设施。即便是在公众内部，筑波地区原住居民和新迁入的研究人员对于城市的未来方向也具有不同的预期。[①] 当地居民没有被有效动员，公共服务和基础设施建设滞后，筑波科学城的建设对区域经济的带动作用不明显，最终导致了筑波科学城的社会活力不足。

四 研究型科学城的政策体系和未来发展方向

通过分析筑波科学城这一案例，本文总结了科学城建设中的主要利益相关方及重要政策。如图 1 所示，研究型科学城的利益相关方主要包括中央政府、地方政府、公立研究机构、私营部门、市民和研究人员等。

中央政府是以筑波为代表的研究型科学城项目的提议者，希望通过科学城的建设提升国家的科技创新竞争力，同时能够通过预算和政策动员公立研究机构。地方政府关注区域经济发展，与市民关系紧密，并具有较强的应变能力。公立研究机构受中央政府政策影响较大，期待从政府和私营部门获得资金等资源，可以与私营部门进行技术转移和商业化。私营部门与公立研究机构相比受政府的直接影响小，能够通过公立研究机构的知识溢出效应获得技术支持，并对区域经济和就业产生积极

① Gonzalez Basurto, G. L., “Tsukuba Science City: Between the Creation of innovative Milieu and the Erasure of Furusato Memory,” RCAPS Occasional Paper 7, 2007.

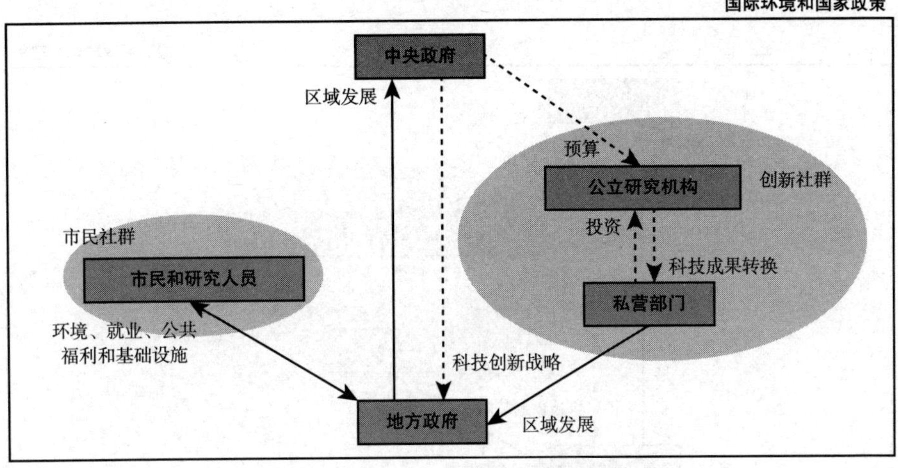

图 1　科学城建设中的主要利益相关方

注：图中公立研究机构包括公立大学、公立研究部门，下同。

影响。公立研究机构和私营部门可以通过产学研合作形成创新社群，在以硅谷为代表的高科技园区中起主要的创新作用。公众主要由区域原住居民和迁入研究人员组成，其利益关切集中在环境、就业、公共福利和基础设施等方面。

传统的高技术园区着力于推动创新社群的建设和发展。相较于筑波科学城，同样以规模大、自上而下建设为特征的中关村高新技术示范区，是传统的高技术园区的代表，其主要利益相关方包括中央政府、地方政府、公立研究机构、大学、私营部门、公众等。如图 2 所示，在建设过程中，中央政府起战略引导作用，地方政府承担重要作用，充分调动公立研究机构和私营部门的积极性，通过技术转移等产学研合作方式促进创新集群的发展。选址于高等教育机构林立的区域，中关村避免了机构迁移带来的硬件设施集中建设和同步老化的问题。城市周边的区域位置减轻了城市公共服务方面的压力，实现协同发展。

筑波科学城在早期建设过程中主要由中央政府和公立研究机构主导，不仅没有调动地方政府和私营部门的积极性，也较少考量市民的需

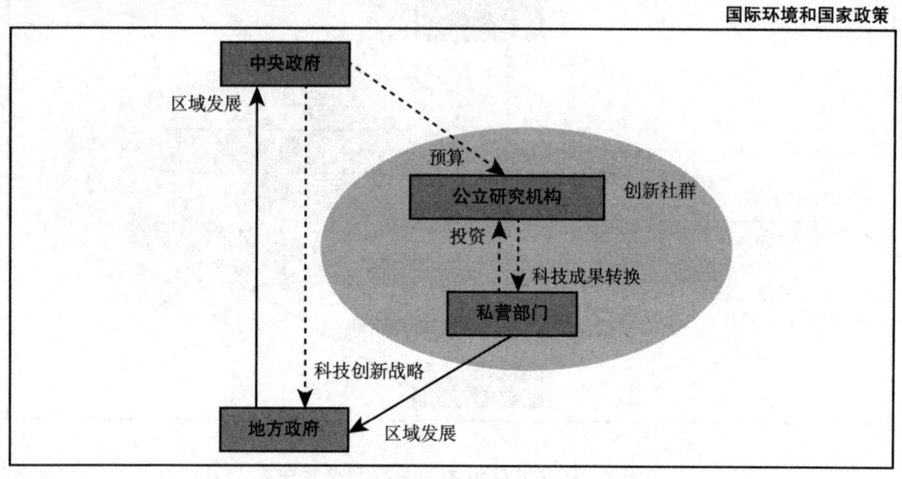

图 2　以中关村为例的高技术园区的主要利益相关方

求。如图 3 所示，筑波科学城对技术转移的忽视，对公共服务、基础设施、区域发展的重视不足，让筑波科学城没有形成有活力的创新集群和社区群体。针对以上问题，筑波当前的发展重心放在国际声誉和未来城市建设上。一方面，通过宣传和品牌效应吸引国内和国际的资金等资源，提升筑波的国际影响力，促进筑波的科技创新发展。另一方面，地方政府在已有“国际花园式校园郊区”的城市形态基础上，[①] 通过发展城市规划、绿化景观和环境优化，让筑波成为可持续发展城市的典范。

总结而言，以筑波为代表的研究型科学城既是科技创新发展的重要举措，也是城市规划的发展战略。研究型科学城的政策框架模型（见图 4）可以归结为，在国际环境和国内政策的影响下，以中央政府、地方政府、公立研究机构、私营部门和市民为主要利益相关方，综合考虑国家科技创新竞争力、区域发展、城市发展等诉求，通过区域位置、技

① Forsyth, A., and Crewe, K.,“Suburban Technopoles as Places: The International Campus-garden-suburb Style,” *Urban Design International*, 2010, 15 (3), doi: 10.1057/udi.2010.15.

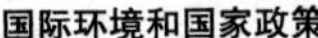

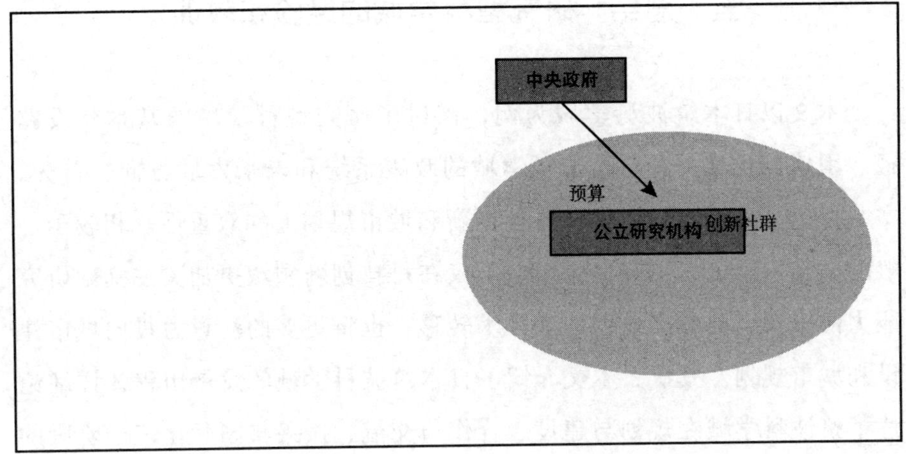

图 3　筑波科学城的主要利益相关方

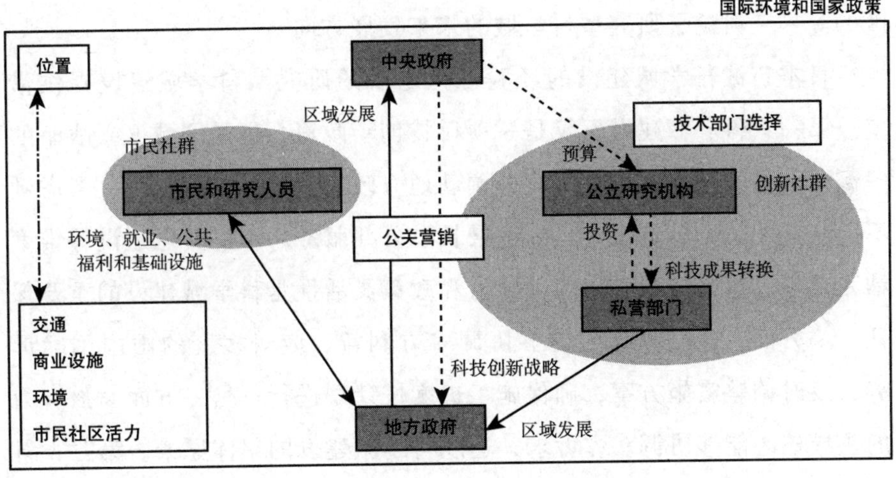

图 4　研究型科学城的政策框架模型

术部门选择、交通建设、环境优化、社区营造、公关营销等政策，基于系统化的政策体系和完善的治理体系，实现科技创新集群式发展，促进城市和区域经济的繁荣。

五　总结：研究型科学城的经验和教训

本文以日本筑波科学城为例，探讨了研究型科学城的基本建设路径、困境与挑战，并总结了科学城的政策系统和未来发展方向。首先，本文讨论了研究型科学城在科技创新和城市规划上的双重性。相较于一般的高技术园区，研究型科学城不仅在科技创新领域更加关注基础研究能力的提升，而非产业创新和技术转移，也将更多的注意力投向城市建设和城市规划。其次，本文介绍了日本筑波科学城的发展历程，详细论述了筑波科学城在规划与建设、合作与交流、振兴与国际化三个阶段的重要特征和基本举措。最后，本文讨论了筑波科学城在战略定位、科技创新、城市发展等方面的主要困境。基于筑波科学城的案例分析，本文总结了研究型科学城的政策体系，并比较了研究型科学城与传统科技园区的差异，讨论了研究型科学城的未来发展方向。

日本筑波科学城建设的经验可为之后的研究型科学城建设提供借鉴。第一，科学城建设不仅是一项科技创新政策，也是区域振兴战略的一部分。科学城的建设中要充分调动地方政府和市民的积极性，考虑到不同利益相关方的诉求，将经济增长、公共服务、市民文化建设等维度纳入考量。第二，强有力的领导力和政策灵活性是科学城建设的重要保证。一方面，核心领导力能够协调多方利益，应对多变的国内国际形势，及时调整实施方案，确保施工进度按计划进行；另一方面，强有力的领导核心能够协调多方诉求，达成科学城建设的集体愿景。第三，科学城建设需要综合考量区域位置、技术部门选择、交通建设、环境优化、社区营造、公关营销等政策，协同中央政府、地方政府、公立研究机构、私营部门和市民等多利益主体，促进城市发展和创新活力。

筑波科学城的建设模式有着明显的时代烙印和历史痕迹。自上而下、关注基础研究、建设新城市的范式已经不再是当前科学城建设的主流。当前，筑波科学城也将发展战略从国家研究中心转变为以科技创新推动城市未来发展。以科技创新带动已有城市发展，能够规避传统科学城建设周期长、人力物力投入集中等问题，更加高效地推动科技创新和城市复兴。

总结筑波科学城建设中的教训对于当下北京的“三城一区”规划和其他科学城规划有重要的警示意义。首先，科学城建设需要贯彻以人为本的理念，关注研究人员和市民的生产生活需求，协同不同群体的城市发展愿景，形成完善的科学城基础设施和城市功能。其次，科学城的创新活动需要多创新主体共同合作，以合作研究、共享研究设备、组织学术研讨会和创业交流会等，促进创新社群的交流，激发创新活力。最后，科学城发展需要重视价值实现，在关注科学研究的基础上，注重科技成果转换，以科学知识和技术创新带动创新创业，促进区域经济协同发展。

参考文献

参议院建设委员会：《筑波研究学园都市建设法案的附带决议》，https：//www.mlit. go. jp/crd/daisei/tsukuba/data/005. html，1970。

国土厅：《今后筑波研究学园都市准备方向》，https：//www. mlit. go. jp/crd/daisei/tsukuba/data/002. html，1997。

王博：《战后日本技术创新与经济增长研究》，吉林大学博士学位论文，2020。

研究学园都市建设推进总部：《筑波研究学园都市建设计划的大纲》，https：//www. mlit. go. jp/crd/daisei/tsukuba/data/008. html，1971。

研究学园都市建设推进总部：《筑波研究学园都市的公共公益事业等概要准备计划》，https：//www. mlit. go. jp/crd/daisei/tsukuba/data/009. html，1973。

筑波国际战略综合特区：《关于筑波国际战略综合特区》，http：//www. tsukuba - sogotokku. jp，2011。

筑波全球创新推进机构：《关于筑波全球创新推进机构》，https：//tsukuba - gi. jp，2011。

筑波市可持续发展战略办公室：《筑波市“城镇·人·工作”的创生》，https：//www. city. tsukuba. lg. jp/shisei/joho/sousei/1002330. html，2018。

Anttiroiko, A. – V. ,“Science Cities: Their Characteristics and Future Challenges,” *International Journal of Technology Management*, 2004, 28 (3 –6) .

Bloom, J. L. , and Asano, S. ,“Tsukuba Science City: Japan Tries Planned Innovation,” *Science*, 212 (4500), doi: 10. 1126/science. 212. 4500. 1239, 1981.

Charles, D. ,“ From Technopoles to Science Cities: Characteristics of a New Phase of Science Cities, Making 21st Century Knowledge Complexes: Technopoles of the World Revisited,” Routledge, London, 2015.

Dearing, J. W. ,“ Growing a Japanese Science City: Communication in Scientific Research,” 1st ed. , London, UK: Routledge, 1995.

Forsyth, A. , and Crewe, K. ,“Suburban Technopoles as Places: The International Campus-garden-suburb Style,” *Urban Design International*, 2010, 15 (3), doi: 10. 1057/udi. 2010. 15.

Fukasaku, Y. , and Ishizaka, S. ,“Science and Technology Policy in Japan,” *Social and Economic Development*, 2010 (3) .

Gonzalez Basurto, G. L. ,“Tsukuba Science City: Between the Creation of innovative Milieu and the Erasure of Furusato Memory,” RCAPS Occasional Paper 7, 2007.

Harayama, Y. ,“Japanese Technology Policy: History and a New Perspective,” Message posted to https: //www. rieti. go. jp/en/.

Jacobs, A. J. ,“Embedded Localities: Employment Decline, Inner City Population Growth, and Declining Place Stratification among Japan's Mid-Size and Large Cities,” *City & Community*, 5 (3), doi: https: //doi. org/10. 1111/j. 1540 – 6040. 2006. 00181. x, 2006.

Miao, J. T. ,“Knowledge Economy Challenges for the Post-developmental State: Tsukuba Science City as an In – between Place,” *Town Planning Review*, 2018, 89 (1) .

科技创新政策的有效路径分析

——日本筑波科学城案例研究

徐　爽*

摘　要：随着中国经济的崛起，北京已经成为全球超大城市，城市功能负荷日趋加重，党中央多次为疏解北京非首都功能进行战略部署，对全国的发展都起到了重要作用。在这个背景下，如何成功建设高起点高标准的具有一定职能的科学城或卫星城，需要找寻适合中国发展的有效路径，从根本上缓解北京城市空间压力，解决城市职能关键问题。《北京城市总体规划（2016 年—2035 年）》指出，北京的战略定位是"四个中心"，即政治中心、文化中心、国际交往中心、科技创新中心。从发展目标看，到 2021 年，北京要实现建成国际一流的和谐宜居之都的阶段性目标，为此，优化提升首都核心功能迫在眉睫。我们的邻国日本 20 世纪通过建立首个国家级科技新城来缓解东京城市压力与疏解核心职能，因此筑波科学城在设立背景、建设目标、选址等多方面与北京非首都功能疏解需求有较高的相似度，其经验与教训值得我们借鉴。本文基于对科技创新政策与筑波案例的梳理与分析，着眼于总结筑波科学城建设的经验与教训，以期推动北京疏解非首都功能的协同发展。

* 徐爽，北京市社会科学院市情调查研究中心助理研究员，博士。

关键词： 科技创新政策　筑波科学城　日本科学技术基本规划

进入21世纪，世界科学技术日新月异，已成为经济社会发展的主导力量。各个发达国家制定了发展战略，以促进科学技术创新。与其他发达国家一样，中国政府也高度重视科学技术创新在经济和社会发展中的作用。北京建设国际创新中心的战略目标愈发重要。至2021年，北京建设国际创新中心的战略思路愈发明显。为加快国际创新中心的建设，适应经济全球化发展要求，北京将成为连通世界的节点，更好地发挥国际城市的聚集和辐射作用，积极主动地参与国际竞争。从国际上看，在科学技术发展历程中，对于科技创新模式的探讨已成为国家创新发展的重要课题，在美国、英国、日本等早期完成工业革命的国家亦是如此。

我们与邻国日本在人文、社会、经济等各方面发展路径颇为类似，日本20世纪通过建立首个国家级科技新城来缓解东京城市压力，而随着中国经济的迅速崛起，北京作为首都，要实现建成国际一流的和谐宜居之都的阶段性目标也尤为迫切。筑波科学城在设立背景、建设目标、选址等多方面与北京非首都功能疏解需求有较高的相似度，其经验与教训都值得北京借鉴。国内关于筑波科学城的相关研究非常全面，有的从筑波的生活性公共设施内容和空间布局角度分析，指出筑波科学城建设缓慢、公共交通基础设施不足等问题；有的从科技型城市的类型角度分析，将筑波归为政府主导型科技新城；有的分析借鉴了筑波的产学研合作经验、立法经验。现有的这些研究主要是从较为单一的切入点为我国高新科技园区的建设提供经验借鉴，缺乏结合时代背景对日本科技创新发展脉络进行梳理，因此本文将在现有研究的基础上，集合日本科技创新、科技政策等特点，以筑波科学城为案例分析日本科技创新发展历程。本文基于日本的科技发展经验，提出在全球化的新时代，要攻克关键核心问题，学习借鉴有相似经历的科技创新前沿国家在城市科技创新领域的政策措施，对北京未来科技创新中心的建设途径进行探讨。

一 筑波科学城的形成与发展

筑波科学城，日文原称“筑波研究学园都市”，位于茨城县南部、筑波山南麓的筑波台地，是以公立研究机关、大学为中心而建成的科学城。它在行政级别上与茨城县（日文中行政单位县为省）筑波市级别相同。筑波科学城建设法规定作为筑波科学城进行开发的地区为研究学园地区，其周边为开发地区。狭义的筑波科学城是指研究学园地区，广义的还包含周边开发地区。筑波科学城在日文中被称为“学园”。这是因为，不仅是研究设施，位于东京的许多大学也计划迁移，与周边开发地区相当的地区在当初的计划中并不存在。但是，有人认为“学园”的范围是市中心地区及其周边，也有人认为是研究设施等所处的部分地区，其范围是不明确的。

筑波科学城开发于20世纪60年代以后，截至2012年约有300个研究机构和企业，拥有20185名研究人员，其中7215名为博士学位获得者。1950年东京因人口急剧增加而处于人口聚集过密状态。因此，1956年政府成立了首都地区整顿委员会（以下简称“委员会”）开始研究迁移首都部分功能的方案。委员会提出了迁移东京都内所有大学70万人的试行方案和迁移东京都内所有政府机关18万人的试行方案。

1961年9月，日本内阁为防止首都的人口过度集中，提出应该制定分散东京都职能的方案，解决东京地理区域内需求不明显的官厅（附属机构及国立学校在内）的集体迁移问题。委员会在1963年将筑波科学城作为迁移的候选地。集中对富士山麓、赤城山麓、那须高原、筑波山麓进行了实地调查，同年9月在筑波山麓建设4000公顷的筑波科学城的议题得到了日本内阁会议的同意。同年10月，作为基本计划，委员会提出了 NVT（Nouvelle Ville de Tsukuba，筑波新城）方案，却遭到了当地居民的强烈反对。之后，尽量避开农田，以红松林为中心进行建设，将计划面积缩小为 2700 公顷的方案，并在反复试验的过程中推进建设计划。

1967 年 9 月，内阁会议同意将 6 个省厅 36 个机关迁移，后增加为 43 个机关。1968 年 10 月旧科学技术厅防灾科学技术中心开工建设。1970 年 5 月筑波科学城建设法实施，城市建设和政府机关迁移工作稳步推进，1980 年政府机关迁移结束，同时推进了城市功能的整备。1985 年，为了提高筑波在国内外的知名度和对民间企业的吸引力，日本举办了国际科学技术博览会（简称“科学万博会”），中心部的商业设施和交通工具得到了极大的扩充。随着居住环境的城市化，形成拥有约 300 个研究机构和企业与 1.3 万名研究人员的规模。另外，受研究园计划面积缩小影响最大的是按计划共同使用设施的空间面积缩小。因此，超越部门框架的研究机构之间的交流和产官学的合作变得不充分，这为后来的发展缓慢埋下了隐患，之后日本一直在摸索如何加强各方合作。

2002 年至今，筑波科学城和筑波市成为日本科技创新发展的重要板块之一。筑波市长期居住人口突破 20 万人，2007 年筑波市申请成为日本为数不多的特例市①。据日本官方统计，截至 2013 年，筑波科学城区域有 6 个乡镇，拥有包括外国人在内的约 20000 名科研人员和近 140 个重要科研院所与大学，其科研实力与所拥有的配套科研设施在日本位居前列。

二　筑波科学城的特征与规模

筑波科学城设立的根本原因是日本内阁为了有计划地迁移位于东京

① 特例市（日语：特例市/とくれいし）为日本曾有的城市自治制度之一，自 2000 年开始实施，可拥有较一般的市更多的原本属于都道府县的权限。

的国家级科研机构以缓解东京人口过密等问题，同时进行资源整合，建设高水平研究和教育据点。

第一，以东京及其周边地区迁移过来的国家科研机构和新设的筑波大学为核心，形成高水平研究和教育据点，建设与之相适应的筑波科学城，同时整备周边地域特色，建立生态均衡发展的田园都市，从根本上振兴科学技术和充实高等教育资源。第二，缓解首都圈人口过度集中的问题。为解决东京人口过密的问题，将在东京落户的不必要的国家科研机构、教育部门机构有计划地迁移至筑波科学城，从根本上缓解人口、交通、土地等方面的压力。

因此，筑波科学城聚集了众多的研究、教育机构，以筑波大学和JAXA等国家级研究、教育机构为代表。此外，约有150个民间的研究机构和企业在筑波科学城立足，拥有近2万名研究人员，堪称日本最大的研究开发基地。

（一）田园都市构建地域生态

研究学园地区形成了绿意盎然的宽松的城市环境并与田园相融合，配备了很多露天甲板等颇有特色的城市基础设施。田园城市风光与现代科技融合，高度整备的中心地区和大学、研究机关等智慧科技环境，包括筑波山在内自古以来就有的丰富的自然风光。这是在日本其他地方不太能看到的地域形态。

（二）外来人口与设施相对集中

筑波科学城由研究教育设施地区、住宅地区（主要是新居民用）、市中心地区组成，共计面积约2700公顷。其中，研究机构和大学用地有1500公顷，居住区有1200公顷。计划人口为10万人，居住人口中有很多是从东京都等县外迁移而来的。住宅地区包括初期计划建设的公务员住宅、公团住宅、公营住宅和民间出售地。尤其是前者，与购物中心、学校等融为一体，分散配置。研究教育设施地区由大学和公共研究机构组成。这些机构不是按部门划分，而是按领域划分，北部是文教系，西北部是建设系，南部是理工系，西南部是农林、生物系等。据统计，在外来人口中外国科研工作者在筑波科学城人口中的比例高，活动范围也较为集中。2012 年度在筑波科学城的诸多科研机构中，逗留 2 周以上的外国科研工作者有 5291 人，长期工作的研究人员（包括教育者）约有 1936 人，其中留学生有 2294 人，研修人员有 1061 人。这些外国科研工作者的出生国约有 200 个。筑波也可以说是拥有最多外国科研工作者的城市。

（三）交通设施的建立与缺失

筑波科学城中心地区位于日本首都圈新都市铁道筑波快线筑波站周边。它因广泛分散的城市设计而成为汽车城。对于建立大型商业设施来说，科学城以外的廉价的地价优势更大。这就造成了商业设施与科学城周边住宅区距离较远等问题，因为最初科学城开发地区只分为民间和公益的研究教育设施地区，并没有新设住宅、商业区。研究教育设施地区也分散在 8 个方位，由于与公共研究机构距离较近，进行基础研究的设施较多。周边地价便宜，以及考虑到将来的扩建，商业设施都是建造在广阔的土地上的，较为分散，这在一定程度上影响了居民的购物与娱乐活动，出行非常不便，城市基础设施的不完善等也成为影响人才流失的原因之一。

（四）新旧居民文化差异

原住的“旧居民”和“新居民”（随着筑波科学城的建设而迁居的研究人员及其家人）之间由于生活习惯的差异，最初彼此都很疏远。能从两者之间的语言差异看出阶层差异。但是随后不久，在公务员住宅集中建设的地区，也有了当地农作物的早市和各种活动，两者之间逐渐开始交流。受科研工作者的男女比影响，该地区男女比全国平均水平高。

这些特征决定着筑波科学城未来的发展会受到一定限制。城市发展要满足不断增长的人口的多层次需求，科学城也是一样，在具有相对优势的基础上需要不断完善城市功能。城市作为地域经济、技术、人口、信息、交通、文化等的集聚点，对其周围地域具有一定的吸引力，城市在运行过程中不断对周围地域形成辐射作用。因此，一个单方面功能性再突出的城市特征，也覆盖不了筑波科学城新旧居民的生活需求，便利的交通、配套齐全的公共设施与生活设施、丰富的商业等都是建设现代化科学城的必备因素。

三　筑波科学城的发展路径与日本科技创新政策

筑波科学城是日本政府在20世纪60年代为实现“技术立国”目标而建立的科学都市园区。筑波科学城的目标是推动科学技术发展，成为建立在全国研究机构和筑波大学基础上的领先的研究和高等教育中心，以缓解东京拥挤的环境，平衡东京大都市地区的发展。

20世纪60年代，日本加快引入西方先进技术模式，为推动科技创新、从应用研究向基础研究转变而大力建设新兴科技园区。但是随着筑波科学城的发展，产官学结合的发展模式的效果并不明显，与政府最初大力兴建科学园区的设想有较大差异。过度依赖政府的支持使得筑波科学城没有形成良好的生态圈，各相关部门搬迁至筑波科学城后只在物理空间上进行整合，其职能却没有整合，没有强有力的产业支撑。而政府的资金支持也减弱了筑波科学城对产业的关注。筑波科学城的科技成果依然局限于论文发表，成果的落地应用却无法实施。此时，日本政府意识到科技创新方面存在的问题，并适时出台了一系列科技创新政策，这也为解决筑波科学城本身的问题提供了有效路径。

1996 年日本制定的《科学技术基本规划》在日本科技创新发展史上起到强有力的推动作用，将筑波科学城定位为信息、研究、交流的核心，并致力于筑波科学城的转型与再发展。日本科学技术政策是根据《科学技术基本法》制定的，日本内阁（日本政府）每隔 5 年制定《科学技术基本计划》（简称为“基本计划”），从宏观到微观综合且具体地按制定的计划推进科技创新发展。目前，共制定了第 1 期（1996～2000 年）、第 2 期（2001～2005 年）、第 3 期（2006～2010 年）、第 4 期（2011～2015 年）、第 5 期（2016～2020 年）五期基本计划，并沿着这些计划推进科学技术政策落实。《科学技术基本规划》实施后，实现了筑波科学城“技术+产业”的融合。2001 年筑波科学城区内所有国家级研究机构均转型为独立的管理机构，并设立独立法人进行管理，健全了机构的创新机制，消除了国有科研机构的制度惰性。通过法案的实施，筑波科学城得到了较快发展，大量人才开始涌入。

表 1　筑波科学城各阶段发展时期

阶段	基础建设期（1963～1980 年）	城市整治期（1981～1989 年）	成熟发展期（1990 年至今）
关键举措	内阁通过了建设决议；购买建设土地；制定筑波科学城建设法	筑波市世界博览会会场的建设、环境的整治和基础设施的建设	文化、教育、国际交流、管理、交通、商业等复合功能的开发
配套发展	43 个国家教育研究机构入驻	中心交通枢纽、宾馆、筑波中心大厦、科技馆、商业街等	轨道交通、高速公路，国际会议中心和研究员宿舍等
阶段特征	偏重科技研发；城市功能不完善，城市知名度低	城市功能完善的科学新城，科技卫星城向中心城的转变	成为地区中心城市和世界性科技基地
人口情况	人口少，吸引人口能力弱	1985 年总人口达 14 万多，本科生 8500 人，硕士 2500 人	人口增多，目前达 20 多万人。主要是科研人员及其家人、服务人员

资料来源：依据“日本国土交通省都市・地域整備局大都市圏整備課”公布数据整理。

四 筑波科学城的优势与价值

筑波科学城作为日本第一个科学城，其存在价值与影响无论从哪方面都对日本的科技创新发展起到积极的作用，从整个历史发展过程与脉络来看，其价值愈发明显。

首先，筑波科学城的主要价值在于政府主导规划，国家资金全面支持，《科学技术基本法》出台，每五年一期的《科学技术基本计划》等成为筑波科学城发展的政策支撑，其全面规划的规模与支持力度都属于突破性的创新举措。

其次，筑波科学城注重产官学应用模式，其中有筑波大学等国立研究机构的研究作为基础支撑，无论是在吸引国内外优秀学者方面还是在举办科学万博会等大型活动方面都在世界舞台上具有一定影响力。

筑波科学城兼具科学城与田园都市的完善的综合性配套设施，其设计具有一定参考性。筑波科学城建设中考虑到自然生态与现代化都市的融合，在设计方面至今仍具有较强的先进理念，其对功能与细节的考虑也是非常全面的。

筑波大学与众多企业、研究机构之间的优势互补能更好地促进产学研结合与科研成果的落地。

地下铁路线密集高效，有利于强化超大城市中心功能。筑波科学城的新干线与飞机等可以直抵城市中心是非常值得借鉴的规划思路。

最后，由于同处于科学城内，科研方面的研究成果产业化转换效果明显，通过相关产业优化途径传播迅速。这些方面都显示了筑波科学城的探索价值与意义，为推动科技创新提供了良好的借鉴经验，是科技创新历程上浓墨重彩的一笔。

五 筑波科学城的短板与反思

虽然筑波科学城的优势与价值明显，但从其发展来看也存在一些弊端。筑波科学城的模式是以政府主导为主，其依赖于政府规划。筑波科学城由政府垂直领导，科研机构相互独立，各研究机构因受政府计划的束缚而无法及时响应市场需求。筑波科学城以基础科研为主，新技术开发慢，导致前期需要投入大量资金却收益甚微，其融资机制与风险投资体制不健全，主要靠政府拨款及大公司投资从而无法形成良好的生态闭环。

（一）政府主导缺乏市场竞争机制

筑波科学城作为日本政府时逢日本经济进入冰冻时期、期待其能更好地推进日本科技创新发展而大力兴建开发的科学园区，完全由政府选址、出资和规划。筑波科学城的国家级科研机构与教育机构也是依政府决策而搬迁，政府主导模式的弊端显现，科研人员是从政府各个部级机关所属的科研机构分离出来的，无法更好地融入当地的生态文化圈，从而只是物理搬迁难以形成良好的经济生态。

各项科研项目的资助金大部分来自政府，这就势必需要通过层层申报，经过立项、审核、监察等环节才能完成，这大大降低了科研机构的创新效率。企业独立法人所属科研机构和新兴科技企业也要依照筑波科学城的规划而逐步发展，使得企业发展受到一定的限制，缺乏自我生存能力。反观，美国硅谷则成功引入市场竞争机制，依靠内在的创新环境营造良好的生态闭环。政府的主动引导确实可以在初期取得良好的整体效果，但要实现长远的发展依旧需要市场竞争机制的引入。

（二）科学城缺乏创新领导力

从科技创新主体来看，日本筑波科学城的发展以创建研究园区为载体，科学城创新的主体是国家所属的实验室和研究机构以及国有企业内部的科研院所，其科研成果和专利主要对政府负责，缺少市场竞争和利益激励，导致日本高技术城市的发展明显缺乏创新动力。

筑波科学城中虽然有筑波大学、国家级科研机构这样的科研支柱，但是其科技资源并没有得到充分利用，与产业界的合作缺乏，并且科研立项也需要依照国家政策指导来完成，与市场的实际需求严重脱离。如果创新领导力没有得到发挥，相应匹配的职能会限制日本科学城的进一步发展。

（三）支持资金来源与使用

日本科学城市的投资主体是政府，从国内来看公立高校和国有科研机构会得到更多的扶持，资金也更多地流向国有机构，这从客观上造成了私有企业等机构的参与度不高等，从而难以更好地形成良好的生态闭环。从国际环境来看，过强的政府主导模式势必难以形成良好的顺应市场机制而产生的经济形态，阻碍了世界其他国家的投资者、科研者把目光聚焦到筑波科学城。

六　筑波科学城案例的分析与启示

筑波科学城的设立是通过有计划地迁移东京等的国家试验研究机构来缓解东京人口过密等问题，同时形成高水平研究和教育据点。

首先筑波科学城的建立经过了多年的探讨与规划，可以看出其功能分区体现了先进的设计理念。其次，针对筑波科学城的建设，日本政府通过立法来推进政策的实施。但由于政府主导，筑波的资金来源过于单一，而基础研究需要投入大量的资金，日本政府对筑波科技城的投资至今尚未取得收益。日本筑波科学城在建立之初就考虑了保护环境、协调发展等城市规划问题，也较快地推动了城市基础设施的建设。

早在1985年日本就通过筑波世界博览会加速了城市发展与提升了城市国际知名度。但是由于政府先期的主导模式过于明显，筑波科学城与市场机制有效融合这个问题至今仍然在探索中。起初建立的初衷是缓解东京人口压力，由于周边公共设施与娱乐设施的完善等，大部分东京人口并未得到疏解，特别是便利的交通条件反而不利于人口的真正疏解，与东京较近的交通距离阻碍了人们定居筑波；筑波科学城内大量的外国籍学者的聚集为开放式国际化创新带来了关键的驱动力。

筑波科技城的建设初衷是疏解东京人口，但由于东京的发展过于完备，随着城市管理水平的提高、基础设施的完善，越来越多的科研工作者选择在筑波上班、东京居住的这种模式。

科技创新带来的新知识和技术为人们创造了舒适的生活，科学城的建立更是为了更好地促进科技创新。但是，科学城的发展导致的环境污染等，以及先进的医学和人工智能带来了许多不仅对个人而且对社会而言都是难以控制的焦虑。[①] 因此鉴于科技创新政策与科学城对于现实的科学技术发展的重要意义，应该慎重考虑其意义与定位。

反观中国北京，《北京城市总体规划（2016年—2035年）》中设立的目标是，至2030年，北京基本建成国际一流的和谐宜居之都，治理“大城市病”取得显著成效，首都核心功能更加优化，京津冀区域一体化格局基本形成。至2050年，北京全面建成国际一流的和谐宜居之都，京津冀区域实现高水平协同发展，建成以首都为核心、生态环境良好、经济文化发展、社会和谐稳定的世界级城市群。对于中国而言，京津冀发展的核心还是北京，如何实现与自然的和谐发展，如何平衡科技的发展与人文的建设也是需要我们考虑的现实问题。其中，如何科学地建设科学城，以疏解北京中心城区相关职能也需设计行之有效的解决方案。

---

① Fagerberg J., "Mission Impossible? The Role of Innovation (and Innovation Policy) in Supporting Structural Change & Sustainability Transitions," Working Papers on Innovation Studies, 2018.

2021年世界局势复杂多变，发生了多起异常气象和大规模灾害。由于这些原因，国计民生从不同程度上都受到了严重危害。此外，各国实力之争的核心转向科技创新等，各国企业间的技术之争也日益激化，围绕科技之争，国际形势发生了很大的变化。这种形势变化可以说是史无前例的。对于世界范围内的危机课题，需要科学地应变以解决上述问题，适应国际内外局势的变化。通过分析目前国际竞争的焦点问题不难发现，未来国家的综合国力竞争将重点体现在科技能力上，无论是科学城的建立，还是制定科技创新发展的有效路径，科学技术政策都是国家宏观战略的基础。因此，应结合不同时代背景来借鉴各国的经验，以提高我国综合科技创新实力。

参考文献

薛澜：《中国科技创新政策40年的回顾与反思》，《科学学研究》2018年第12期。

薛澜：《中国科技发展与政策1978－2018》，社会科学文献出版社，2018。

吴金希、孙蕊等：《科技治理体系现代化：概念、特征与挑战》，《科学学与科学技术管理》2015年第8期。

吴金希：《发展国家战略科技力量要高度重视产业共性技术研究院建设》，《科技导报》2021年第4期。

吴金希：《以创新为支撑建设科技强国》，《科技传播》2020年第12期。

孙蕊、吴金希：《中国创新政策演变过程及周期性规律》，《科学学与科学技术管理》2016年第3期。

杨继明、冯俊文：《从创新治理视角看我国科技宏观管理体制改革走向》，《科技进步与对策》2013年第3期。

李瑶：《政府和市场在科技资源配置中的协同机制分析》，《中国市场》2014年第26期。

曾婧婧、钟书华：《科技治理的模式：一种国际及国内视角》，《科学管理研究》2011年第1期。

曾婧婧、钟书华：《论科技治理工具》，《科学学研究》2011年第6期。

中国科学技术发展战略研究院：《在改革开放中成长——中国科技进步对世界的贡

献与全球科技创新治理建议》，http：//www. casted. org. cn/channel/newsinfo/7131，2018年9月6日。

邓伟志：《社会学辞典》，上海辞书出版社，2009。

藤原京子、邓奕：《日本：筑波科学城》，《北京规划建设》2021年第1期。

〔日〕日本学術会議日本の展望委員会提言《日本の展望——学術からの提言2020》，2020年4月5日。

〔日〕有本建男、佐藤靖、松尾敬子著《科学的助言21世紀の科学技術と政策形成》，東京大学出版会，2016。

Atzori M. ，"Blockchain Technology and Decentralized Governance：Is the State still Necessary?" *Journal of Governance and Regulation*，2017，6（1）.

Fagerberg J. ，"Mission Impossible? The Role of Innovation（and Innovation Policy）in Supporting Structural Change & Sustainability Transitions，" Working Papers on Innovation Studies，2018.

Kern F. ，"Using the Multi-level Perspective on Socio-technical Transitions to Assess Innovation Policy，" *Technological Forecasting & Social Change*，2012，79（2）.

文化中心建设

基于文化视角的国内城市中轴线空间形态与功能研究

陈　镭　李建盛*

摘　要：中国城市的传统中轴线主要形成于封建社会晚期，当时的理想模式是按照礼制文化要求进行中心城区的空间布局，北京中轴线是这一城市规划模式达到顶峰的体现。国内城市中轴线可以概括为以传统礼制模式、南北通衢模式、混合模式、当代模式和异质文化模式为主导的五种空间和文化形态。不同空间形态的中轴线体现了不同的城市空间和文化功能，它们是城市文脉的历史构建，也是城市空间和文化形态的最突出体现。在国内众多传统城市中轴线中，北京城市中轴线的长度最长、绵延时间最长、形态和功能分区最完备，最能体现深刻的中国传统文化观念，包含最为丰富深刻的文化内涵，也最能展示和彰显城市的古都风韵和文化气度。

关键词：中轴线　城市形态　空间模式　文化功能

中轴线在全世界很多地区的城市规划中都有体现，但很少有城市像

* 陈镭，北京市社会科学院文化研究所助理研究员，博士，首都文化发展研究中心专职研究员；李建盛，北京外国语大学中文学院教授，博士生导师。

古代中国这样把轴线规划发展成一种适用于各种空间尺度的礼制观念，从国都到州府、县城和各种纪念性建筑群。这种空间布局的传统绵延至今，经过发展变化之后仍然为很多城市的规划建设者所选用。尽管大多数中国城市的中轴线都出自同一个文化传统，存在许多共性，但它们的地理条件和历史机遇不同，在演进过程中形成了不同特点。本文以北京、西安、南京、成都、广州、深圳、大连七城市的中轴线为研究对象，从文化因素角度探讨它们的形态与功能演化，把传统中轴线总结为几个主要类型：传统礼制模式（北京、成都）、南北通衢模式（西安、南京）、混合模式（广州）、当代模式（深圳）、异质文化模式（大连）。通过这些比较分析可以看到北京中轴线所包含的具有普遍性的文化价值，也可以看到传统中轴线自近现代以来的发展演变和价值呈现。

一　传统礼制模式的中轴线

中国城市的传统中轴线主要形成于封建社会晚期即元明清三朝，更早的城市中轴线大多退居普通街道之列或彻底消失。这一时期城市规划的理想模式是按照礼制文化要求进行中心城区的空间布局，以皇宫、藩王府、地方行政中心的建筑轴线作为全城中轴线，围绕中心城区作同心圆式的拓展，北京城是这一营造模式的顶峰。由于各城市的地形条件、历史基础、功能定位不同，这一理想模式常常不能充分实现，出现了许多亚形态，如内城方正、外城倾斜的成都府。

（一）北京：传统中轴线营造模式的顶峰

在北京中轴线出现之前，中国历史上已经有汉唐长安城等围绕中轴线布局的宏大都城，北京中轴线在传统都城营造模式的基础上，通过一系列的调整变革，在建筑文化上把礼制观念推到了顶峰，也使北京成为城市层级体系的塔尖。北京中轴线始建于忽必烈至元四年（1267），明北京城相对于元大都有三方面的重要调整：一是城墙三次移动。明初出于军事考虑把城市的北垣向南平移了2.8公里，拆除健德门、安贞门，在同一条子午线上兴建德胜门和安定门；明成祖朱棣迁都前一年(1420)，南垣被推进到现在的正阳门；嘉靖三十二年（1553）又修筑了外城，设左安门、右安门和正南方向的永定门。城墙整体南移的结果是，在皇宫位置变化不大的情况下，把原本处于南部的宫城方位变为居中偏北（见图1)，中轴线长度拉长，呈现出“北收南展”的特征，商业区也从积水潭转移到城南，大大提升了中轴线南段的功能和意义。

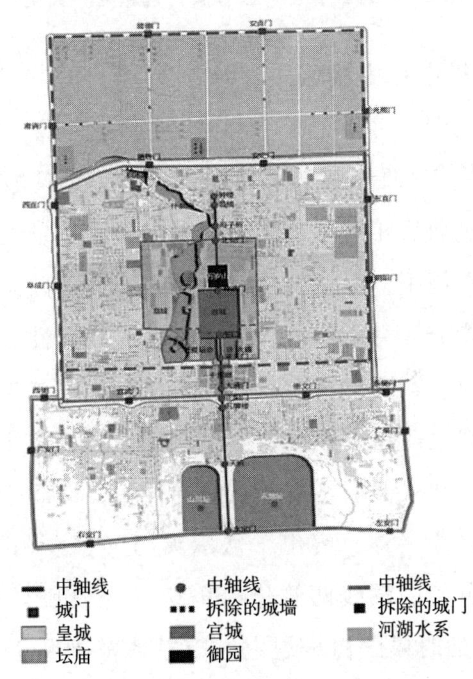

图1　明代北京城与元大都空间布局的关系

二是重要建筑在中轴线的集聚程度提高。元代宫城的轴线上有大明殿、延春阁，两组建筑相隔较远，中间有一条贯穿东西的御道将它们隔开。此外在太液池（北海和中海）西面还有隆福宫、兴圣宫、太子宫组成的宫殿群，整个皇城布局实际上是以湖泊作为天然轴线。而明代皇

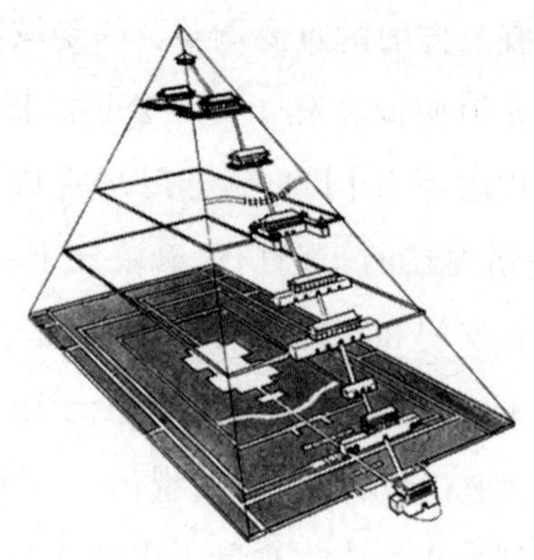

图 2　中轴线长度可以理解为宫殿的“高度”

城的重要建筑都集中在中轴线上，恢复了周礼的“三朝五门”制度，即天子、诸侯都设置三座举行不同类型朝会的宫殿，天子都城设五重门，诸侯三重门①。参照南京皇宫的样式建造了紫禁城的外朝三殿、内庭三宫，这些建筑前后相继、距离紧凑地分布在中轴线上，太后等人居住的寝宫也收拢在周围，皇城内没有贯穿东西的道路。

三是周边功能分区突出中轴线的中心性、约束性。元代太液池及西面区域在明代变成皇家园林西苑，并开凿南海把宫城与这部分区域彻底分隔开。朱棣迁都之前在中轴线两侧按照周礼《考工记》“左祖右社”的要求布置了太庙和社稷坛。由于南海的开凿，这部分宫城前的祭祀区在视觉上与宫城连为一体，突出了从承天门（天安门）到午门这段御道的意义。还在更远的轴线两侧建山川坛（先农坛）和天地坛，实际上在 1421 年迁都的时候已初步划定城市总体范围和 7.8 公里的轴线长度，嘉靖年间修筑外城的时候把两坛包围在城内。

明北京城在过往的礼制模式都城规划基础上更进了一步。明代立国之初陆续建设了南京城、凤阳中都和各地的藩王府，其规划模式已经非常成熟，在北京城的运用是一次更加全面深刻的展现。北京城经过这次

① 郑玄：《礼记正义（中）》，上海古籍出版社，2008。

调整改造之后，虽然街道宽度不及唐长安城的朱雀大街，但中轴线总长度已经与后者很接近。核心建筑物在中轴线上的集聚程度比唐长安城更甚，整个建筑序列“摆脱道路的单一景色”“呈现出一种极为完整的节奏感”①，而唐长安在城外和城东另有宫殿，没有集中在中轴线上。北京城使用了宫城、皇城、京城的同心圆式三重城垣结构，也比长安的宫城、皇城平行布局更能凸显中心区地位。

北京中轴线在历史上的功能首先是文化和政治功能，集中体现了中国传统礼制文化与全国城市的等级秩序，从象征意义上巩固了政治合法性。它发挥的功能在中国古代城市的中轴线里有很强的代表性和示范性。

从文化功能看，中轴线以空间规划的方式体现出“天人合一”思想，参与了当时主流的社会价值体系构建。对天人之际的理解程度是中国古代判断哲学家、文学家、政治家、史家、兵家、建筑师等社会角色能力高低的重要标准。中轴线因其延伸的长度，形成了一条从人间上升到离天最近处的阶梯。华裔艺术史家、建筑史家吴讷孙（Nelson Ikon Wu）在《中印建筑》（1962）中提出过一个故宫“金字塔”模型（见图 2），“故宫台基的高度不能与汉代宫殿陡峭的平台相提并论，然而通向这一高潮的是长长的南大街，其长度应当理解为高度”②。吴讷孙构想的城市“金字塔”顶端不是太和殿，而是规模较小、供皇帝一人独处静思的中和殿。北京中轴线宫殿群里只有中和殿和天坛祈年殿是圆顶，寓意为“天圆地方”，中和殿靠北一点正好是紫禁城的中心位置，殿名取自《礼记·中庸》“中也者，天下之大本也。和也者，天下之达道也。致中和，天地位焉，万物育焉”③。天子举行各类祭祀、仪典之

---

① 李允鉌：《华夏意匠：中国古典建筑设计原理分析》，天津大学出版社，2014。

② Nelson Ikon Wu, “Chinese and Indian Architecture: The City of Man, the Mountain of God, and the Realm of the Immortal,” George Braziller, 1963.

③ 郑玄：《礼记正义（下）》，上海古籍出版社，2008。

前，一般都要在中和殿阅读祭文和接受官员奏事。中和殿的圆顶和其他大殿内顶部的圆形藻井，都代表上天的监督。

中轴线是引导人们完成仪式的唯一路径，通过拉长中轴线距离来获得仪式的时间性。无论是觐见者前往皇宫面圣，还是皇帝在三大殿举行各类仪典、前往南部的庙坛祭祀都有较长的仪式过程，不断强化参与者的神圣感。北京中轴线上安排了复杂的建筑序列，自康熙以后从永定门到举行日常朝会的乾清门，要经过外城四门（永定门、箭楼、正阳门、大清门）和天子五门（天安门、端门、午门、太和门、乾清门）一共九重门，用重重宫门、宫墙和宫殿形成的封闭空间来延缓整个仪式化过程，凸显宫殿主人的权威。

从政治功能看，“天人合一”观念在政治生活中的体现即是建立了一种权力分配方式。正如故宫金字塔模型所显示的，帝王被认为是受命于天的天子、人间正常秩序最大的责任人，他的合法性与统治力是从上天获得的，并自上而下逐级分享这种权力，城市中轴线也相应地有了自上而下的等级秩序。进入这条中轴线的不同位置、不同建筑，即意味着不同的社会等级。清代宫城、皇城、内城、外城的居住者分别对应了帝王妃嫔、贵族官员、八旗子弟和普通汉人。

中轴线长度和相关建筑的规制也反映了古代中国的城市层级。跟北京的空间格局一样，全国上下是一个从国都到州府、县城的金字塔式层级体系，大大小小的城市也有自身的层级结构。学者朱剑飞有类似的比喻：“帝国的整体就可以被描述为一座大山，它包括同时又依托于不同层级的大片的高地。在这个框架的逻辑中，每一个治所都是一个高地，城市在整个等级体系中的层级越高，地形就变得越垂直，因为它涉及更多的层级。”① 明代在建国之初就对藩王的王府规制有明确规定，宫殿、花园、宗庙、社稷坛等各类功能性建筑都比照北京城的规模缩小尺寸，

① 朱剑飞：《中国空间策略：帝都北京（1420－1911）》，诸葛净译，三联书店，2017。

房屋数量相应减少，围绕藩王府建造的内外城也缩小了整体规模，地方州府的城市中轴线长度都比京城要短。

因此，礼制文化兼具文化与政治功能，既是一种社会文化思想，在政治上又是一种权力分配方式。正如许倬云先生分析西周社会时谈到的，礼制文化代替了王朝更替之初的武力征服，使社会内部秩序更稳定，社会各阶层都有明确的权利与义务，一定程度上减少了内部的冲突与竞争①。与此同时，天子权力并非不受限制，而是要顺应天道、施行德政，否则会动摇其统治甚至王朝覆灭，天道对于帝王和臣民而言，兼具了超越性的宗教意义和内在性的道德意义。

北京传统中轴线也有一定的交通和经济功能。交通功能主要体现在皇城北大街（地安门外大街）这一段道路，中轴线南段的内城部分不是公共道路，外城部分相对狭窄。周边功能分区从经济需要出发进行了适当变通，没有完全照搬周礼《考工记》“前朝后市”原则，元末积水潭上游的河道堵塞、航运逐渐中断，明代进行了“市南宫北”的布局，把最大的综合商业区设在了正阳门外。

新中国成立以后，封建王朝的等级秩序和相关的空间分配不复存在，天安门广场变成开放式的城市公共空间，紫禁城变成故宫博物院，祭祀用的庙坛和皇家园林都变成城市中心区宝贵的公园。在当代城市发展中，北京中轴线主要发挥文化服务、文化旅游和国际交往功能。中轴线的时代精神从皇权至上转变为人民至上，但包括故宫在内的北京中轴线仍然是中国传统文化最具代表性的见证者和象征物，传统文化思想中的天圆地方、坐北朝南、背山面水、负阴抱阳等空间理念一定程度上仍在中国人生活中发挥作用。

当代北京中轴线仍不具备南北交通主干道作用，但有一定的经济功能。中轴线是北京最重要的文化景观带，体现着北京的全国文化中

---

① 许倬云：《西周史》（增补二版），三联书店，2012。

心城市地位。由于城市中心位置有庞大的历史建筑群和国家标志性公共设施，中轴线上难形成贯通南北的道路。清代后期官府控制力减弱之后，南北两段街道被私人房屋侵占情况严重，导致中轴线上的道路越来越窄，在当代城市建设中要拓宽成主干道有很大难度。目前，城市交通主轴的功能更多由新中国成立后兴建的长安街和中轴线的南北延长线来承担。北京中轴线及周边地区有烟袋斜街、南锣鼓巷、北京坊、大栅栏、前门大街等几处商业步行街，为文化旅游提供了购物、休闲、娱乐等服务。

（二）成都：传统礼制中轴线的亚形态

成都老城区是围绕明代藩王府的中轴线建设起来的，整体呈现出“外斜内方”的空间形态（见图3），内城街道是方正的网格化布局，外

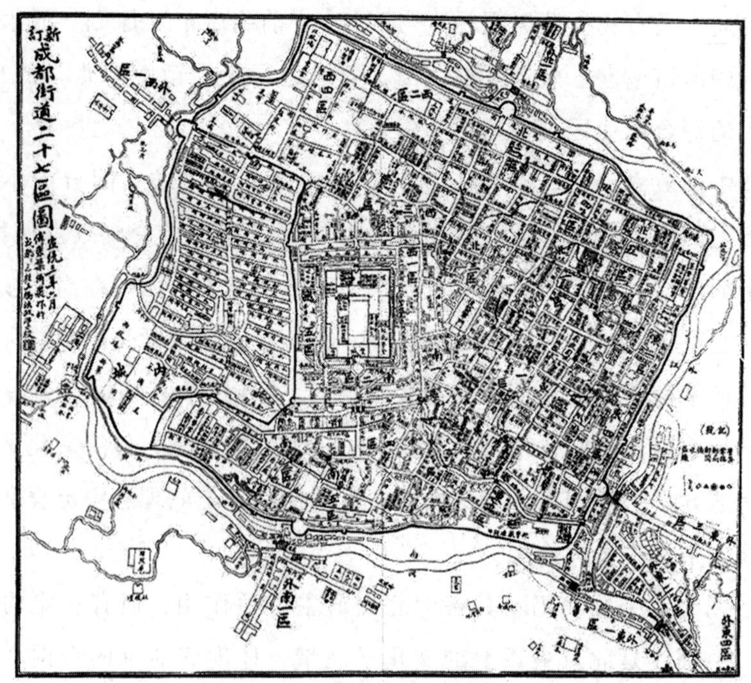

图3　清宣统时期的成都街道图

资料来源：林孔翼：《成都竹枝词》，四川人民出版社，1986。

城街道顺应自然条件作西北—东南走向的布局。这是传统礼制模式的一种亚形态，也有很强的典型意义，反映出中国封建社会的晚期，政治和文化因素对城市空间结构的影响是第一位的，决定了贵族、官员和中等阶层居住的城市核心区的形态，地形和经济需求的影响处于次要位置，后两种因素在底层人居住的外城、外郭表现得更明显。

成都公元前12世纪已经建城，在很长时期内都是依照地形进行城市规划。秦蜀郡太守李冰分岷江水入成都平原，开凿了检江、郫江作为护城河和供灌溉、交通之用。两河都是西北—东南流向，此后多个朝代的城市规划都依据了这一地理条件进行街道布局，主干道往往与正南正北向成30度角，与河流的方向正相交，全城没有形成方正的几何图形，但按照内城外郭的模式先后建设了大城、少城、罗城、子城、牙城、羊马城等不同范围和功能的城区。

明洪武十八年（1385），朱元璋依据明王府规制为蜀王朱椿建造了蜀王府，后者此时14岁尚未就藩。朱元璋认为成都府对西部少数民族地区有震慑作用，王府要建得富丽堂皇，“羌戎所瞻仰，非壮丽无以示威”[①]。王府的地基设在隋代蜀王杨秀建造的大型园林摩珂池上，填埋了大半个水域，隋代王府在摩珂池以东，这一位置关系显示出，隋唐宋元时期的城市中心并不在今天的市中心位置，明代城市规划才对成都中轴线的形成有决定性意义。蜀王的宫城占地约570亩、耗资巨大，规模在明代藩王府里是最高一级。清顺治三年（1646），割据势力张献忠逃离成都时焚毁了内城大部分建筑，直到顺治十六年（1659）才建成新的官署并重修外城。成都中心城区在清代丧失了原有的大部分功能，只在王府原址建起一座规模较大的贡院。八旗军在外城西南部建立“满城”，把回族移民安排在贡院以南居住，起到满汉隔离作用，放牧的牛羊晚上都赶回

① 四川省文史研究馆：《成都城坊古迹考》，成都时代出版社，2006。

市中心的空地[1]。贡院在清末停止科举后关闭，20 世纪 30 年代后期变为贫民居住地。

成都城中轴线的空间布局与北京中轴线十分相似，内城从南至北形成了端礼门—承运门—承运殿—圜殿—存心殿—王宫门—寝宫—广智门的轴线，这些建筑的名称基本都是明代王府的通用称谓。中轴线周围的宗庙、社稷坛等功能建筑均按照周礼《考工记》“左祖右社”等规制来布置，中轴线南段长于北段，正南向的端礼门上有高大城楼。全城有内、中、外三重同心圆式城垣结构，清代外城周长 12.5 公里，略多于西安城墙的周长。与北京全城的网格化布局不同的是，成都外城的街道都是西北—东南走向，跟两条河流的走向保持一致，因此中轴线上的街道从城中心向南北各延伸约 1 公里后改变方向。

成都中轴线在历史上具有礼制文化意义，发挥过重要的政治、文化功能。由于中心城区在王朝更替时衰落，中轴线的作用只在明代体现得比较充分。这条轴线在历史上也有一定的交通作用，但不如西安等城市的中轴线明显。作为御道的中轴线南段在清代变为三条普通街道：贡院街、三桥正街、三桥南街，周边是普通民居，街道秩序和路况一度很差。

成都中轴线的当代功能是城市发展轴和交通主干道，同时具有很强的文化服务功能，政治功能自改革开放以来逐渐弱化。新中国成立之初，成都市区的改造也跟北京有相似之处，类似天安门城楼的端礼门城楼一度成为观礼台，南面有小型广场。从 1955 年开始拓宽中轴线道路，此后又拆除城楼，在中心位置兴建了地标建筑四川展览馆（今四川科技馆）和毛主席像，外城围绕中心城区进行环状扩展。新中国成立初期的成都市领导力主把传统中轴线改造成和巴黎等欧洲都市一样的宽阔大街，最终建成的人民南路宽度为 64 米。副市长李劼人既是小说家又

① 李劼人：《李劼人选集（第五卷）》，四川人民出版社，1986。

是历史文化学者，曾致力于成都城市史研究。他在当时就解释过人民南路的政治和文化意义，“它是中轴线上的通衢，它也是人民集会的广场。今天看来，它是何等壮阔，足以表现新社会人民的雄伟胸襟”①。当代成都中轴线除南北延伸外，城市功能逐渐偏向文化服务和文化旅游，在中心位置建成天府广场，还有四川省图书馆、四川科技馆、成都博物馆、四川大剧院、锦城艺术宫、成都体育中心、四川美术馆等大型文化设施。近年来的成都体育中心改造项目等工程带动了考古发掘，市中心位置的摩珂池、宣华苑等唐宋遗址陆续浮出地表，中轴线核心区域在新的城市规划中被定位为建设世界级的城市文化综合体。

（三）礼制模式中轴线的形态与功能演变

礼制模式的中轴线在中心位置通常有封闭式的大型建筑群，在当代城市建设中有弊有利，需要结合城市定位进行扬长避短的改造。其不利的一面在于，大型建筑群形成了交通上的堵塞点，中轴线南段的道路曾经有礼制文化功能，在古代的交通运输作用不甚明显，再加上私人房屋侵占街道等历史因素，在当代城市建设中的改造难度比较大。北京传统中轴线上的街道并非南北贯通的主干道，在交通上的作用无法与巴黎香榭丽舍大街这样宽阔的中轴线相比。成都中轴线属于同一模式，但由于其历史建筑在明末毁坏，清代没有大规模重建，当代的改造相对容易，成都中轴线的南段也很早就改造为宽阔的交通主轴。

礼制模式中轴线的优势则在于，核心位置的历史建筑是城市发展重要的文化资本。新中国成立之初，为体现人民当家做主的时代精神，往往把中轴线的历史建筑改造为行政中心、中央广场，强化了城市中心区的地位，也形成层次丰富的文化景观带。在城市发展模式转变、行政中心搬迁到郊区之后，中轴线的功能大多聚焦在文化服务、文化旅游、国

① 李劼人：《李劼人选集（第五卷）》，四川人民出版社，1986。

际交往等方面，这些历史建筑、纪念碑式的建筑、文化景观带赋予一座城市鲜明的特色，为城市转型发展提供了便利。

二 南北通衢模式的中轴线

中国古代城市的另一大类型是礼制建筑、行政中心没有位于城市中轴线上，而设在新城区的中心位置，整座城市的中轴线是旧城区内一条南北向的大道，在旧城的南北侧门之间形成通路，明西安城即是这类城市的代表。不仅如此，不同朝代的礼制建筑、行政中心的中轴线都有可能作为街道保留下来，在一座城市中并存，如南京城的“卅”字形空间布局。这两种现象表明，传统礼制中轴线看似龙脉所在和占据中心位置，本质上却是天人沟通的一种信息图，其位置并不固定，并非几何学和地理意义上的绝对中心点。南北通衢模式的城市中轴线在交通运输、经济发展方面发挥了重要作用。

（一）西安：新旧城并立产生的交通轴

西安有 3100 年的建城史，城市中轴线多次发生变化，目前的城市格局是由明代王城规划建立起来的，但中轴线没有在秦王府轴线上，是古代新旧城区并立的产物。古代城市在发展过程中有时会出现双城并立甚至三城并立的现象，即在旧城一侧建设规模较大的新城。这种拓展模式不同于传统的“内城外郭”，新城不是为了军事防御或官民分治、容纳更多底层人口而建，新城内有政府机构和重要公共建筑。出现双城并立的原因大多是经历战争、迁都、朝代更替之后，旧城建筑毁损严重，不能发挥原有的城市功能，实施改造重建的难度较大，因此先在周边建设新城区成为相对便捷的城市复兴手段。也有一些城市的双城并立是因为民族隔离或相邻两个行政区选择了同一地域来建设自己的治所。

明西安城是唐长安城衰落多年以后城市复兴的产物，中轴线是新旧两城区的分界线和南北交通干道。新旧城区共用了同一城墙，不属于严格意义上的双城。这条中轴线最初是唐代皇城内偏东位置的一条次级道路“安上门街”，两侧是六部的办公地点。长安中心偏北的位置有平行布局的宫城和皇城，唐末被割据势力朱温毁弃，另一割据势力韩建为了便于据守，把城墙压缩到皇城范围，面积只有长安的十六分之一，历史上称“新城”，此后又在东西方向另筑两座小城作为县治所，整座城市由三个分散的小城组成。这一时期，长安中轴线朱雀大街逐渐衰落，朱雀门关闭，出入城区的主干道变成皇城东部的安上门街，北起东宫南墙，南至安上门。直到明洪武七年（1374），西安城才开始真正地重建，以这条交通要道为轴，把韩建所筑“新城”向东、北两个方向扩展，并修筑了一圈11.7公里周长的城墙。在东北方位兴建了藩王朱樉的秦王府，形态类似南京皇宫，也属于明代藩王府里规模最大的一级。在安上门街的北端新建一道安远门，安上门成为整座城市正南方位的大门，即今天西安中轴线上的永宁门。

西安城中轴线的空间布局与北京城有明显差异，不是由宫殿中轴线南北延伸形成，而是利用了唐代保留下来的交通要道，它的长度即南北两门之间的距离加南北关厢（城门外的商业综合区，另筑有一道外墙）的长度，接近4.7公里。与此同时，秦王府也有内外城和宗庙、社稷坛等功能性建筑，可以说东城才是围绕宫殿轴线发展起来的，这条线的实体即今天陕西省政府门前的南新街。西安四个方向的关厢以东关面积最大、人口最密集、商品交易最频繁，是西安重要的经济活动区，反映出向东发展是当时的主要方向。清代西安城的空间布局变化不大，八旗军的将军府设在原秦王府位置，跟同时期很多地方一样圈地驱民、驻扎军队，形成了“满城”这一城中城。西城为行政综合区，有官署、贡院、仓库、鼓楼等设施，商业更为发达；东城为军事综合区，有校场、军械物资存放地、随军家属区等，这部分区域迁出的汉人大多居住在东关小城内。

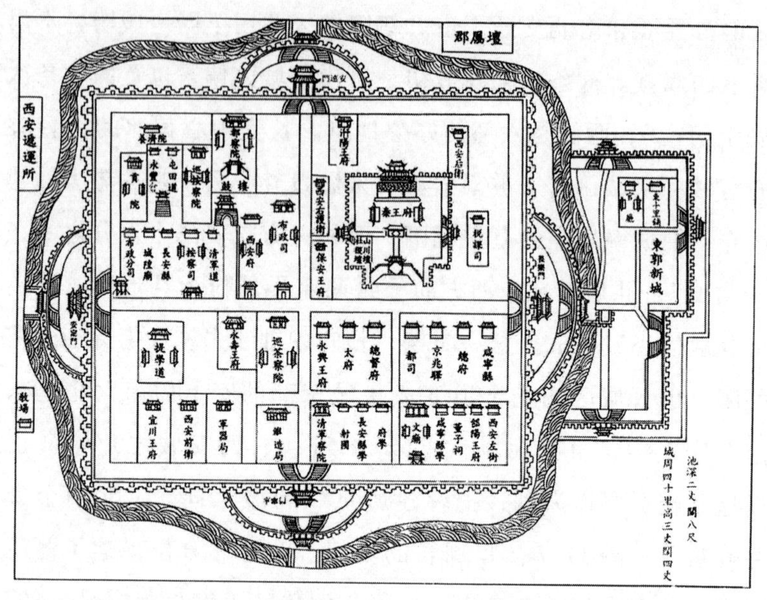

图 4 明嘉靖时期的陕西省城图

资料来源：陕西省地方志编纂委员会编《陕西省志第三十九卷 测绘志》，西安地图出版社，1992。

西安中轴线的历史功能主要是交通运输和作为城市规划的坐标轴。从历史沿革和南北贯通的形态可以看出它没有传统中轴线的礼制文化意义，政治、文化的功能相对较弱。西安中轴线上的重要建筑不多，除南北门外唯一的地标建筑钟楼是明朝建立两百年后从西大街迁移过来的，成为东西、南北主干道的交会点。明清的西安府是西北地区军事重镇，城市规划史专家贺业钜先生认为西安的规划不同于一般省会城市的规划，城市功能偏重于军事防御，经济活动区规模不大且分散，客观上也反映出了西北地区经济发展缓慢①。

西安的历史轴线在当代改造之后继续发挥交通主干道和城市发展轴的功能，同时也是一条景观轴。跟北京、成都的情况一样，西安中轴线上的南大街、北大街在明清时期也存在被私人侵占街道的现象，南大街

① 贺业钜：《中国古代城市规划史》，中国建筑工业出版社，1996。

最窄的地方只有6米多，与城门洞的宽度相近①，民国时期把南大街扩展为20米，北大街扩展为25米②。这条历史轴线直到改革开放以后才进行了彻底改造，今天的街道宽度为60米，同时加强了街道两侧立面的整饬、绿化和景观营造，使得整个中轴线大道显得雄壮、整洁、繁华，展现了当代西安的城市新形象。

（二）南京：多次规划叠合的“卅”字形结构

南京的城市空间形态是经过多次规划叠合、层积而成，中轴线结构较为复杂。目前的中轴线以民国时期建设的中山路、中央路为基础；东侧还有两条较短的历史轴线：一条是六朝和南唐都城的中轴线，另一条是明代皇城中轴线，目前都是普通街道。而中山东路构成了城市的东西轴线。这些轴线是不同历史时期规划建设的产物，总体上形成了“卅”字形的空间结构。中山路、中央路与另两条历史轴线平行，中山东路与明代皇城的东华门、西华门之间的东西轴线重合。

南京在历史上做过东吴、东晋和南朝的宋、齐、梁、陈的都城，此后又成为五代南唐和明朝的国都。明以前的城区主要建设在秦淮河与玄武湖之间，背靠鸡笼山，中轴线是今天的太平北路至中华路。由于南唐旧城在元代已变为居民区，明朝建立之后于旧城东侧另辟新区，兴建了皇城、宫城，中轴线在今天御道街的一带，把皇城东北方位的钟山作为帝陵区，同时在旧城西侧、东吴时期的要塞石头城以北建设了军事区。新城建设自明洪武二年（1369）始，京城的城墙周长35.3公里，又在洪武二十三年（1390）完成一圈外郭的建设，全城周长约60公里，目前是全世界规模最大、最长、保存最完好的古代城垣体系。南京城有一条南北向的“北门桥街”，北起神策门、南至北门桥，连接西北部的军

① 黄士桢：《南大街今昔》，《碑林文史资料第8辑》，中国人民政治协商会议陕西省西安市委员会文史资料研究委员会内刊，1993年12月。

② 西安市地方志编纂委员会：《西安市志　第二卷·城市基础设施》，西安出版社，2003。

营和中部商业区①，这条路未能与南唐旧城的御道接驳，但在城市西北部发挥主干道作用，为后来中央路等主干道的建设打下了基础。国民政府定都南京的第二年（1928），为从北平迎回孙中山先生灵榇到中山陵，专门修筑了一条宽 40 米、长达 12 公里的柏油马路，成为国内第一条现代城市主干道“中山大道”，以鼓楼、新街口为节点，分出中山北路、中山路和中山东路。三十年代相继建成北面的中央路和南面的中山南路，和中山路一同形成南京的城市中轴线。

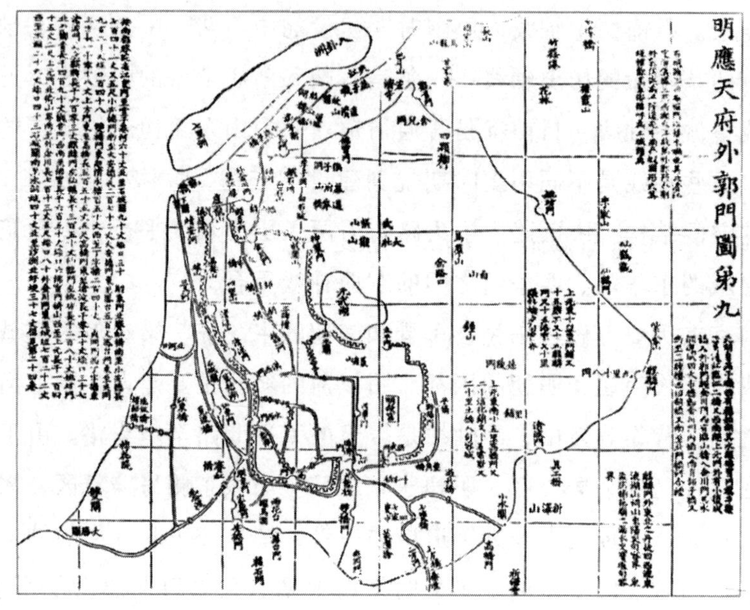

图 5　明应天府外郭门图

资料来源：朱炳贵：《老地图 · 南京旧影》，南京出版社，2014。

明南京城的空间布局受礼制文化、地理条件、历史因素的多重影响，不同范围城区各有实际上的中轴线。全城形成了宫城、皇城、京城、外郭的四重同心圆式结构，前两重城墙形态方正，后两重城墙不规

① 南京市地方志编纂委员会：《南京市政建设志》，海天出版社，1994。

则，外郭把今天的钟山、雨花台、幕府山等山地都包含在内。从最外围城墙来看，南京全城的中轴线即是明皇宫的轴线，依据周礼《考工记》“左祖右社”等要求布置了各种功能建筑，这一规划模式也影响了各地藩王府建设和后来北京城的改造。但从小一圈的京城范围看，宫殿区坐落在京城东部，与西安城的拓展有相似之处：京城实际上的规划轴心是南唐旧城的御道，明代在旧城的西北和东侧都开辟了新区，是相对松散的多中心布局，依靠不规则的城墙把几个部分整合在一起。它与西安城的区别在于，后者是对称式的“延展”，南京城是在放大了的区域里进行规划“叠合”，近现代、六朝至南唐、明代三个时期的中轴线自西向东组成“卅”字形结构。

南京城三条轴线的历史功能有所差别。六朝至南唐的这条轴线最初是宫城中轴线，后来成为明代京城几个功能区在规划意义上的坐标轴，这条前朝御道在明清时期变为繁华的商业街，所在区域是秦淮河两岸的经济综合区。东部皇城的轴线按照礼制要求建立，具有重要的政治文化功能。民国时期打造的中轴线也有其历史基础，北门桥街在明代的军事区发挥过交通作用，串联起南北两个半城，民国兴建的中山大道则把近现代兴起的下关码头区与中心城区联系起来，也有重要的政治意义，周边分布行政机构和公共设施，改变了南京原有的城市空间格局，代表着国民政府形象。这条现代主干道被命名为“中山路”也是政治信仰的表达，是民族谋求独立自主道路的一种象征。

南京中轴线在当代仍然发挥着城市主干道、发展轴的功能。中轴线街道在新中国成立之初进行了拓宽，此后多次改扩建和延伸。道路沿线有明清时期的鼓楼、大钟亭、玄武门等历史文化遗存和众多近现代历史建筑，有新街口等全国闻名的商业街、步行街，也是一条文化景观轴，对城市整体发展有重要作用。总体而言，南京中轴线是一条南北通衢的多功能复合型轴线。

（三）南北通衢中轴线的文化成因

南北通衢的传统中轴线通常是古代城市内部偏离中心位置的一条大道，这条街道在建设之初基本没有设置礼制建筑、行政中心，专注于交通运输、城市发展的功能，在朝代更替、拓展新城之后才变成更大范围城区的中轴线。唐长安城的安上门街在明代变为西安城的中轴线，明南京城的北门桥街一带在民国时期变成中央路、中山路，升级为现代的城市中轴线。

中国古代统治者和城市规划师不喜欢开都城的正北门，以免造成“泄气”，因此正南、正北方向上无通路，侧门反而有通路，这是中国城市特有的一种文化现象，体现了礼制观念与风水学观念相结合的规划思路。巴黎中轴线上也有宫殿群，主干道从两侧绕行形成交通环岛，再贯穿全城，对形成通路没有禁忌。美国汉学家芮沃寿（Arthur Frederick Wright）认为中国都城不开北门是担心“暴露中轴受阴气之袭”，华裔地理学家章生道（Sen-dou chang）认为中国城市不喜欢在两门之间形成毫无阻碍的通路，其原因是多方面的：出于军事防御目的，大部分地区的入侵者是从北面来的；民间迷信认为鬼走直路或妖魔从北方来等。[①]从西安城在隋唐、明清两个时期的差别来看，外城是否设置正北门进而形成南北通衢，要视礼制建筑的位置而定，判断标准是会不会“泄王气”，这更多是出于风水上的考虑而非军事目的或鬼神观念。隋唐长安城的宫城紧靠着北垣，最重要的北门是玄武门，不在正北方位上。与宫城平行、更靠近城内的皇城也不开北门，因此无南北贯通的道路。宋代史地学家宋敏求的《长安志》对此解释说，“每坊但开东西二门，中有横街而已。盖以在宫城直南，不欲开北街泄气以冲城阙”[②]。明代宫城

① 芮沃寿：《中国城市的宇宙论》，载施坚雅主编《中华帝国晚期的城市》，中华书局，2000。

② 宋敏求、李好文：《长安志·长安志图》，三秦出版社，2013。

普遍有正北门，外城则要视情况而定。北京的宫城有神武门，皇城有北安门（地安门），外围城墙没有正北门。秦王府在西安东部，不会因为中轴线的主干道而“泄气”，因此西安外城也有高大的正北门即安远门。古代城市还有很多辅助手段来避免“泄气”，有的地方只有“丁”字形路网，核心建筑的北面无路，或在南面设一条“丄”字形街道，成都即是如此。

这种文化观念揭示出，如果中国城市的传统中轴线是一条南北通衢的大路，那么它的历史往往要追溯到比目前的城市格局形成年代更早的某个朝代。周礼《考工记》记录的王城布局模式是“匠人营国。方九里，旁三门。国中九经九纬，经涂九轨。左祖右社，前朝后市，市朝一夫”[①]，其中“九经九纬”是指城内有东西、南北向的大路各三条，每条大路又有三道（参见《考工记》里的王城图[②]）。南北通衢模式的中轴线往往是前朝都城的南北侧门之间的通路之一。这种模式利用了前朝交通要道、没有用礼制文化原则来决定全城的总布局，并非古代都城的理想模式，在边防城市和地方小县城中出现得更多一些，西安在失去国都地位之后负担起更多的军事功能，就采用了这样的布局形式。

这类中轴线上基本没有堵塞点，有利于现代的城市改造。即使没有礼制建筑，古代规划设计者也喜欢在南北通衢的大道上制造一些地标性的节点，像西安城、太原城那样在东西、南北道路相交的十字路口安排一座钟楼、鼓楼，对交通没有太大妨碍。这类传统中轴线在交通运输、军队集结、经济发展方面发挥过重要作用，其主要功能延续到当代城市发展中。南北通衢的中轴线经过改造、拓宽之后，显得雄壮、直观，增加了文化景观轴功能，形成多功能的复合型轴线。

① 陈戍国点校《周礼》，岳麓书社，1989。

② 戴震：《考工记图》，商务印书馆，1955。

三　礼制与通衢模式混合的带状轴

中国城市的传统轴线中还有一种混合模式，即古代的礼制轴线和交通干道都保留了下来，原来的城区规模较小、两轴相距不远，在当代城市建设中被整合成一条宽阔的带状空间，其典型代表是广州中轴线。广州的建城史很长，传统礼制文化和风水观念在城市规划中都体现得很充分，它还是近现代中国革命的策源地，民国时期有意识地使用传统建筑形式来展现民族形象，因此尽管广州是中国最早开埠的南方城市之一，外来文化对城市规划的影响只是局部的。广州以历史建筑为主体的中轴线和南北通衢的大道相距不远，使得广州形成了类似华盛顿中轴线的带状轴，城市功能比后者更加复杂多元。

广州在秦末和唐末短暂充当过小国的都城，此外大多数时期是地方行政治所的所在地，只有汉代的地方行政中心迁移到了广西梧州。宋代以前，广州城区主要是今天越秀区的北京路文化旅游区一带，最早的历史轴线北起越秀山，经洪桥街、正南路、北京路，南至珠江边。宋、明两个朝代的规划奠定了今天广州城的基础。这一时期南方经济繁荣，广州的政治、经济和文化地位都大大提升，城区相应扩展。唐末割据势力南汉的都城在宋初已破败，经过修缮后称为“子城”，又在两侧各修筑了东、西城，三城有城墙隔开，子城是经略使的官署所在地，东城是番禺县署和官员居住区，西城是南海县署和商业综合区。明洪武三年（1370）将三城合为一体，把城北的越秀山包围在新筑的城墙内，洪武十三年（1380）在山上设五层的镇海楼，以此地标为准的轴线相对于南唐轴线往西移动了数百米，嘉靖四十三年（1563）又修筑外郭，整个广州城周长 10.5 公里。清代前期，官署仍设在明代的政治活动区，在南部扩展了翼城。20 世纪二三十年代，民国政府实施系统的城市规划，在镇海楼以南兴建了中山纪念碑、中山纪念堂、市府合署、中央公园等建筑和南北向的维新路（正义路），形成新的城市中轴线。

广州城空间布局跟明南京城有相似之处，都是多次规划叠合而成，曾经有三城并立的情况，南部滨水地带都有商业区，广州城因为没有皇家或王府建筑，整合度要更高一些。广州中轴线的形态特征是形成了一条宽400多米的轴线带，有左、中、右三条长度不等的南北向道路。这条轴线带背靠越秀山、镇海楼，从南至北地势逐渐下降。中心位置由政府行政中心、城市公园和纪念碑式的建筑占据，民国时期兴建的办公建筑不仅采用了传统建筑风格，也在中轴线上对称布局，行政中心南部有一条南北向的起义路，东侧还有一条吉祥路，始建于1920年。带状轴的西侧是一条南北通衢的主干道解放路，全长约5公里。

广州传统中轴线实际上由古代交通干线和近现代行政中心区组成，既有交通运输、经济发展的功能，又有政治和文化功能。解放路所在的位置在明清时期名为“大北直街”，北起大北门、南至归德门和五仙门，延伸到珠江边。这条路与长安的安上门街一样，都是古代城市不开正北门、在北垣的三等分位置设城门之后形成的南北向大路，连接了北部军事区、中部行政区和南部的码头区、商业区。广州虽然没有真正充当过帝都和藩王府，近现代兴建的中山纪念堂、市政府大楼等建筑却堪比古代宫殿群，既是行政中心区也是文化景观带。

广州传统中轴线在当代仍然是多功能的复合型轴线，集行政办公、文化旅游、休闲购物、商务金融等城市功能于一身。原来的行政中心区仍是市政府、市人大、委办局等政治机构所在地。另一条古代历史轴线北京路也发展成为著名步行街，建立了北京路文化旅游区。广州在当代城市建设中还出现了一条新中轴，北起燕岭公园，南至海珠区的南海心沙岛，串联起火车东站、天河体育中心、珠江新城、广州塔等重要节点，这条当代轴线有更明确的城市发展轴定位，因此老中轴线的定位跟北京、成都的传统中轴线一样，越来越倾向于加强文化服务功能。

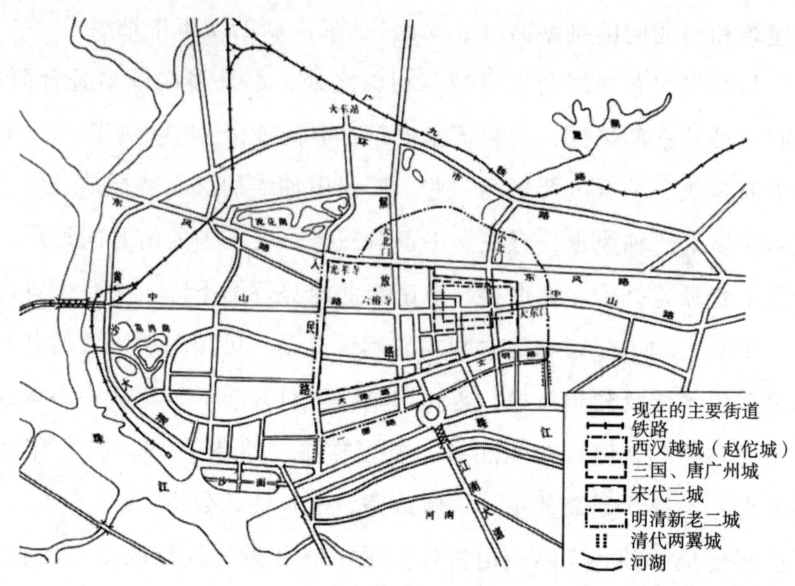

图 6　广州历代城区变迁图

资料来源：广州市规划局、广州市城市建设档案馆、广州建筑师学会编《五羊城脉：1911－1949 广州城市建设》，广东人民出版社，2012。

四　传统轴线模式的当代实践

中国一些新兴城市也采用了轴线居中、对称布局的空间形态，形成了传统轴线的当代模式。深圳是改革开放以后才兴起的以移民为主的新城市，中心城区并不是在古代或近代基础上发展起来的，但它的中心区规划却受到古代建筑理念的很大影响。与此同时，深圳中轴线又吸收了一些华盛顿等国外城市的中轴线景观带设计方法，克服了传统轴线的一些弊端。

深圳地区作为县建制于东晋时期，称宝安县，唐代改名东莞县，明代名为新安县，治所主要在今天深圳西南部的南山区一带，现存的南头古城始建于明洪武二十七年（1394），也有自己的中轴线街道，城外曾有山川坛、社稷坛等功能建筑。19世纪后半叶，香港地区被割让给英国殖民者，与深圳划界分治。1914年，改回宝安的称谓。1979年，国务院同意宝安县升级为深圳市，1986年开始实施第一份深圳经济特区总体规划，确立了福田区的中心位置和功能定位，陆续兴建图书馆、政府大楼、广场、会展中心等设施，形成真正的中轴线。

深圳中轴线的空间形态具有很多传统中轴线的特点。20世纪80年代初启动深圳总体规划的时候，城乡建设部城市规划院和深圳规划局成立了规划组，确立的基本原则是“既要吸取外国的先进技术和新的形式，又要具有中国的风格，建筑要多样化”[①]。此后福田中心区规划也经历了数次修改和调整。目前的福田中心区空间格局的传统特征表现在：首先是靠山环水、对称布局，建筑物在中轴线上从北至南依次排列。最北端是莲花山，山顶有邓小平铜像。中轴线北段还有深圳书城、图书馆、音乐厅、少年宫、当代艺术与城市规划馆等众多文化服务设施，深圳书城居中，其他四大建筑在中轴线两侧对称分布。中轴线的核心位置是包含行政中心在内的深圳市民中心、市民广场，南段是深圳CBD、深圳会展中心建筑群、皇岗公园，中轴线向南一直延伸到深圳湾。

其次，福田中心区的道路系统和网格化空间分配类似周礼《考工记》中理想都城的布局。福田中心区有福中路、深南大道、福华路三条东西向的道路，其中深南大道为全市的东西主轴，还有益田路、金田路两条南北向的道路以及居中的轴线。早在1982年，深圳市规划局邀请国内专家评审特区总规大纲的时候，专家们就认为福田中心区不宜采用同心圆式的放射状道路系统，不利于交通疏散，建议仍采用网格状的道路系统，最终形成了中心城区的方正格局（参见福田中心区规划地块图[②]）。福田中心区的道路系统是对《考工记》“九经九纬”模式的

① 袁镜身：《城乡规划建筑纪实录》，中国建筑工业出版社，1996。

② 陈一新：《深圳福田中心区（CBD）城市规划建设三十年历史研究（1980—2010）》，东南大学出版社，2015。

稍加变通，中央位置是一条由建筑物组成的2.5公里长的景观带，行政中心和市民广场代替了古代坐北朝南的宫殿或衙署，南部设深圳会展中心、北部设深圳书城的安排也与《考工记》“前朝后市”的理念类似。

深圳中轴线是一条以行政功能和文化服务功能为主的景观轴。全市是东西延伸、北山南水的狭长地带，南北向的街道不太可能充当交通主轴，因此重点建设了东西向的深南大道，进行多中心组团式的布局，用深南大道串联起各区域。福田中心区汇聚了众多大型公共文化设施和行政机构，还在会展中心和中心广场之间的地带打造了深圳CBD，提供商务金融服务。作为新兴城市的深圳在城市建设上没有多少历史问题和欠账，较好地把市中心的绿地建设、景观营造和功能区建设结合起来，跟华盛顿中轴线一样显得十分规整和完备，带状轴边缘的道路也都有交通功能。深圳中轴线的这条景观带比华盛顿中轴线的景观带更宽阔，由于城市功能定位不同，没有后者那么多的行政建筑和纪念碑式的建筑。深圳中轴线虽然主要采用传统中轴线的布局模式，占据核心位置的深圳市民中心却是一座大型综合建筑，集市政府、市人大、博物馆、深圳会堂等多种功能于一身，行政中心与市民中心共用同一个开放式建筑群在国内的城市中心区中并不多见，体现了新的时代精神。

五　传统轴线中的异质文化模式

国内城市的传统轴线中还有一类是在外来文化影响下建设而成的，其代表是大连、哈尔滨等城市的中轴线。这类近现代兴起的城市在空间形态上一般带有殖民国家城市空间布局的特征。而最初占领大连的殖民国家沙俄又受到西欧国家城市规划的影响，因此大连中心城区及中轴线的形态与19世纪巴洛克风格的城市很相似，其空间布局和城市功能跟中国传统中轴线有较大差别。

元明时期，大连地区的治所在现在的金州区，曾筑金州卫城。随着大航海时代到来，大连地区的军事、航运意义大大提升。甲午战争以后，沙俄迫使清政府签订《旅大租地条约》，租借了大连湾和旅顺口。1899年，启动大连的第一份城市规划，商港和城区规划图的设计者是波兰人斯克利莫夫斯基，他先后毕业于德国慕尼黑皇家巴伐利亚综合技术学院、俄国圣彼得堡皇家艺术学院，城区的中东铁路轮船公司大楼（大连美术馆）等主要建筑物也是由他设计。1902年，建立“达里尼”特别市。这一时期的规划奠定了大连城市基础，东西向的中轴线大道、若干圆形广场、放射状道路系统、隔开港口区与市区的沿海街以及多个城市公园都是这一时期建造的。1905年日俄战争以后，日本占领大连40年，进行了更加细化的功能分区和城区拓展。1945年日本战败后，大连被苏联军队占领，十年后归还中国。新中国对大连街道进行了多次改扩建。1985年的总体规划是大连实施的第一个由国务院批准的总规划，明确了中山区、西岗区、沙河口三个区以及甘井子区的城区部分为大连的中心区，中轴线大道也不断向东西延伸，目前由中山广场以西的中山路（11公里）和以东的人民路（1.3公路）、人民东路（1.2公里）组成，全长13.5公里。

大连中心城区带有典型的欧洲巴洛克式城市的形态特征（见图7），主干道自东向西串联了东港音乐喷泉广场、大连港、港湾广场、中山广场、友好广场、火车站南广场、人民广场、奥林匹克广场、星海广场，从圆形的港湾广场、中山广场、友好广场和大连美术馆等节点发出放射状干道，有多层环形道路将这些干道相连，形成同心圆式结构。斯克利莫夫斯基设计的东部、中部城区有多个圆形广场，巴洛克风格特征明显，西部则是日据时期发展起来的，带有方正的网格化特征，但后一时期也注意了城区街道对景的完善。日据时期的城区东部是港口、工业区，中部是行政、商业、金融区，西部为中国人居住区和集市。

大连传统中轴线是一条城市发展主轴，连接了各个功能区。中轴线上最大的圆形广场最初以沙皇尼古拉耶夫二世之名命名，日据时期

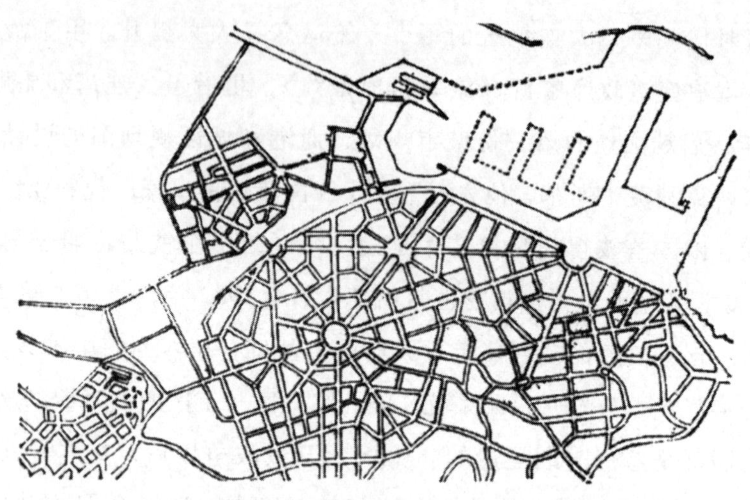

图 7　1900 年前后的大连规划示意图

资料来源：董鉴泓主编《中国城市建设史》（第 3 版），中国建筑工业出版社，2004。

曾经在广场中央竖立侵略者铜像。大连回归新中国之后，广场被命名为中山广场，主干道改名为中山路、人民路，体现了人民当家做主的时代精神，目前中山广场中央没有建筑物，是一处市民共享的公共空间，周边的人民文化俱乐部是大连重要的文艺活动中心。大连中轴线也是一条景观轴，有较强的文化旅游和商业功能。中轴线上分布了非常多的广场，道路系统也不同于中国传统中轴线，在全国城市的中心区显得风格独特。中山广场四周都是欧式风格、欧日融合风格的高大建筑，目前主要是宾馆、国有银行的办公场所。中轴线上的青泥洼桥商圈是大连的核心商圈，人民广场周边是大连的行政司法中心，西段的星海广场是亚洲最大的城市公共广场，也是大连重要的会展、贸易、娱乐区域。

六　结语

通过比较北京、西安、南京、成都、广州、深圳、大连传统中轴线的形态与功能演变可以发现，遵循礼制文化的要求是封建社会晚期城市规划的首要模式。在明北京城、明南京城这样具有政治文化中心意义的都城，礼制建筑及行政中心都位于城市核心位置，以此来构建全城中轴线。围绕藩王府建设的地方城市，要服从全国城市层级的要求，建筑规模和中轴线长度都不及北京城。一些地方城市如明代成都府由于地形受限，只在中心城区实现了这一模式，外城则没有方正的形态。因此在国内城市众多的传统中轴线中，北京中轴线的长度最长、绵延时间最长、形态和功能分区最完备，最能体现传统礼制观念。南北通衢模式的中轴线通常是前朝都城“九经九纬”道路体系的组成部分，不开正北门之后于南北侧门之间形成贯通的大道，在城市改扩建之后成为全城的中轴线，如明西安城的中轴线、民国时期南京的中轴线。混合模式是上述两种轴线或街道都保留了下来，在当代城市建设中被整合在一起，如广州宽阔的带状轴。当代兴建的深圳等新城市模仿了古代建筑风格，行政中心和重要公共设施仍处于全市居中位置。异质文化模式是在近现代殖民势力控制下发展起来的，如大连、哈尔滨等城市，形成了以圆形广场、放射状道路系统为特征的巴洛克风格中轴线。不同空间形态的中轴线在当代城市建设中要根据城市的功能定位进行扬长避短的改造利用，礼制模式的中轴线要转变成交通主轴存在较大难度，但由于历史建筑众多、文化景观丰富，容易转化为城市公共空间和巨大的有纪念性质的景观轴，发挥文化服务、文化旅游和国际交往功能，为城市的转型发展提供了有利条件。

国内城市中轴线大致体现为以传统礼制模式、南北通衢模式、混合模式、当代模式和异质文化模式为主导的五种城市轴线空间形态。不同空间形态的中轴线体现不同的城市空间和文化功能，它们是城市文脉的历史构建，也是城市空间和文化形态的最突出体现，在城市发展中应尊重城市传统，结合城市的功能定位进行有效保护、传承、利用和更新，以最大限度传承和延续城市文脉，彰显城市空间特色和文化形象。本文对中国城市中比较著名而有特色的新旧城市中轴线的比较分析中表明，在国内众多传统城市中轴线中，北京城市中轴线的长度最长、绵延时间最长、空间形态和功能分区最完备，最能体现深刻的中国传统文化观念，包含最为丰富深刻的文化内涵，也最能展示和彰显城市的古都风韵和城市文化气度。

参考文献

郑玄：《礼记正义（中）》，上海古籍出版社，2008。

李允鉌：《华夏意匠：中国古典建筑设计原理分析》，天津大学出版社，2014。

Nelson Ikon Wu, "Chinese and Indian Architecture: The City of Man, the Mountain of God, and the Realm of the Immortal," George Braziller, 1963.

郑玄：《礼记正义（下）》，上海古籍出版社，2008。

朱剑飞：《中国空间策略：帝都北京（1420－1911）》，诸葛净译，三联书店，2017。

许倬云：《西周史》（增补二版），三联书店，2012。

四川省文史研究馆：《成都城坊古迹考》，成都时代出版社，2006。

林孔翼：《成都竹枝词》，四川人民出版社，1986。

李劼人：《李劼人选集（第五卷）》，四川人民出版社，1986。

陕西省地方志编纂委员会编《陕西省志第三十九卷 测绘志》，西安地图出版社，1992。

贺业钜：《中国古代城市规划史》，中国建筑工业出版社，1996。

黄士桢：《南大街今昔》，载《碑林文史资料第8辑》，中国人民政治协商会议陕西省西安市委员会文史资料研究委员会内刊，1993年12月。

西安市地方志编纂委员会：《西安市志　第二卷·城市基础设施》，西安出版社，2003。

南京市地方志编纂委员会：《南京市政建设志》，海天出版社，1994。

朱炳贵：《老地图·南京旧影》，南京出版社，2014。

芮沃寿：《中国城市的宇宙论》，载施坚雅主编《中华帝国晚期的城市》，中华书局，2000。

宋敏求、李好文：《长安志·长安志图》，三秦出版社，2013。

陈戍国点校《周礼》，岳麓书社，1989。

戴震：《考工记图》，商务印书馆，1955。

广州市规划局、广州市城市建设档案馆、广州建筑师学会编《五羊城脉：1911－

1949广州城市建设》，广东人民出版社，2012。

袁镜身：《城乡规划建筑纪实录》，中国建筑工业出版社，1996。

陈一新：《深圳福田中心区（CBD）城市规划建设三十年历史研究（1980—2010）》，东南大学出版社，2015。

董鉴泓主编《中国城市建设史》（第3版），中国建筑工业出版社，2004。

新时期北京文化和旅游融合发展的方向和路径

曾博伟　程金燕*

摘　要： 北京文化和旅游融合发展取得了重要进展。新时期促进北京文化和旅游融合发展需要坚持正确方向、坚持以人为本、坚持改革创新、坚持统筹兼顾、坚持特色发展、坚持底线思维。新时期促进北京文化和旅游融合发展的主要路径有扩大文化和旅游市场规模、不断优化空间布局、打造融合发展精品、丰富融合发展内涵、发展新型融合业态、塑造特色活动品牌、统筹文化和旅游公共服务、推动文化资源活态保护、强化旅游发展文化责任、培育优质企业主体、加强人才队伍和科技支撑、完善融合发展体制机制。

关键词： 北京　文化　旅游　融合

习近平总书记明确指出，旅游作为重要的市场载体，对传播和弘扬传统文化具有重要而独特的作用，“在发展旅游业过程中，要坚持物质文明和精神文明建设并重的方针”。这就要求把历史文化与现代文明融入旅游经济发展，使旅游成为宣传灿烂文明和现代化建设成就的窗口，

---

* 曾博伟，北京联合大学旅游学院教授，博士；程金燕，北京联合大学旅游学院硕士研究生。

成为传播科学知识和先进文化的重要阵地。文化和旅游密不可分。促进文化和旅游融合发展既是满足首都人民群众美好生活、扩大首都文化和旅游消费的客观需要，也是推动首都文化繁荣兴盛、建设文化中心和国际交往中心的必然要求。

一　新时期北京市推动文化和旅游融合发展的简要情况

改革开放以来，北京文化市场和旅游市场持续活跃，文化产品和旅游产品不断涌现，文化和旅游融合发展取得了一定成效。但是在发展过程中，文化和旅游融合还存在诸多不足和困难，促进文化和旅游融合发展任重道远。

（一）成立文化和旅游发展机构

2018 年 3 月文化和旅游部成立，这为通过顶层设计，加强文化和旅游深度融合发展创造了重要机遇。2018 年 11 月，北京市文化和旅游局挂牌成立，开启了北京市文化和旅游融合的新征程。北京市文化和旅游局的主要职责有：统筹规划本市文化事业、文化产业和旅游业发展，拟订发展规划并组织实施，推进文化和旅游融合发展，推进文化和旅游体制机制改革。管理本市重大文化活动，指导基层文化设施建设和旅游设施建设，参与国家旅游整体形象的对外宣传和重大推广活动，组织本市旅游对外宣传和推广活动，促进文化产业和旅游业对外合作和市场推广，负责制定本市旅游市场开发战略并组织实施，指导、推进全域旅游。指导、管理本市文艺事业，指导艺术创作与生产，推动各门类艺术、各艺术品种发展。推进公共文化服务体系建设和旅游公共服务体系建设。指导、推进本市文化和旅游科技创新发展，推进文化和旅游业信息化、标准化建设。负责本市非物质文化遗产保护、保存，推动非物质文化遗产的保护、传承、传播和发展。组织实施文化和旅游资源普查、挖掘、保护和利用工作。负责对文化和旅游市场经营进行行业监管，推进文化和旅游业信用体系建设，依法规范文化和旅游市场。指导、管理本市文化和旅游对外及对港澳台交流、合作和宣传、推广工作，负责组织大型文化和旅游对外及对港澳台交流活动等。

（二）出台文化和旅游融合发展政策

北京市高度重视文化旅游发展工作，出台了若干推动文化旅游发展的政策文件，《北京城市总体规划（2016 年—2035 年）》明确要求，更加精心保护好世界遗产，加强对大运河文化带、长城文化带、西山永定河文化带的保护，加强历史建筑及工业遗产保护，加强名镇名村、传统村落保护与发展，保护和恢复老字号等文化资源；按照古都风貌区、风貌控制区、风貌引导区对中心城区进行特色风貌分区；在全市范围构建十片重点景观区域。

2019 年 12 月，北京市政府率先在全国出台《关于推进北京文化和旅游融合发展的意见》，提出 26 条举措。在资源支撑体系建设方面，北京将完善历史文化名城资源保护利用体系，建设国际化文化旅游智慧城市，打造高端智库和资源交易平台。引入 5G、人工智能、大数据、云计算等先进技术，为市民和旅游者提供更为智能化、便利化、精准化的公共服务。在文化旅游空间布局方面，北京将打造“一城三带一区一圈”的融合发展格局，聚焦老城，打造世界级文化旅游典范区，依托“三带”打造具有全球影响力的文化旅游带，辐射京津冀，打造世界级文化旅游圈。在提升文化旅游国际影响力方面，北京将通过拓展对外交流综合平台、推广对外交流国际品牌、拓宽对外交流层次渠道，扩大北京文化旅游“朋友圈”。在文化旅游产品体系和文化旅游公共服务方面，北京将围绕古都文化、红色文化、京味文化、创新文化，营造和谐宜居、主客共享的文化旅游发展氛围，对接民众由美好风景向美好生活转变的文化旅游消费需求。2020 年北京市委出台《关于新时代繁荣兴盛首都文化的意见》，提出传承源远流长的古都文化、弘扬丰富厚重的红色文化、发掘特色鲜明的京味文化、繁荣蓬勃兴起的创新文化、丰富高品质文化供给、推动中华文化“走出去”等重点任务。

（三）促进文化和旅游消费

2019 年北京市文化和旅游局出台促进文化和旅游消费的 12 条措施，包括：以票价补贴政策拉动文艺票房消费，规定在全市 3000 座以下的演出场所开展的营业性演出，100 元以下低价票设置达到一定比例可申请政府补贴政策；支持“秀北京”文旅融合项目，集中推介北京特色风格的演出活动；在 1.5 亿元年度旅游产业专项资金中重点支持京郊发展精品民宿、乡村民宿和自驾驿站等。此外，2020 年 11 月北京市文化和旅游局还出台专项政策，集中推出一批充分展示北京作为全国文化中心的优势、具有服务接待条件、对公众或团体开放、能为游客提供互动式和沉浸式旅游体验服务的“北京市文化旅游体验基地”。

二　新时期北京文化和旅游融合发展的基本方向

（一）坚持正确方向

北京要自觉将文化事业、文化产业和旅游业深度融合工作纳入市委和市政府工作大局中谋划；要主动将文化和旅游的融合发展同北京市的经济社会建设紧密结合起来。要将社会主义核心价值观贯穿文化和旅游融合发展的始终，实现社会效益和经济效益的有机统一。

（二）坚持以人为本

要坚持发展服务人民，通过文化和旅游的全方位融合发展，为北京市民美好生活提供价值引领和精神动力，把文化旅游业培育成为和北京群众生活息息相关的幸福产业。要坚持发展依靠人民，要充分发挥人民群众的聪明才智，不断开创文化繁荣和旅游发展的新局面。

（三）坚持改革创新

要在尊重文化和旅游自身发展规律的前提下，解放思想、实事求是，破除各种阻碍文化和旅游融合发展的制度障碍，充分整合文化和旅游部门内部资源，有效统筹各种促进文化和旅游融合发展的资源，增强文化和旅游融合发展的合力，积极探索各种有利于文化和旅游融合发展的新模式、新机制。

（四）坚持统筹兼顾

要正确把握文化和旅游的产业属性和事业属性，实现北京文化事业、文化产业和旅游产业、旅游事业的联动发展。要充分发挥市场在资源配置中的决定性作用，通过市场这只“看不见的手”，提高文化和旅游融合发展效率；要善于通过经济宏观调控和文化导向引领，确保文化和旅游融合发展的方向正确。

（五）坚持特色发展

要防止文化旅游产品的简单模仿和同质化发展，要充分挖掘北京独特的古都文化、红色文化、京味文化、创新文化，将多元化的文化资源切实转化成多元化的文化旅游产品，实现文化和旅游融合发展的“各美其美、美美与共”。

（六）坚持底线思维

要旗帜鲜明地反对旅游发展中的文化庸俗化、低俗化、恶俗化，牢牢守住政治底线和安全底线。要坚持文化和旅游业的可持续发展，防止文化和旅游融合发展过程中对文化资源、生态资源的破坏，实现资源保护和利用的有机统一。

三　新时期北京市文化和旅游融合发展的主要路径

（一）扩大文化和旅游市场规模

文化和旅游消费是和人民生活息息相关的新兴消费、最终消费和可持续消费，发展文化产业和旅游产业对扩大内需，特别是扩大消费需求具有重要意义。与此同时，文化和旅游融合的前提在于文化旅游市场已经具有相当的规模，而扩大市场规模也是北京促进文化旅游融合发展的首要任务。要适应个性化、多样化的文化和旅游消费趋势，释放文化和旅游消费需求，挖掘文化和旅游消费潜力，尤其要重点挖掘年轻人的文化和旅游消费潜力，建立促进文化和旅游消费的长效机制，创建文化和旅游消费示范城市。营造积极健康的文化和旅游消费氛围。通过政府购买、税费补贴、积分奖励等多种手段，增强市民文化和旅游消费意愿，培育文化和旅游消费习惯，提高北京城乡居民文化和旅游消费能力。通过发行文化和旅游消费卡，采取公益与商业结合的惠民、惠企新形式，签约加盟文化旅游企业，优惠百姓文化旅游消费。要支持文化旅游企业开展营销宣传和文化消费进社区、进机关、进校园、进企业、进乡村等活动，并利用各种营销手段促进消费。要在全市范围内进一步扩大博物馆、文化馆、纪念馆、美术馆等公共文化场馆免费开放范围，将各类文博单位建设为培育中小学生文化旅游消费习惯、增长文化旅游知识的重要阵地。要鼓励在商业文化演出中安排一定数量的低价场次或门票，向北京居民和旅游者开放。加强对文化和旅游消费数据的分析和利用，发布文化和旅游消费指数，营造良好的文化和旅游消费氛围。

（二）不断优化空间布局

一方面有必要在北京现有的五个全域旅游示范区中大幅增加文化建设方面的内容；另一方面也可以考虑通过有计划、有组织地创建文化旅游村、镇、县、城市等方式，引导城乡文化旅游发展。开展全市文化旅游资源普查，夯实文化和旅游融合发展的工作基础。要进一步提升传统文化旅游景区发展水平，加快建设一批特色浓郁、业态丰富的文化旅游休闲街区。支持开发集文化创意、旅游休闲、康体养生等主题于一体的文化旅游综合体。结合各地实际，有序发展一批特色文化旅游小镇。在798等文化创意园区以及影视基地、文化产业园区等文化空间植入旅游功能，集聚具有文化创意的旅游配套产业，打造文化旅游特色产业聚集区。支持城市推动街头艺术发展，丰富文化内容。将文化旅游培育为京郊乡村振兴的主力军，注重挖掘历史遗存、风土人情、民俗习惯等元素，重点突出乡村元素、乡土民情、乡愁韵味，促进风俗民情与旅游业态、文化创意深度融合，实现乡村旅游向高品质的文化旅游转变。

（三）打造融合发展精品

经过多年发展，北京已经形成了一批文化旅游产品。下一步关注的重点应该是从“有没有”向“好不好”转变，并在此基础上形成一批融合发展精品，引领未来发展的方向。要提高文化旅游产品的互动性、参与性和体验性，重点完善文保单位、博物馆、纪念馆等文博单位旅游功能，推动有条件的文博单位参加A级景区评定。及时收集文博单位的文化活动内容，利用多种传播渠道向游客宣传，提高旅游者文化活动参与度。进一步完善奖励和惩罚机制，保证免费博物馆的服务质量。推动有条件的文保单位、博物馆、纪念馆、美术馆延长开放时间，提供夜游服务。在全市旅游景区、广场、街区等游客聚集区，积极引入影院、剧场、书店、书吧、艺术馆、工艺品和创意产品商店、文化娱乐场所等文化业态。总结和推广故宫等文博单位优质旅游服务经验，推动文化场所服务水平迈上新台阶。鼓励优化文博单位旅游讲解词，探索建立博物馆和重要文化旅游景点持证讲解制度。进一步梳理自身文化资源，充分调动导游积极性，将不同主题的城乡文化资源串点成线，发展一日或半日文化深度体验旅游。

（四）丰富融合发展内涵

北京提升旅游的层次，增强旅游业的竞争力，关键是走内涵式发展道路，提高旅游的文化含量。在旅游过程中对文化的体验，并不限于对具体某个文化景点的参观，更多的是在吃、住、行、游、购、娱甚至如厕等各个环节的文化体验。要积极推动旅游项目的文化创新，提升旅游商品的文化创意，提高导游的文化素养，创造良好的文化环境，努力把提升文化内涵、体现人文关怀贯穿到旅游的全过程之中。要大力发展主题文化精品酒店和主题文化民宿，制定和推广主题酒店标准，鼓励主题酒店品牌连锁式发展；推动传统酒店通过注入主题文化进行改造提升。要积极发展文化特色浓郁的旅游风景道，推动公路服务区的文化提升，依托旅游公路，建设一批文化休闲驿站。要全面提高文化旅游工艺品（纪念品）的设计、制造和推广能力。要继续深化文博单位文创产品开发试点，加大对文创商品开发的支持力度。要鼓励在文化旅游景区通过引入创意设计团队、联合开发经营来提升文创研发水平。加强对文化旅游工艺品（纪念品）的知识产权保护，鼓励有创新特色的文化旅游工艺品（纪念品）申请外观设计专利。要推动在重点旅游区域规划建设兼具旅游集散和咨询功能的大型文化旅游商品综合商店。反对厕所建设中的奢靡之风，增加旅游厕所的文化含量。

（五）发展新型融合业态

近年来，文化和旅游融合发展产生了一些新型文旅业态，并受到市场的普遍欢迎。北京需要加强对现有演艺资源的整合利用，吸引社会资本以投资、参股、控股、并购等方式进入旅游演出市场，探索政府引导与市场主导的旅游演艺发展模式，运用现代高新科学技术，创新演出形式。要加强演艺产品与旅游景区的联合，不断提高旅游景区的文化内涵。鼓励各类演艺机构和艺术表演人才到旅游城市和景区经营演艺活动，创作具有地方特色和景区特色的大型文化演艺剧目。要增加环球影城等主题公园的中国文化主题元素，提高主题公园企业的竞争力。要加强与教育部门的协调统筹，将更多文化旅游景区建设为研学旅游基地，探索中小学生利用文博单位和文化旅游景区开展学习的长效机制，让青少年在旅游中体验中华文化、热爱中华文化。要加强特色文化艺术区与旅游业的融合发展，丰富旅游业态，完善旅游功能，培育一批以文化艺术为主要特征的新型文化艺术旅游区。积极发展动漫旅游，鼓励对旅游资源用动漫、数字创意等手段进行创造性转化和创新性发展。

（六）塑造特色活动品牌

通过举办特色文化旅游活动促进消费，扩大文化旅游的市场影响力，是国际国内旅游目的地普遍的做法。北京要充分发挥品牌文化旅游节庆活动对文化旅游发展的拉动作用，在兼顾经济效益和社会效益的前提下，有序推出一批市场影响力强、社会反响度高的品牌文化旅游节庆活动。要在“5·18”国际博物馆日中增加博物馆旅游的内容；在“5·19”中国旅游日活动中进一步突出文化和旅游融合发展要求。主导和参与推动京津冀等区域性文化旅游节庆活动，支持行业协会举办形式多样的文化旅游节庆会展活动。加强文化旅游节庆活动与体育、健康、生态等领域的联动，全面提高举办节庆活动的水平。

（七）统筹文化和旅游公共服务

近年来，公共文化服务建设取得很大进展，为文化事业发展提供了重要支撑。2016年出台的《公共文化服务保障法》，强调“国务院和地方各级人民政府应当根据公共文化服务的事权和支出责任，将公共文化服务经费纳入本级预算，安排公共文化服务所需资金”。北京未来需要推动文化公共服务向旅游公共服务延伸，并通过文化公共服务和旅游公共服务的统筹协调发展，为文化旅游的融合发展提供有力保障。要将文化和旅游公共服务统筹发展作为北京推动文化事业和旅游事业建设的主要内容。在继续提升公共文化服务保障水平的同时，将文化公共服务的投入、设施和服务内容同旅游公共服务有机衔接起来，将公共文化设施社会化运营试点同发展旅游业有效结合起来。在有效保障基本公共文化服务的基础上，积极探索将重要的旅游公共文化服务纳入基本公共文化服务的范畴。在文化公共服务设施中丰富旅游和教育功能，在旅游公共服务设施中增加文化内容。要加强文博单位的客源调查，改善服务方式，提高服务水平，在服务好当地居民的同时，进一步增加外地游客的访问量。要推动重点旅游区域基层综合性文化服务中心、重点旅游乡镇的公共文化服务站与旅游咨询中心、旅游休闲设施统筹建设与运营。要积极推动城市书房、特色图书馆以及流动公共文化服务设施进旅游景区、旅游度假区；推动文化志愿服务进旅游景区、旅游度假区。要建立健全信息、人才、资金、技术、知识产权等文化和旅游公共信息服务平台，完善公共信息服务数据资源共享和分级管理机制。鼓励和引导社会力量在符合条件的情况下结合历史街区和传统村落建设等兴办公共文化旅游项目。

（八）推动文化资源活态保护

在保护中开发、在利用中保护，是北京文化资源得以永续利用的基本前提，实现文化资源保护和利用的有机统一既是发展文化事业的需要，同样也是实现旅游业可持续的根本需要。要切实做好物质文化资源和非物质文化资源的活态保护，以结果为导向，探索各种有利于文化资源保护和利用的有效模式。既要反对旅游发展过程中破坏文化资源的各种行为，也要防止消极保护、机械保护和片面保护文化资源的工作思维。要积极拓展文物利用的方式，充分发挥文物资源在文化传承和促进地区经济社会发展中的独特作用，进一步拓展文物利用综合效益，培育一批实现保护和利用有机统一的文物旅游品牌。要不断优化文化遗产旅游开发模式，坚持保护为主、抢救第一、合理开发、有效利用。加大对重要文化遗产游客承载量的执行力度，积极推动将数字化展示与现场参观有机结合的游览模式。要大力促进北京各类非物质文化遗产同旅游发展的有机结合。在保留非物质文化遗产原生态和本真性的前提下，主动通过旅游的渠道向外界宣传推广。对传统技艺类非物质文化遗产，要通过生产性保护方式，加以合理利用，为旅游业和文化产业发展注入新鲜元素；对传统表演艺术类非物质文化遗产，一方面要注重原真形态的展示，另一方面通过编排，使其成为具有地方民族特色和市场效益的文化旅游节目。要加快非物质文化遗产传习所、体验点建设，通过非物质文化遗产注入，提高旅游景区的吸引力。

（九）强化旅游发展文化责任

改革开放四十年，旅游业的发展比较关注政治效益、经济效益乃至生态效益，但是对旅游的文化效益关注比较少。随着文化和旅游融合的不断深化，北京需要在未来的发展中进一步强调旅游业发展的文化责任。北京要系统研究以旅游活动和旅游产业为依托所形成的价值观和各种文化现象，科学引导和积极培育健康的旅游文化。要自觉地把旅游作为感知文化、传播文化的重要渠道，承担起弘扬先进文化和优秀历史民族文化的责任；要用旅游润物无声的特有方式，弘扬主旋律，逐步增强民众对中华文化的自豪感和京味文化的认同感。要大力倡导以人为本的服务文化，树立“以旅游者为中心”的理念，推出旅游者满意的服务，同时注重旅游服务提供者尤其是一线服务人员的满意度，切实提高旅游从业人员的待遇。要大力弘扬寓教于游的游览文化，让更多游客通过旅游，学习和继承中华民族的优良传统和美德；通过旅游，接受爱国主义教育，激发爱国热忱；通过旅游，增长知识，陶冶情操，提升素养。大力培育健康文明的消费文化，要求游客遵纪守法，不经营或参加违法违规的旅游活动；倡导游客举止文明，杜绝有损国家、社会和个人形象的行为；引导游客入乡随俗，尊重当地的民族风俗和宗教信仰。要大力推行尊重环境、尊重目的地居民、尊重旅游者和服务者的负责任文化，通过生态发展、文化保护、社区参与、诚信经营等方式构建和谐的旅游发展环境。要大力推动科学的旅游开发文化，唱响文化旅游发展的主旋律，充分挖掘传统文化和现代文化内涵，创造出文化旅游精品，提高对旅游资源保护的自觉性，形成文化保护、开发、传承、弘扬的良性循环；探索对文化旅游投资项目开展文化评估，建立文化旅游投资项目文化评估制度，形成客观、公正、权威的评价工作手段。

（十）培育优质企业主体

文化旅游企业是北京文化旅游产业发展的基本单位，只有形成一批竞争力强的文化旅游企业，才能为文化旅游业的持续健康发展提供有力的支撑。要大力培育有竞争力的市场主体，积极塑造品牌企业，引领带动文化旅游产业持续健康发展。积极支持重点企业聚集文化旅游主业，做大做强；积极支持重点企业拓展文化旅游业务，进一步发挥其在文化和旅游融合发展中的引领作用。鼓励和支持有实力的北京文化旅游企业以资本为纽带，实行跨地区、跨行业、跨所有制、跨领域兼并重组，建设具有国际竞争力的文化和旅游融合发展的领军企业。要支持中小型文化旅游企业成长与品牌化经营。要扶持民宿经营、主题餐饮、特色休闲、创意设计、旅游策划等特色文化旅游企业，通过政府采购、信贷支持等多种形式促进企业做大做强；鼓励企业品牌经营和连锁化发展。要壮大民营文化旅游企业，发挥民营文化旅游企业在文化和旅游融合发展中的主体作用。积极引导民营文化旅游企业开发出更多符合社会主义文化发展方向、市场认可度高的文化旅游产品。要积极引进国际知名文化旅游品牌企业。在保障文化安全的前提下，通过重大项目引进、重点工程建设，吸引国际知名文化旅游品牌企业落户北京。

（十一）加强人才队伍和科技支撑

提高文化和旅游融合发展水平，归根结底，一是靠人才建设，二是靠科技支撑。北京要围绕文化和旅游深度融合发展，编制文化和旅游融合人才队伍建设规划，确定促进旅游与文创人才队伍建设的目标与措施，构建促进人才队伍建设的长效机制。要强化文化和旅游融合人才培训工作。进一步发挥北京高校在文化和旅游融合人才培养方面的基础性作用，支持高校建立文化旅游研究和培训基地。要推进校企合作，共建一批人才实训基地；推进与海内外高校和培训机构的交流与合作，培养具有国际视野的设计、营销和管理人才。要加强对导游员、景区讲解员的培训，不断提高导游和讲解员的文化底蕴、服务意识、服务能力、心理素质和职业道德。要抓紧进一步落实专业技术人员特别是离退休老专家、老教师从事导游员、讲解员工作的具体办法。完善导游人员资格考试和等级考核制度，增加导游考试和等级考核中文化方面的内容。要重视非物质文化和民间工艺传承人的培育，为其更好地进入旅游市场创造条件。要健全人才使用机制、激励机制和流动机制，培养一批熟悉文化产业和旅游产业运行规律的复合型、创新型、应用型人才，形成一批既懂旅游经济又有文化修养的经营管理队伍。要推动文化旅游专家智库建设，充分发挥智库对决策咨询的支撑作用。进一步增强旅游文化的科技内涵。拓展信息技术在文化旅游业中应用的深度和广度，通过现代科技创新旅游讲解、旅游展览等传统形式，形成一批智慧旅游景区、智慧旅游企业。鼓励文化创意企业创作与旅游相关的动漫游戏产品、数字虚拟旅游景点和景观，提升旅游产品、旅游项目、旅游线路的科技含量。鼓励运用现代高新技术推进旅游文艺演出形式创新，提升旅游演艺节目创意。加强旅游信息服务功能建设，提升面向游客的文化演出、文化产品的信息服务和从业人员的科技涵养。

（十二）完善融合发展体制机制

随着北京市文化和旅游局的成立，文化和旅游融合发展的体制机制不断完善，但是促进文化和旅游多层次、宽领域的合作仍然面临许多障碍。要认真落实北京市文化和旅游局“三定方案”，进一步理顺文化和旅游融合发展的职责。要加强顶层设计，加快构建有利于文化和旅游深融合、真融合的体制机制。要加强文化和旅游局内部的组织机构协调，形成促进文化和旅游融合发展的工作合力。要充分发挥北京市文化和旅游发展协调机构的作用，促进文化和旅游融合发展，要深化与相关部门的联动，促进文化旅游同相关领域的融合发展。要探索部门合作、政企合作、行业合作、区域合作的旅游宣传促销新模式，创新宣传促销机制，更好地展示北京旅游形象。要有效发挥各类文化和旅游协会及中介组织的作用，建立政府、协会、企业共同促进文化和旅游融合发展的工作格局。

参考文献

刘治彦：《文旅融合发展：理论、实践与未来方向》，《人民论坛·学术前沿》2019 年第 16 期。

邹统钎：《走向市场驱动的文旅融合》，《人民论坛·学术前沿》2021 年第 4 期。

钱兆悦：《文旅融合下的博物馆公众服务：新理念、新方法》，《东南文化》2018 年第 3 期。

杨志纯：《推动文旅融合发展从理念走向行动》，《艺术百家》2019 年第 1 期。

金武刚、赵娜、张雨晴、汪岩丹：《促进文旅融合发展的公共服务建设途径》，《图书与情报》2019 年第 4 期。

柴焰：《关于文旅融合内在价值的审视与思考》，《人民论坛·学术前沿》2019 年第 11 期。

燕连福：《新时代文旅融合发展：一个新的增长极》，《人民论坛·学术前沿》2019 年第 11 期。

徐兴锐：《旅游产业发展如何打好文化牌》，《人民论坛》2017 年第 32 期。

后高速发展阶段“体育+”模式对北京旅游业高质量发展的启示*

苏　敏　王笑宇**

摘　要： 后高速发展阶段旅游业的发展模式更加多元化，在北京冬奥会即将举办的背景下，“体育+”旅游发展模式将成为旅游产业与体育产业融合的一种新的产业形态，为北京市旅游业高质量发展提供有力支撑。本文借鉴日本、荷兰与新西兰发展“体育+”旅游模式的经验，整合北京市现有体育资源，打造北京市“体育+”旅游高质量发展的体育休闲度假游。

关键词：“体育+”　旅游　北京

一　引言

随着我国社会经济开始迈向后高速发展阶段，社会形态也由工业化中后期向后工业化转型。党的十九大报告提出建设现代化经济体的新发

* 基金项目：2020年国家社科基金青年项目“数字经济时代文化和旅游融合发展的机制创新与实现路径研究”（课题编号：20CGL023）。

** 苏敏，中国社会科学院大学商学院旅游管理专业博士，研究员；王笑宇，世界旅游城市联合会特聘专家，旅游经济学博士后，研究员。

展理念，并作出“我国经济已由高速增长阶段转向高质量发展阶段”的重大判断。2020 年 7 月，中华人民共和国国家发展和改革委员会等 13 个部门公布的《关于支持新业态新模式健康发展激活消费市场带动扩大就业的意见》首次明确提出 15 种新业态新模式，同时针对经济发展趋势做出部署，计划从经济新动能、就业新空间、消费新市场以及供给新方式四个方面展开。

根据日、韩等先发国家的发展经验，中低速发展阶段的后工业社会将迈过工业经济进入体验经济社会。而体验经济社会的特点，即人民更加重视多元体验消费，消费内容更多关注文化审美、主题教育、社交互动与主题娱乐内容。体育产业和文化旅游产业，因为其涉及的建筑与景观审美、技能培训与教育、参与性的社交与互动、运动与休闲的多元内容，与体验经济内涵十分契合，也代表了新时代体验经济的发展趋势，属于社会经济生活的重要组成部分，因此需要探索更高效的“体育 +”旅游发展路径与模式，促进旅游业创新发展。

同时，后高速发展阶段中大众的消费模式快速地发生变化，大众的消费层次也开始产生明显的差异，休闲旅游消费人群的各类休闲旅游活动也不能仅停留、满足在单一的视觉体验和纯粹消耗体力的游览观光活动中，而是更加重视观赏目的地的主题文化内容，更希望主动参与多元的主题互动活动，体验目的地的文化内容。因此在这样一个以消费体验带动经济的发展阶段，体育旅游行业正在用多样化的体验模式和深刻独特的内涵影响着我国传统旅游业的发展方向。

二　北京市“体育 +”旅游发展现状

2008 年北京奥运会以来，北京市各大体育赛事与展览也相继开展，包括中国网球公开赛、世界武博会、斯诺克中国公开赛等著名体育赛事。因此，北京市“体育 +”旅游的收益逐年递增，如今已经占全市旅游总收益的32.1%，给北京市旅游产业带来了巨大的推动力，在后高速发展阶段也逐渐成为现代旅游业发展的重要手段。

随着北京冬奥会的临近，北京、华北地区乃至全国各地，冰雪体育旅游正在如火如荼地开展中，冰雪体育旅游的开发已不单单局限于以雪著称的东北三省。2015年12月，国务院新闻办就《国务院关于加快体育产业促进体育消费的若干意见》（即“46号文件”）的贯彻落实情况举行了发布会。北京申办冬奥会时提出要利用北京冬奥会完成“3亿人上冰雪”的目标，这极大地推动了我国滑雪运动的普及和冰雪体育旅游的开展。从2015年冬天开始一直到2022年冬奥会举办，北京市每年都会开展大量与滑雪运动相关的比赛和活动，吸引广大居民和青少年儿童参与滑雪运动项目。目前北京市有各类滑雪场25个，预计到冬奥会举办时，将有800万名市民参与冰雪运动。同时，冬奥会的筹办工作也将使北京市冰雪体育产业进一步发展。

同时，北京市政府鼓励开展冰雪运动。北京市是世界历史上首个既举办夏季奥运会又将举办冬季奥运会的城市，自2015年北京市、张家口市获得2022年冬奥会举办权后，北京市划拨了大量的财政补贴来支持冰雪产业的发展，全力支持冰雪体育项目的推广和普及工作。2018年投入资金3亿元，同比增长60%，主要用于建设冰雪体育活动场地、鼓励居民参加冰雪体育活动、普及冬奥会文化知识、提高冰雪竞技运动实力等。北京市体育局局长孙学才曾表示，就北京冰雪体育产业的发展情况和未来规划而言，到冬奥会举办时，北京冰雪体育产业的规模将达到400亿元人民币左右。

北京市近些年体育产业始终保持着平稳增长的势头，其中冰雪产业规模不断扩大，冰雪体育运动开展范围越来越大，已经初步形成产业链，同时，北京市冰雪体育运动的消费群体不断增加，为北京市冰雪体育产业发展提供了巨大的发展潜力。北京市在颐和园、北海等多家市属公园建造并开放冰雪运动场地，为促进居民参加冰雪体育运动创造更多的条件。

北京市针对当地冰雪体育产业制定了明确计划，同时体育旅游精品项目的培育、评审机制日臻成熟。2022 年，全市将基本建成布局合理、优势突出、功能互补、发展有序、保障有力的现代冰雪体育产业体系，以及冰雪、水上、低空等系列体育旅游精品项目，建立健全以健身休闲、竞赛表演、体育旅游、中介培训、体育用品等冰雪体育服务业为重点的可持续发展的产业结构。此外，北京参与冰雪消费的人口将不断增加且消费升级，预计每年以 10% 以上的速度增长。

三 日本、荷兰与新西兰“体育+”旅游的高质量发展

（一）日本“体育+”旅游的发展

1. 1962~1984年：日本“体育+”旅游的萌芽阶段

日本“体育+”旅游起步于 1962 年日本颁布的《体育振兴法》，将体育运动的普及定为国策之一。随后，1965 年日本以观察员国身份参加了世界滑雪大会，1972 年第 11 届冬奥会在北海道札幌如期举行，正式开启了日本体育赛事的发展。次年，日本承办了高山滑雪世界杯比赛，1979 年又举办了第 11 届国际滑雪教育大会等顶级赛事。随着世界著名赛事的举办和开展，日本逐渐成为体育运动大国，体育运动特别是冰雪体育运动迅速普及，基础设施快速完善，冰雪体育产业吸纳季节性就业年均超过 100 万人①。

2. 1985~1998年：日本“体育+”旅游的休闲度假阶段

1985 年以来，日本正式进入“体育+”旅游的“黄金时期”。同样是札幌于 1986 年、1990 年举办的两次亚洲冬季运动会（亚冬会），使得日本的冰雪体育走向兴盛。而北海道也成为日本冰雪体育运动的

---

① 吴羽正昭：《日本滑雪人口的区域特征》，《人文地理学研究》2002 年第 26 期。

“圣地”。当然，滑雪风靡日本的原因还有日本国民收入的提高以及工作日和节假日的调整。1986 年，日本国铁开设滑雪专列，以缓解周末雪场缆车排队、进出道路拥堵的情况。1998 年，日本又一次在长野举办冬奥会，参会人员高达 1800 万人次，约相当于日本全国人口的 15%。

3. 1999 ~2007年：日本“体育 +”旅游的衰退阶段

20 世纪 80 年代后期至 90 年代初期，日本泡沫经济破灭，而其对于国民收入的影响在 1999 年开始逐渐显示，其中就包括“体育 +”旅游的参与度下降，而因为“体育 +”旅游组建的一系列交通、酒店、度假、餐饮等基础设施也出现闲置，日本“体育 +”旅游出现衰退[①]。同时，这段时期的气候开始变暖，温室效应导致日本地区雪质下降、雪量减少，部分中小型滑雪场关门停业，“体育 +”旅游产业规模也相应缩小。

4. 2008年至今：日本“体育 +”旅游的复苏吸引阶段

2006 年和 2008 年日本先后颁布了《观光立国推进基本法》与《生态旅游推进法》，进一步促使日本旅游观光复苏。截至 2019 年，将日本作为旅游目的地的海外游客已经超过 3188 万人次，随着中日关系友好发展，其中的中国游客超过 30%。与此同时，北海道等冰雪中心城市提出了冰雪体育发展的行动方案，大力复苏冰雪体育产业来振兴当地经济，并且取得了显著成效，北海道的旅游人次从 2007 年不足 100 万人次到 2018 年接近 800 万人次。[②]

日本出入境旅游的发展也吸引了欧美国家的资本，为“体育 +”旅游产业打下了坚实的基础。同时，随着“3 亿人上冰雪”战略的推进，中国市场对于日本“体育 +”旅游的发展也越来越重要，仅 2017

---

① 小林胜法、佐佐木正人：《观光旅游推动休闲滑雪大众化的相关研究课题》，《文教大学国际学邢纪要》2010 年第 20 期。

② 日本国土交通省观光厅：《日本观光统计数据》，hops：//statistics. jnto. go. jp/graph/#graph – inbound – prefecture – ranking，2020 年 2 月 20 日。

年一年中国赴日滑雪的游客达 19.1 万人次。有预测表明，2022 北京冬季奥运会将成为日本冰雪产业复活的契机，2030 年中国赴日体验冰雪运动的游客预计将达到 1000 万人次[①]。

2018 年北海道札幌市决定申办 2026 年冬季残奥会。根据札幌市的测算，冬奥会的召开将带动日本的最终需求增加 4572 亿日元，北海道地区增加 4260 亿日元，札幌市内增加 3817 亿日元。冬奥会对日本的整体经济效果而言，全国为 10497 亿日元，北海道地区为 737 亿日元，札幌市内为 544 亿日元。另外，冬奥会的举办也可以增加就业岗位，预计日本可以增加 7.7 万个、北海道可以增加 6.1 万个、札幌市可以增加 4.4 万个就业岗位[②]。可以看出，未来冰雪运动将再次带动日本冰雪经济的全面复苏。

（二）荷兰“体育 +”旅游的发展

荷兰每年要接待超过 1070 万人次的外国游客，包括商务差旅、休闲度假。2017 年，赴荷兰的外国游客达 1760 万人次，比 2016 年增加了 10%，而荷兰国内游客只有 1700 万人次。随着新冠肺炎疫情防控形势向好，荷兰旅游业相关服务改造与提升也在同步进行，特别是“体育 +”旅游休闲游。荷兰著名的体育运动非曲棍球莫属，曲棍球场地随处可见，而曲棍球这项运动的参与年龄跨度也很大，从 5 岁到 50 岁都乐于参与这项运动。同时荷兰足球也是有名的体育赛事，荷兰足球之夜联赛拥有 7 个年龄段的职业赛事，中等规模的城市均拥有各自的职业球队。此外，自行车、跑步、滑雪、滑冰、骑马、游泳、冲浪等运动在荷兰也拥有巨大的参与人群，结合国内其他旅游特色，如鲜花旅游、博

---

① 日本 JTB：《访日旅游动向》，hops：//www. jtb. co. jp/inbound/market/2018/winter - sports - china/，2020 年 2 月 22 日。

② 北海道札幌市观光文化局体育企划事业科：《冬季奥运、残运会调查报告》，https：//www. city. Sapporo. jp/sports/olympic/documents/gaiyo. pdf，2020 年 2 月 10 日。

物馆旅游、游船旅游等，荷兰成为世界上最热门的“体育+”旅游目的地国家。

（三）新西兰皇后镇“体育+”旅游的发展

新西兰的皇后镇（Queenstown）占地8704.97平方公里，其运营产业以风光旅游和户外运动为主。新西兰的自然气候以及优渥的自然资源成为皇后镇“体育+”旅游发展的重要因素。皇后镇环绕建造于瓦卡蒂普湖的入海口，背靠奥塔哥西部卓越山脉，因此当地主要的“体育+”旅游项目为滑雪、高山跳伞、攀岩、喷射快艇等。近年来，皇后镇接纳游客近200万人次，旅游及其配套服务产业在当地总收入中的比例在90%以上。新西兰皇后镇是一个典型的采用市场化导向开发的“体育+”旅游特色小镇。

皇后镇地区的服务业升级基本跟随全球旅游业的步伐。在皇后镇发展早期，当地提供的大多为住宿、租赁器械等基础性旅游服务，服务人员多为当地富余的次级劳动力，但随着消费市场的打开，当地出现专业的旅游酒店，旅游向导、游船码头、高山疗养等也开始出现，在这一阶段，当地雇用的是专业人员，专业旅游从业单位为当地服务型劳动力提供专业培训，本地劳动力则为专业旅游单位提供服务。随着皇后镇的进一步扩大，一些高山运动爱好者前来入驻，他们使皇后镇的体育旅游服务颇具特色，一些优秀的户外爱好者也开始集聚，20世纪80年代，皇后镇一度成为南半球高山运动的重要地标。21世纪初，由于世界金融体系的波动、世界服务产业的不断转移、高山运动发展的迁移，皇后镇从本土的风光旅游资源出发，开始开展多方位的综合服务，开发了“天空缆车”“山顶观星”“蒸汽游船”[①]等老少咸宜的旅游项目，也借助本土的水域资源优势，开展了休闲垂钓、快艇冲浪等项目，皇后镇也

① 《世界顶级体育运动小镇——新西兰皇后镇》，http：//www.tripvivid.com/articles/10873。

从高山运动的重镇开始向多年龄层、多爱好群体、多附属功能的休闲型度假小镇过渡。

反观我国，同样也可以凭借优渥的自然资源以及体育运动氛围开展“体育+”旅游休闲度假。我国南北气候差异明显，地形地貌种类丰富，适合开展不同类型的体育运动。例如，在滨江海岸地区可以开展水上运动，在东北地区可以开展雪上运动，在西北荒漠可以开展探险运动，在各个名山大川可以开展攀岩运动。此外，我国传统体育文化丰富，那达慕大会、武术大会等为传统民族体育的开展提供了有利的条件，使得我国“体育+”旅游的发展更加具有中国特色。

作为体育产业和旅游产业结合而产生的新领域，“体育+”旅游具有传统旅游业所不具备的优势，有着巨大的发展潜力，旅游者选择的旅游内容由传统的观赏型旅游向参与体验型旅游发展，在旅游的过程中，不仅能放松、愉悦身心，又可以促进身体健康，成为我国现代旅游业发展的新潮流。

四　日本、荷兰与新西兰“体育+”旅游的目的地建设

（一）日本“体育+”旅游的核心吸引力建设

日本基于丰厚的雪场资源大力发展“体育+”旅游，凭借547家滑雪场成为全球滑雪场最多的国家之一，其中51%的滑雪场拥有5条及以上提升设备[①]。多次举办冬奥会也为日本冰雪体育旅游带来了高质量的基础设施，通过沿用之前的体育赛事场馆与体育设施，进一步降低了发展“体育+”旅游的成本。同时，冬奥会等著名赛事的周边活动

---

① 张婷、刘壮：《日韩奥运后的体育发展对北京奥运后中国体育政策的启示》，《体育与科学》2009年第4期。

也同时展开，将举办历史陈列出来供游客观光。而不断完善的交通系统也大幅度增加了各个雪场的可达性效率，使得游客居住地离雪场只有两三个小时的车程。

另外，日本政府制定的优先发展滑雪产业的优惠政策成为另一个支撑“体育+”旅游的吸引力。日本政府积极鼓励旅行社、交通企业、工业财团、房地产公司等私企涉足滑雪产业，参与建设和开发雪场，让市场对冰雪基础设施投入和产业投资保有旺盛的热情。

随着日本冰雪体育旅游的不断发展，日本在世界享誉“雪国”的美称，更是成为中国游客冰雪体育旅游的首选目的地。特别是在札幌冬奥会以及长野冬奥会举办之后，日本冰雪体育文化也在全世界范围内得到传播与发展。冬奥会后札幌作为亚洲第一届冬奥会举办城市，不仅承接了大量冰雪体育运动赛事，还引入圣诞集市、白色灯饰节、世界著名的札幌冰雪节等庆典活动，吸引了众多海外游客。札幌举办的冰雪旅游节每年可吸引200多万人次，成为世界四大冰雪节之一①。

然而，日本人口老龄化不断加剧，度假性质的旅游随着市场需求应运而生。冰雪旅游之外的休闲度假游开始冲破冬季限制，被植入祈福、山雪祭、雪屋节等传统文化，通过冰雪旅游的前期文化传播的基础，打造雪屋点灯、星空夜滑等多种独特有趣的体验式旅游，促进“体育+”旅游模式的延伸。据日本观光厅统计，赴日外国游客中，有两成以上想要体验滑雪。日本每年的滑雪人次在3000万左右，其中，国外滑雪者约占10%。日本政府还向成功吸引外国游客的滑雪场提供补助金，并为一些已经倒闭的滑雪场提供重建资金，从而促进冰雪旅游项目的发展。

---

① 刘里：《冰雪运动人才储备战略布局思考——基于2018韩国平昌冬奥会视角》，《南京体育学院学报》2017年第3期。

（二）荷兰“体育+”旅游的核心吸引力建设

综观荷兰的旅游发展历史，离不开传统特色文化与旅游产业的融合发展，荷兰为建设“体育+”旅游核心目的地主要从政府职能部门资源整合、体育赛事宣传、数字信息等方面努力。

1. 政府职能部门的资源整合

荷兰旅游部门改变了以往补贴的形式，而将更多的资金投向具体项目的建设，表面上看，旅游从业者的收入变低了，但是从长远看，政府改善了硬件设施，整合了旅游资源，更新了旅游信息，而这些做法大大提高了荷兰旅游的质量，将荷兰建设为“体育+”旅游目的地，吸引游客源源不断地进入荷兰。

2. 体育赛事活动的互动传播

以鹿特丹为例，鹿特丹是世界最大的港口城市，是欧洲的门户，也是欧洲历史文化名城，每年有多场各类庆典活动，体育赛事方面有鹿特丹国际马拉松赛、荷兰足球甲级联赛、国际越野摩托车赛、全民跳海庆典活动、自行车全民骑行活动等，而通览所有活动，各大赛事提升了荷兰作为“体育+”旅游目的地的吸引力，而商业赞助也成功促使各行业共建“体育+”旅游。

3. 数字旅游信息的及时发布

随着数字技术的发展，旅游者通过移动互联网等渠道获取旅游信息。而荷兰完善的数字技术支持系统为游客提供吃、住、行、游、购、娱等资讯。荷兰率先在全球实现了所有公共场所均有免费 WiFi 的覆盖，游客通过荷兰各大门户网站可以随时随地获取所需旅游信息，包括旅游目的地宣传视频及图片、周边食宿、出行方式等一系列出游信息。荷兰另一个重要的“体育+”旅游发展方式是进行体育赛事打包营销，定制“体育+”旅游方案，个性化匹配以满足游客旅游需求。

（三）新西兰“体育+”旅游的更替性吸引力建设

风光旅游和极限运动的融合打造了新西兰皇后镇这一旅游体育小镇的品牌。20世纪80年代背包客涌入皇后镇促进了当地极限旅游项目发展。20世纪80年代至今，高山运动依旧是皇后镇旅游业中的支柱性产业。但“体育+”旅游相关产业在皇后镇也经历了更迭发展。

新西兰最初“体育+”旅游的发展集中于奥塔哥山地攀岩、滑雪等体育运动，然而当地山脉的资源禀赋对于攀爬爱好者来说难度较小，而新西兰的雪期又相对较短，以至于其作为冰雪体育旅游目的地的吸引力较小，新西兰“体育+”旅游发展由此进入了短期停滞期。随后，皇后镇通过外来背包客热衷的高山运动，形成了自然攀岩、跳伞、滑翔伞等极限运动方式，打造了蹦极这个世界上第一个商业化极限运动的旅游目的地——卡瓦劳大桥。在高空蹦极逐渐普及后，为了保持在极限运动旅游领域的领先优势，政府与AJHackett Bungy公司共同开发了高空秋千、空中滑索等刺激性运动项目，这些成为皇后镇区别于其他高山运动旅游小镇的关键因素①。

适当时机对本土“体育+”旅游模式加以改革和创新，并且尝试打造某一专业领域内的地标性品牌是皇后镇在极限运动领域表现出独特吸引力的重要原因，而在获得极限运动专业认可后，政府通过打造本土独特的极限运动项目和品牌，有利于皇后镇在下一个极限运动旅游转移时期，持续发挥品牌效应，吸引更多的相关运动爱好者。

新西兰皇后镇的运动旅游已经稳健发展超过七十年，其发展规模之大、极限运动品牌在世界的影响力之广、地方政府对项目的把控管理之细致、小镇对世界体育旅游市场分层之明确，都足以使得皇后镇成为世

① 尚力沛、程传银：《李宁体育园集聚的社会功能与辐射效应研究》，《南京体育学院学报》（自然科学版）2016年第2期。

界上体育专业小镇开发的模板和标杆。

2017 年 5 月，中国国家体育总局办公厅发布《关于推动运动休闲特色小镇建设工作的通知》，正式启动了运动休闲特色小镇建设工作。目前，国内进入建设阶段的体育小镇已经超过 100 个，在这些小镇的规划中，自行车、马拉松、钓鱼、登山、冰雪等户外项目成为热门主题。基于对新西兰皇后镇“体育 +”旅游目的地核心吸引力形成建设的经验总结，不仅可以对政府干预、机构监管的管理模式加以借鉴，还可以对体育小镇的项目发展运营方式加以借鉴。

五　国外案例对北京发展高质量文化和旅游业的启示

（一）供给侧改革创新，“体育 +”旅游促进北京市旅游业高质量发展

随着国务院 46 号文件《关于加快发展体育产业促进体育消费的若干意见》于 2014 年 10 月出台后，体育产业发展成为国家战略布局中的一部分。“体育 +”旅游也随之表现出推陈出新的潜力，在国家供给侧改革的背景下，不断推出“体育 +”旅游创新政策、创新产品以及创新路线等多个创新增长点，“体育 +”旅游市场规模多年保持两位数稳步增长。此外，2016 年 10 月中共中央、国务院发布的《“健康中国 2030”规划纲要》以及 2017 年 5 月 9 日国家体育总局办公厅下发《关于推动运动休闲特色小镇建设工作的通知》，奠定了我国通过运动休闲旅游建设推进人民健康事业融合发展的行动基础。这不仅是国家健康领域中长期建设的供给侧改革，也为助力新型城镇化建设以及乡村振兴提供了支撑。因此，北京市采取“体育 +”旅游模式致力于打造集运动休闲、文化、健康、旅游、养老、教育培训等多种功能于一体的空间区域、全民健身发展平台和体育产业基地。

而作为冬奥会的举办地之一，北京市的滑雪“体育+”旅游产业迎来了发展的黄金时期，呈现出欣欣向荣的景象。结合北京市自身实际情况，充分发挥其丰富的滑雪资源和通畅的交通条件的优势，既要大力发展冰雪体育和周边产业，也要以“体育+”旅游产业的发展为中心，对北京市旅游产业的结构进行调整，从而带动地方旅游经济的发展。促进冰雪体育活动消费、滑雪体育赛事消费以及冰雪观赏消费等多方面的旅游消费，实现较高的旅游收入，有利于推动京张滑雪旅游产业发展。因此，研究北京市“体育+”旅游的发展对推动北京市经济发展、加强京津冀地区冰雪产业合作具有重要意义。

（二）培育中高端市场，“体育+”旅游是高质量旅游消费市场的有效供给和有力抓手

1. 旅游消费需求的提高成为初始拉力

根据马斯洛需求层次理论，在基本生活需求得到满足的当下，人们开始对健康生活有着更多的关注与需求，而传统观光旅游也逐渐被市场所遗忘，随之而来的是复合型健康旅游的发展，注重游客体验的参与式旅游成为旅游消费需求的拉动力。因此，“体育+”旅游模式恰好可以满足旅游者对于沉浸式参与、趣味性娱乐的需求，从而满足人们日渐改变的旅游消费需求。“体育+”旅游的新型旅游产品融合了旅游业的异地性和观赏性以及体育产业的参与性和刺激性，正是这种具有差异化的合作模式，使得“体育+”旅游不仅能满足旅游者的个性化需求，还能使北京市旅游市场空间成倍放大，充分利用京郊“体育+”旅游资源。因此，旅游需求的变化是促进北京市“体育+”旅游模式发展的主要因素。

2. 促进北京市旅游经济快速增长

由此可见，体育赛事的举办在北京市经济发展中有着重要的影响。赛事举办不仅需要得到政府部门以及社会各界人力、物力的支持，还需

要保持超前的基础设施规划，因此，北京市的发展离不开承办比赛所带来的契机。在此背景下，北京市的旅游业随之迅速发展，体育赛事的举办带来的客流量以及吃、住、行、游、购、娱全方位的消费超出日常水平。奥运会等大型体育赛事的经济收入主要来自比赛门票、直播版权以及相关体育周边的开发和推出。

（三）“体育+”旅游消费，带动文旅市场高质量发展

1. 体验式“体育+”旅游营销带动其他行业的营销

“体育+”旅游的开展主要基于旅游者体验，突破传统体育消费形式，当代年轻人追求更加新鲜的消费体验。例如，世界杯期间的球迷即使到不了比赛现场，也不愿独自安静在家欣赏比赛，而是更乐意去酒吧或饭馆与其他球迷一起看球，分享比赛中的喜悦、激动、汗水与泪水。据统计数据，2018 年俄罗斯举办世界杯期间有将近 80 万人走出家门观看比赛，如果按照人均消费 100 元计算，会产生 8000 万元的消费额度，创造较高的经济效益。因此，追求潮流的年轻消费者更希望通过参与式体验释放压力，当前比较流行的滑翔运动、跳伞运动、潜水运动、蹦极运动、攀岩运动、漂流运动等都是北京市“体育+”旅游未来的发展方向。

2. 共性与个性相结合的度假区服务运作

面对京郊度假区宝贵的体育资源，确保其公益性与教育功能并存，从资源保护、运动教育与体育认知启蒙等方面进行考量，并与特许经营等商业运作协调发展，实现“体育+”旅游与休闲度假市场之间的均衡发展。“体育+”旅游服务内容设定丰富，既可以设置休闲体育俱乐部的高端会员制，也可以通过市场细分发展生态度假民宿。“体育+”旅游产品在共性发展的同时，通过国际检测与认证实现第一产业与第三产业融合发展，扩展“体育+”旅游消费内容。

（四）“体育＋”旅游拓展中产阶层休闲度假模式

1. 成熟与多样的“体育＋”旅游组织方式

北京“体育＋”旅游的组织模式大致可以分为以下三种类型。

一是俱乐部会员制。体育休闲俱乐部的成立刚好迎合体育运动爱好者志趣相投、休闲娱乐以及体育活动等方面的需求，具有社交、服务、休闲、锻炼等“体育＋”旅游特色。俱乐部制“体育＋”旅游的代表运动有高尔夫、游艇等。

二是分时段度假形式。通过分时段营业有效降低“体育＋”旅游运营成本，同时高效利用体育设施以及住宿场地，避免因固定资产闲置而造成的成本流失。因此，全球越来越多的体育休闲度假采用分时段的形式，60 多家分时度假集团、4500 多家采用分时度假模式的度假村。

三是产业集群模式。目前“体育＋”旅游产业集中度较低，多数从事“体育＋”旅游的企业属于中小型，硬件设施、人才以及经验不足。通过体育产业与旅游产业联动，基于现有体育协会与旅游企业的合作，北京市打造“体育＋”旅游产业集群中心具有明显的优势。

2. 开展灵活利用自然和文化的“体育＋”旅游

由调查可知，日本旅游业在灵活利用自然和文化资源方面成效显著。充分利用不同季节、不同类型的自然资源，提炼其文化内涵，并通过新颖的方式使其深度融入旅游产品或者服务。比如，除深受滑雪爱好者喜爱的粉雪外，基于日本山区丰富的温泉资源，滑雪后泡温泉深受国外游客的喜爱，因此，北京市发展“体育＋”旅游需要配套建设温泉宾馆等设施，同时考虑增加亲子等项目，提高传统的旅游产品和服务的附加价值，成功地延长游客在北京的住宿时长，进而增加旅游消费[①]。

① 日本国土交通省观光厅：《促进冰雪度假村地区发展的总结报告》，hops：//wcvw. mlit. go. jp/common/001183717. pdf，2020 年 2 月 26 日。

（五）北京市“体育+”旅游的生态统筹规划

“体育+”旅游的基础设施建设方面，应防止出现一哄而上的投资过热现象，做好统筹规划。为了避免因滑雪场建设过热而导致的生态环境问题，有必要制定严格的生态环境标准、加强环保行政指导监督并开展持续监测。同时，鼓励社区等利益相关方的参与，防止冰雪设施和其他基础设施建设对当地生态的破坏。

北京市“体育+”旅游多集中在京郊地区，京郊基于自然生态景观和独特的地理区位，本身就具备一定的低碳优势。如果能在此基础上开发符合首都地区实际的“体育+”旅游运动项目，就可以强化低碳优势，打造具有独特优势的乡村经济发展空间。比如，地势较为平缓的地区可以在旅游线路中增加自行车骑行项目，在不影响游客欣赏自然风景的同时拓宽经济渠道；水资源比较丰富的地区可以开发垂钓、划船、游泳等体育运动项目，提高水域的经济附加值；气候比较寒冷的地区可以开发冬季滑雪、溜冰等运动项目，丰富游客的冬季户外活动，促进多样化消费。因此，在旅游中融入体育项目，完全符合低碳环保的生态产业开发需求，能够有效保护首都地区的生态环境。从这个意义上说，首都地区发展“体育+”旅游可以满足生态文明建设的总体要求，把京郊建设为生态宜居的“体育+”旅游目的地①。

参考文献

吴羽正昭：《日本滑雪人口的区域特征》，《人文地理学研究》2002 年第 26 期。

小林胜法、佐佐木正人：《观光旅游推动休闲滑雪大众化的相关研究课题》，《文教大学国际学邢纪要》2010 年第 20 期。

---

① 邹开敏、庄伟光：《乡村振兴下乡村体育旅游高质量发展》，《广东经济》2020 年第 5 期。

北海道札幌市观光文化局体育企划事业科:《冬季奥运、残运会调查报告》, https://www.city.Sapporo.jp/sports/olympic/documents/gaiyo.pdf, 2020 年 2 月 10 日。

尚力沛、程传银:《李宁体育园集聚的社会功能与辐射效应研究》,《南京体育学院学报》(自然科学版)2016 年第 2 期。

张婷、刘壮:《日韩奥运后的体育发展对北京奥运后中国体育政策的启示》,《体育与科学》2009 年第 29 期。

刘里:《冰雪运动人才储备战略布局思考——基于 2018 韩国平昌冬奥会视角》,《南京体育学院学报》2017 年第 3 期。

日本国土交通省观光厅:《促进冰雪度假村地区发展的总结报告》, hops://wcvw.mlit.go.jp/common/001183717.pdf, 2020 年 2 月 26 日。

邹开敏、庄伟光:《乡村振兴下乡村体育旅游高质量发展》,《广东经济》2020 年第 5 期。

章卓君:《大湾区背景下从体验经济角度对绍兴黄酒文旅产业的发展探究》,《中国商论》2021 年第 5 期。

许文:《体育赛事对北京体育旅游业的发展研究》,《中国商贸》2012 年第 12 期。

崔焱:《北京冬奥会对居民冰雪体育旅游消费需求与行为影响研究》,首都体育学院学位论文,2019。

王瑞:《运动休闲特色小镇体育旅游资源开发研究》,上海师范大学学位论文,2018。

张胜:《北京冬奥会背景下北京市滑雪体育旅游发展对策研究》,首都体育学院学位论文,2018。

王世军:《低碳时代我国乡村体育旅游发展策略研究》,《连云港师范高等专科学校学报》2020 年第 4 期。

胡慧璟、郭万超:《借鉴日韩经验发展首都冰雪产业》,《前线》2020 年第 6 期。

咸东进、陈金凤:《荷兰体育休闲游发展研究》,《当代体育科技》2018 年第 3 期。

丁红卫、王宇飞:《日本冰雪产业的发展经验及借鉴》,《宏观经济管理》2020 年第 7 期。

王欧:《日本旅游业文化的特点探析》,《才智》2013 年第 1 期。

林朝晖、李建国:《国外度假区体育发展及其启示》,《体育文化导刊》2012 年第 11 期。

文旅融合背景下北京休闲空间结构优化研究

赵雅萍*

摘　要： 目前，北京市已经形成了休闲环境优化、休闲空间扩大、休闲活动多样化的发展格局。然而，与人们日益增长的对休闲供给多元化、层次化、融合化、智慧化的需求相比，北京市休闲空间存在的总量不足、分布不均、空间规模不达标等问题，已经成为满足人们日益增长的对高质量休闲需求的主要制约因素。在文化旅游融合发展的新时代，北京市休闲产业要走中国特色内涵式、高渗透融合、高质量发展之路，构建全域化的居民休闲空间体系，优化居民休闲空间结构，增强居民和游客对高品质休闲的获得感。

关键词： 文旅融合　休闲空间　主客共享

一　引言

城市规划建设理念和实践开启了新的篇章，宜居城市、海绵城市、

* 赵雅萍，北京市社会科学院市情调查研究中心助理研究员，博士，北京世界城市研究基地专职研究员。

紧凑城市、低碳城市、智慧城市等概念不断涌现，城市规划、城市美学、休闲哲学等多学科融合发展的趋势日益明显。现代信息技术的发展，以及后疫情时代人们生活乃至休闲方式的变化，都使得居民对于其生活和工作的城市空间提出了更高的要求，无论是城市建设和管理都应当让居住其间的人更加舒适、满意。正如刘易斯·芒福德（Lewis Mumford）在其《城市发展史》中写的"相比城市与自然环境之间以及与人类社会的精神价值之间的关系而言，城市在物质层面的设计及其经济功能居于其次"。

休闲是人与自然的和谐之道，而城市则是休闲的载体和容器。早在1933年，国家现代建筑协会（CIAM）制定的《雅典宪章》就将生活、工作、游憩和交通确定为城市的四大功能，满足人们的休闲需求是城市建设和发展的内在功能。[①] 从国际经验来看，城市休闲产业的发展、休闲功能的优化和休闲品质的提升是发达国家经济社会发展的驱动力，也是特大型城市发展的内在要求。城市是休闲活动的供给者，也是需求者。城市休闲空间的分布影响着居民能够获得的休闲机会和休闲质量，是环境本底、景观特色及文化脉络等在城市休闲系统的空间映射，是衡量城市生活质量的重要标准。

党的十九大对我国当前社会主要矛盾做出了新的判断，即"社会主要矛盾已经转化为人民日益增长的美好生活需要与不平衡不充分的发展之间的矛盾"。休闲产业是五大幸福产业之一，发展休闲产业正是让民众过上美好生活的有效途径，而构建高质量的休闲空间则是打造美好生活这一命题的应有之义。2017年9月《北京城市总体规划（2016年—2035年）》发布，新一版的总规定下了严格控制城市规模、优化城

---

① 宋瑞：《休闲是城市的内在功能和独特魅力——〈全球休闲范例城市研究〉简述》，《学术动态》2012年第34期。

市空间结构和功能的基调，北京城市建设面临着从增量建设向存量优化的转型。与此同时，北京 2001 年人均 GDP 突破 3000 美元大关，休闲产业逐步发展。2010 年北京人均 GDP 突破 10000 美元，2018 年突破 20000 美元（见图 1）。目前，北京市已经形成了休闲环境优化、休闲空间扩大、休闲活动多样化的发展格局。然而，与人们日益增长的对休闲供给多元化、层次化、融合化、智慧化的需求相比，北京市休闲空间存在的总量不足、分布不均、空间规模不达标等问题，已经成为满足人们日益增长的对高质量休闲需求的主要制约因素。

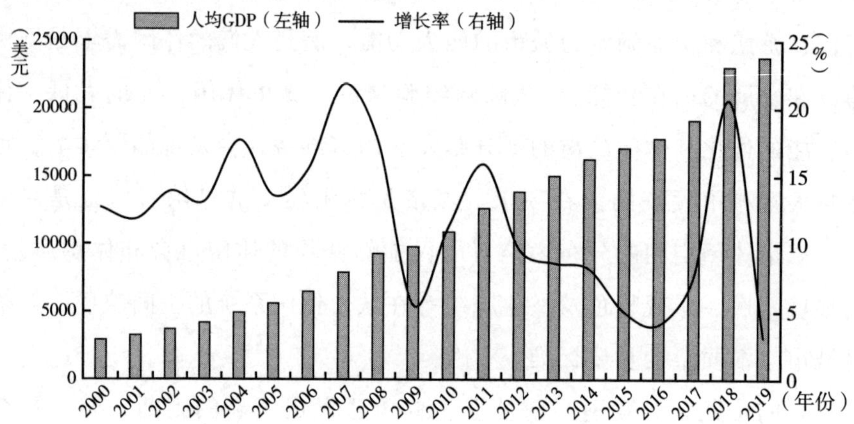

图 1　北京人均 GDP 及其增长率

《中华人民共和国国民经济和社会发展第十四个五年规划和 2035 年远景目标纲要》提出，要推动文化和旅游融合发展。在文化旅游融合发展的新时代，北京市休闲产业要走中国特色内涵式、高渗透融合、高质量发展之路，要构建全域化的居民休闲空间体系，优化居民休闲空间结构，增强居民和游客对高品质休闲的获得感。

二 休闲与休闲空间

（一）休闲及其相关概念

学术界关于休闲（leisure）的概念不一而足，但大致可以归为五个角度，即休闲活动、休闲时间、存在状态、心态和制度。总的来看，休闲是时间、活动、状态、生活方式，它意味着自由和选择，并且通常有多种表现形式，是一种完整的存在状态或者是思想的经历。[①] 人们在闲暇时间所从事的消遣性活动都可以归为休闲，其目的在于寻求精神上的轻松、快乐、自由与解脱。[②] 休闲活动类型多样，场所也没有一定之规，既可以在户外也可以在室内，既可以读书、绘画、唱歌也可以散步、郊游、参与竞技等活动。

与休闲相近的概念还有旅游（tourism）和游憩（recreation）。世界旅游组织和联合国统计委员会对旅游的技术性定义是："旅游是指人们为了休闲、商务或其他目的而离开其惯常环境，到某些地方并停留，但连续时间不超过一年的活动"，它是人们离开常住地到异地他乡的旅行和暂时居留所引起的一切现象和关系的总和。严格意义上的旅游往往持续 24 小时以上，即必须在外住宿一个晚上。A. J. Veal 在《休闲和旅游政策与规划》一书中明确指出："休闲和旅游两种现象的重叠之处在于：旅游可以被看作是发生在离家较远地方的一种休闲形式。"关于游憩，国内学者更多地将其理解为离开居住地的一种短途游玩活动，包括"有旅之游"和"无旅之游"。其涵盖范围较大，但

① 克劳斯·韦尔梅尔、克里斯廷·马西斯主编《旅游和休闲业：塑造未来》，宋瑞、马聪玲、蒋艳译，格致出版社、上海人民出版社，2012。

② 吴承忠：《休闲与休闲经济有关概念辨析》，载《休闲与国计民生——2008 年中国休闲与社会进步学术年会文集》，2008。

时间多限定在一天之内是一种不过夜的在距离居住地一定范围内的休闲活动(见表1)。

表1　休闲、游憩与旅游的区别与联系

项目	旅游	休闲	游憩
距离/空间	旅游为离开常住地和居住地,空间距离较远,不包括室内活动	休闲活动可同时在室内和户外开展,是在工作地或常住地范围内的活动	游憩通常为离常住地和工作地较近的休闲活动
时间	旅游通常指超过24小时的休闲行为	休闲是指在闲暇时间内开展的活动	游憩更多的是指不过夜(即不超过24小时)的娱乐活动

斯蒂芬·J. 佩奇和米歇尔·霍尔认为，休闲与旅游、游憩是一组意义重叠、相互关联的概念。中国国家旅游局发布的《关于征求对修订旅游统计指标意见的函》中，从时间和距离上对游憩和旅游进行了区别：离开常住地10公里以上、出游时间超过6小时、未住宿过夜的游憩者为一日游旅游者，这也从另一个角度说明了游憩和旅游之间的关系。①

（二）休闲空间及其分类

休闲空间泛指人消遣、游玩、社交的场所②，根据供给主体的不同，城市休闲空间可以分为公益供给型休闲空间、盈利供给型休闲空间和自我供给型休闲空间③。其中，公益供给型和盈利供给型休闲空间是本研究的重点，“是处于城市或城市近郊的，游憩者可进入的，具有休息、交往、锻炼、娱乐、购物、观光、旅游等功能的开放空间、建筑及设施”④。这两类休闲空间同时也满足《城市公共休闲空间分类与要求

① 李业龙：《北京石景山城市公共休闲空间布局规划研究》，北方工业大学学位论文，2018。
② 马慧娣：《西方城市游憩空间规划与设计探析》，《齐鲁学刊》2005年第6期。
③ 华钢、楼嘉军：《城市休闲系统研究》，《旅游论坛》2009年第3期。
④ 吴必虎、俞曦：《旅游规划原理》，中国旅游出版社，2010。

GB/T31171－2014》中对城市公共休闲空间的定义，即城市建成区范围内满足公共休闲需求的公共空间，具体包括中央休闲区、公园、城市广场、休闲商业区、休闲步道、文化场馆等。从本地居民利用的角度看城市休闲空间可以分为城市公园、道路及沿街绿地与环境设施、大型城市绿地、文娱体育设施、半公共游憩空间，从外来游客利用的角度看可分为城市步行空间、城市滨水游憩空间、文博教育空间、商业游憩空间与商业设施、城市特色建筑和构筑物、旅游景区（点）及设施（见表2）。

表2　城市休闲空间分类

服务组	主类	干类
面向本地居民	城市公园	市区级综合公园、居住区公园、动物园、植物园、儿童公园、其他专类公园
	道路及沿街绿地与环境设施	沿街小游园、道路红线内绿地、街旁公园与设施
	大型城市绿地	环城绿带(游憩带)、郊野公园、市内大型绿地、公园陵园
	文娱体育设施	文化娱乐场所(文化宫、文化馆、社会公益活动机构等)、艺术剧场(剧场、剧院、电影院等)、体育场馆
	半公共游憩空间	小区游憩空间、单位内部游憩空间
面向外来游客	城市步行空间	城市广场、步行街
	城市滨水游憩空间	滨海游憩区、滨湖游憩区、滨江河游憩区
	文博教育空间	博物馆、展览馆、美术馆、艺术馆
	商业游憩空间与商业设施	城市商务中心区、城市特色商业街区、食宿娱乐场所
	城市特色建筑和构筑物	建筑综合体(群)、独立建筑
	旅游景区(点)及设施	城市旅游公园[主题公园、名胜公园、野生动物园、水族馆、观光农业园、游乐园、历史地段(街区)、纪念地、遗址等]、城市史迹旅游地、城市风景名胜区、旅游度假区/疗养区、宗教寺观、高尔夫球场

资料来源：吴必虎、董丽娜、唐子颖：《公共游憩空间分类与属性研究》，《中国园林》2003年第5期。

表2的分类基本上涵盖了城市休闲空间的所有类型，而从城市空间尺度来看，上述所有的类型都可以落实在社区公共休闲空间、城区休闲组团空间、环城延展休闲空间三个层面上（见图2）。

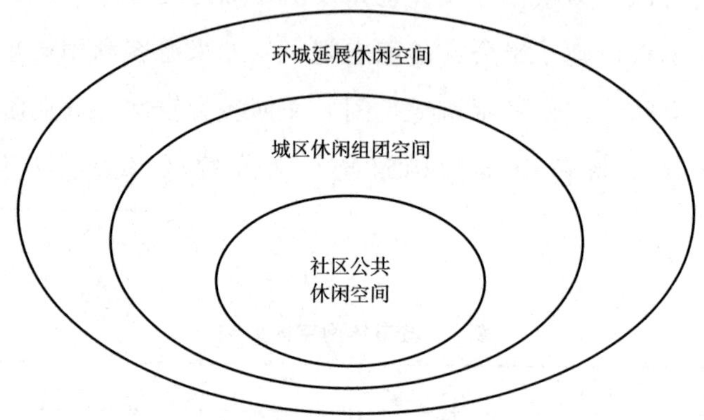

图2　城市休闲空间体系及层次图

三　北京休闲空间发展现状

1995年以来，我国先后颁布并执行“双休日”“黄金周”等休假制度，居民的闲暇时间显著增多。随着休假制度的调整，北京市居民每年享有的法定闲暇时间大约为115天，再加上不同程度的带薪休假，相对“富余”的闲暇时间使得更多的人选择外出休闲。休闲时间的增加和国民收入的增长刺激了休闲需求的增加，2000年北京国内旅游人次达1亿，2011年突破2亿人次，而仅用了7年到2018年就突破了3亿人次，年均增长率达到6.84%（见图3）。

休闲需求的增加推动了城市改造和城市美化运动，一系列的城市休闲空间应运而生。而具体到北京，除了上述时间和收入两大因素助推休闲空间发展之外，还得益于以下两个转变。首先，得益于北京市居民休闲观的转变。居民休闲观从“消极”向“积极”转变，居民不再满足

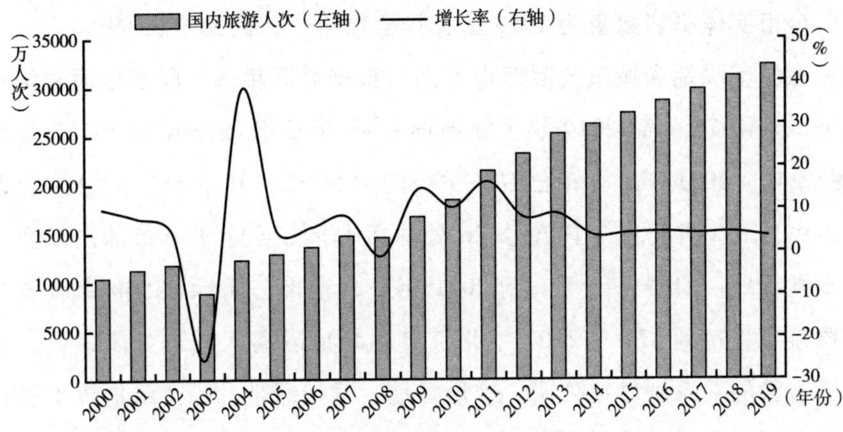

图 3　2000 ~ 2019 年北京国内旅游人次及其增长率

于居家或社区内休闲，市内公园绿地、环城郊野平原、远郊丘陵山区等都被纳入居民的休闲空间体系。其次，得益于北京市基于首都功能定位的城市建设实践的转变。近年来，北京市以落实首都功能定位、疏解非首都功能、城市副中心建设等重大战略举措为抓手，在城市规划、旧城改造和城市更新的过程中，更加重视城市居住、交通、游憩、休闲等多种功能之间的协调和平衡。在这个背景下，北京城市休闲空间不断延展，主要体现在量的增加和质的提升两个方面。

（一）休闲空间的延展：量的增加

在量的增加上，北京市对标国际一流的和谐宜居之都，致力于增强城市的文化休闲功能，通过加强文化设施、城市绿地、口袋公园、郊野公园等公共建设拓展城市休闲空间。

以城市休闲活动的重要空间载体公共文化设施为例，北京市以构建现代公共文化服务体系为抓手，通过不断增加对公共文化建设的投入、推动公共文化服务共建共享等举措，使得公共文化设施的数量有了较大幅度的提升。目前，北京“市—区—街乡—社区/村”四级公共文化服务设施网络基本实现全覆盖，已建成 15 分钟文化服务圈。截至 2020 年底，全市实体书店数量为1938家，排全国第一，同比增长49%。

在城市绿地和城市公园建设方面，根据城区年末公园绿地面积统计数据，从1978年到2019年，绿地面积从2693公顷增长到35157公顷（见图4）。2021年，全市已有各类公园1050个，其中88%的公园免费向市民开放，并将在年内再添26处休闲公园、4处城市森林，以及一批小微绿地、口袋公园等，到2021年底，全市公园绿地500米服务半径覆盖率将达到87%。2007年北京启动绿地隔离区城市公园建设，将市区边缘的一系列城市公园、楔形绿地、滨河绿带、隔离绿地等串联在一起，形成集生态保护和休闲游憩等功能于一体的生态"公园环"。到2020年第一道绿化隔离区已形成"郊野公园环"，共有公园百余处，到2022年第二道绿化隔离区将建成到尺度郊野公园14处。

在《北京市推进全国文化中心建设中长期规划（2019年—2035年）》中，北京市启动了新一轮的文化基础设施布局和建设，包括重点聚焦城市副中心、城市南部地区、新首钢地区等重要功能承载区，规划建设一批标志性的公共文化设施，加快建设北京市文化中心、北京人艺国际戏剧中心、北昆国际文化艺术中心、北京歌剧舞剧院、南部演艺中心、亦庄文化演艺中心等重点项目，未来北京市的休闲空间将进一步扩展。

此外，随着全域旅游示范区创建评估工作的全面展开，旅游业逐渐从门票经济向全产业链经济转变，部分景区打开大门、降低门票、丰富业态，成为居民重要的日常休闲空间；很多博物馆、文化馆、美术馆都免费对外开放，使得休闲空间呈现出全域化发展的趋势。

（二）休闲空间的延展：质的提升

在质的提升上，为了解决城市休闲空间数量不足、功能单一、品质不高等问题，北京市近年来持续致力于城市休闲空间和环境的改造提升。

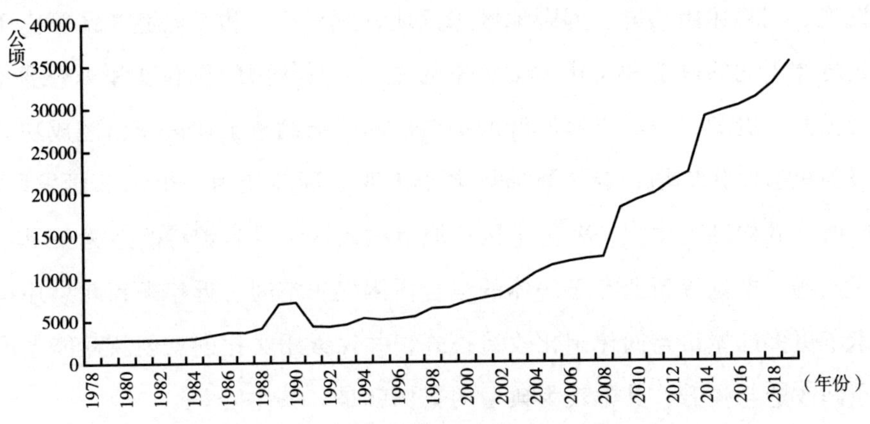

图 4　北京公园绿地面积增长趋势

1. 对碎片化、粗放式利用的休闲空间的精细化、集约化改造

2017 年北京市委制定了《关于城市公共空间改造提升示范工程试点工作方案》，通过扩展公共绿地、优化道路组织、恢复历史景观、增设文化小品、引入休闲设施等措施，将原有碎片化、粗放式利用的休闲空间进行高品质、精细化、集约化的改造提升，使其转化为胡同微空间、屋顶花园、口袋公园、车库花园、遗址公园、漫步空间等“小而美”的休闲空间，提升了市民的获得感和幸福感。2020 年北京市城管委联合多部门印发《背街小巷环境精细化整治提升三年（2020—2022 年）行动方案》，这项始于 2017 年的背街小巷三年整治行动通过留白增绿、拆违建绿、见缝插绿、垂直挂绿等措施，努力提升社区居民满意度，目前已涌现出了西城大栅栏街道施家胡同、石景山模式口南小街等 394 条“首都文明街巷”。

2. 对生态性、工业性等单一功能空间的旅游化、休闲化改造

随着林业、农业、工业、文化创意产业与旅游业融合发展越来越紧密，更多的自然保护地、林地、农地、草地等原本生态性功能空间被赋予旅游功能，废弃的工业厂区、厂房等工业性功能空间被改造为创意休闲空间，办公楼、医院、学校等非传统休闲场所也都积极配套建设休闲

设施、完善休闲功能。郊野地区、荒地、废弃工厂和工业遗产区等由于旅游休闲化的改造和文化美学意象的注入，其休闲的便利度和美誉度得到提升。例如，曾经惠通河畔的棉纺厂和机械制造工业区现已经成功升级为惠通时代广场；昔日酒仙桥电子工业区逐渐变为一个总部研发区，同时在其内部衍生出 798 艺术区；原首钢园区 1 号高炉将改造为集沉浸式剧场、电竞等新业态于一体的综合休闲娱乐空间。近年来，北京还探索了更多的城市空间休闲化改造模式，并探索用文化创意创新赋能老旧空间改造与提升，其中较为典型的案例就是“共生院”①。

四　北京休闲空间存在问题

总的来看，北京市休闲空间的建设中存在休闲资源多头管理制约统一休闲空间的形成、休闲服务供需错位等问题，具体从社区公共休闲空间、城区休闲组团空间和环城延展休闲空间三个层面来看，其表现又各有差异。

（一）社区公共休闲空间存在问题

社区公共休闲空间是与城市居民居住小区距离较近、位于居民日常生活行为所及范围内的休闲空间，是城市休闲生活的主要支撑。②

1. 休闲空间规划与社区建设“两张皮”，未实现“闲住平衡”

从北京市社区休闲空间来看，普遍存在的问题是社区休闲空间总量不足、分布不均、管理滞后等。特别是在人口密集度较高的大型社区，

① “共生院”模式：具体来说，就是对腾退出来的空间进行重新设计，形成一种建筑共生；引入新居民入住，和原居民做邻居，形成居民共生；将新的文化产业与历史街区的传统文化融合形成文化共生。

② 付达院：《基于休闲经济发展的城市休闲空间体系及其拓展》，《城市观察》2014 年第 1 期。

如天通苑、回龙观、亦庄、北七家、望京、方庄等，公共休闲设施及空间用地预留不足，导致现有休闲空间无法满足居民需求，处于超载状态，而原本不足的公共休闲空间被挤压、挪用，如绿地被改为停车场等事件仍时有发生。其根本原因在于，休闲资源管理、休闲公共服务、休闲空间规划与城市规划、社区建设“两条腿”走路，很多社区在建设休闲空间时忽视了休闲需求调查，未实现“闲住平衡”，导致距离过远、结构错位、供需错位，影响了休闲功能的发挥。

除此之外，在城市大规模扩展和居住郊区化的背景下，北京居民面临越来越严重的职住分离和长距离通勤问题，因此，社区尺度上的休闲空间配置与休闲设施的邻近并不一定会提高空间和设施的可达性和利用率。[①] 这一点对于超大型居住型社区，如回天社区，以及通州、顺义、大兴、昌平、房山等新城的社区来说尤为明显。因此，对于以建设世界级城市为目标的北京而言，如何设计和规划职住分离背景下的社区，特别是超大型社区和新城社区的休闲空间，从而实现“闲住平衡”、提高居民休闲的获得感和满意度，是亟须解决的问题。

2. 休闲空间供给主体各自为政，未形成以人为本的服务理念

在一项针对北京某社区居民休闲情况的调查中，市民参与社区休闲多为自发组织。以社区中老年居民的重要休闲方式——广场舞为例，这一休闲团体较为分散，没有固定的经费支持，也没有专门的活动场所和设施支撑，自其流行以来，有关广场舞跳进地铁、跳进酒店大堂，跳广场舞老人与打篮球青年争抢场地等的新闻不断见诸报端。虽然社区周围分布着经营性的休闲娱乐场所，以及学校等各企事业单位的体育馆、图书馆等休闲空间，但这些休闲场所不是收费较高，就是不对外开放，限制了社区居民的参与。街道、社区辖区内各事业单位或企事业单位仍存

① 程雪浩、刘志林、王晓梦：《职住分离背景下社区公共空间对社区融合的影响——以北京市为例》，《城市发展研究》2019 年第 12 期。

在各自为政的情况，没有形成以人为本的公共休闲服务理念，导致社区休闲服务的整合力无法形成，限制了社区休闲空间功能的利用与发挥。

表 3　某社区休闲公共服务组织与管理工作开展情况

单位：%

社区休闲公共服务组织	具有组织的社区占比
街道、居委会协助建设	4
体育部门协助建设	5
区域内学校共构建	6
群众自发组织	65
经营性俱乐部	10
事业或企业单位建设	10

（二）城区休闲组团空间存在问题

城区休闲组团空间是城市休闲空间的主体，主要包括城市广场、城市公园、公共绿地、游憩商业区（RBD）、旅游休闲街区、标志性景观休闲区，以及各种公共文化设施等。从北京市城区休闲空间发展情况来看，空间供需失配现象仍较为明显。

1. 未建立与服务人口相匹配的关系

从城市公园分布来看，受城市化进程、奥运会等重大事件、绿化政策等的影响，目前北京城市公园主要分布于东、西、东北、西北方向附近，呈现出中心聚集、外围拓展的不均衡发展态势，城市公园规划建设更多地体现出对产业和人口流动的引导，而非与城市现有休闲需求的匹配。[①] 此外，在新兴城市公园建设上，在公园选址、公园尺度、公园设施和服务，以及公园同公共服务及设施的衔接、同市民休闲需求匹配等

① 马聪玲：《城市休闲空间的量化评价：以北京市主要城市公园为例》，载《休闲绿皮书：2017～2018 年中国休闲发展报告》，2018。

多个方面缺乏前期考量，为公共休闲空间的后续利用带来困难。

从图书馆、文化馆等公共文化设施分布来看，目前北京市公共文化设施在空间上分布并不均衡，呈现北密南疏，三环内密集、三环外稀疏，核心城区相对密集、远郊区县相对稀疏的分布特征，且设施在规模、密度、服务人口和服务半径上与居民需求不匹配。例如，行政级别相同的朝阳区和石景山区，尽管在土地面积和常住人口规模上差异很大，但同样都只有一座区级公共图书馆，相比之下，人口规模更大的朝阳区的区级公共图书馆就存在超载现象。而对于石景山而言，其四周被山地、河流和原首钢工业区环绕，城市建成区面积和居民居住区面积相对较小，对休闲的空间需求相对集中，而石景山城市公共休闲空间呈现均质化、分散式分布，导致了公共资源的浪费。

2. 未形成主客共享的休闲空间体系

在大众旅游和全域旅游阶段，北京城市休闲空间还存在“景点”与“非景点”的对立，在利用主体上还存在市民与游客的割裂，主要表现在以下两个方面：首先是“旅游”导向型的景区景点近游客远居民。造成这一现象的主要原因是部分景点、街区过度商业化，导致本地居民参与率不高；休闲空间功能单一，特别是旅游集散中心、旅游咨询服务中心等，大多数的功能和业态集中为咨询、商超，辅之以北京旅游介绍、“北京礼物”等旅游纪念展示等基本功能，忽视了其服务于城市建设和市民需求的功能，不仅造成了游客休闲和市民休闲的割裂，还造成了淡季的空间、资源浪费。其次是“休闲”导向型的城市公园、文化馆、图书馆、博物馆等使用群体主要是本地居民，对游客的吸引力不足。

（三）环城延展休闲空间存在问题

环城延展休闲空间包括主题公园、郊野公园、农业观光园、旅游度假区、旅游景区等。

1. 未形成一体化的休闲空间体系

两个因素导致了一体化环城延展休闲空间的形成。

首先，政出多门。北京市的环城延展休闲空间，包括自然保护区、风景名胜区、森林公园、地质公园、湿地公园、水利风景区、海洋公园等多种类型。这些休闲空间归属于不同的行政管理部门，例如，地质类型的自然保护区——延庆硅化木保护区和房山石花洞，以及全市 8 个地质公园由自然资源部负责管理；怀沙、怀九河水生野生动物自然保护区和房山拒马河水生野生动物自然保护区由农业部门管理；森林公园、湿地公园、风景名胜区、自然遗产则由园林部门管理。休闲空间管理政出多门导致缺乏统一规划，加上节点之间缺乏旅游绿道串联，一体化的郊野休闲空间尚未形成。

其次，城乡割裂。受城乡二元结构的影响，北京市居民休闲也呈现出“强城市、弱农村”的特征，城乡居民在生活水平、休闲等公共服务获得方面存在一定差距。尽管随着公共政策逐渐向农村地区倾斜，农村休闲空间、设施缺乏状况得到部分改善，甚至出现了农村地区休闲设施部分闲置情况，但总体来看农村居民受惠程度还相对较低。

2. 未形成可亲近的休闲空间体系

环城延展休闲空间可进入性不强，阻碍了可亲近的休闲空间体系的形成。

首先，部分郊野休闲空间尚未对游客开放。部分自然保护地“怕麻烦”而直接一关了之，将游客拒之门外。以郊野公园所依托的资源之一山区林地来看，当前北京山区森林面积已经超过 1100 万亩，但山区造林普遍采用封育管理，如何在保护和管理好林子的同时，让市民享受造林成果，是林业部门和文旅部门所面临的重大课题。

其次，已经开发、开放的郊野休闲空间与游客需求的适应性还较差，主要体现在以下两个方面：一是郊野游憩功能不足。郊野休闲空间由于林地、水域、绿地等指标限制，缺少具有郊野特色的游憩休闲场所和设施。以南海子郊野公园为例，游客满意度调查显示，大多数人认为公园游憩活动缺乏郊野特色、游憩设施功能单一，游客的郊野游憩需求无法被满足。二是郊野景观特征的缺失。由于郊野休闲空间用地性质囊括了农用地、建设用地和未利用地，特别是农用地，在郊野公园的用地构成中占60%～80%。已建成的郊野休闲空间对农民住宅的动迁力度非常大，对农业生产、生活都造成了极大影响，农村的景象、农民的生活场景、优质的农产品都难以寻觅。由于具有地域特色的乡村风貌和具有历史价值的人文遗迹等人文资源的缺失，郊野休闲空间的风格与城市休闲空间同质化严重。

五　文旅融合背景下北京休闲空间优化对策建议

北京休闲空间优化应以习近平新时代中国特色社会主义思想，特别是文化与旅游融合发展思想为指导，以“文化＋旅游＋休闲”推动形成多产业融合发展新格局，按照“能融则融、宜融则融”的原则，延伸休闲产业链条，统筹规划城乡休闲资源，统筹保障居民、游客休闲需求，推动休闲空间共建共享。

（一）社区公共休闲空间的多元治理

1. 建立供需适配的休闲空间体系，实现闲住平衡

对于社区休闲空间，首先，在宏观层面上，休闲资源管理、休闲公共服务、休闲空间规划与城市规划、社区建设要同步进行，社区在建设休闲空间时要综合考虑人口密度和职、住空间的分布，合力规划和建设与服务人口规模和半径相匹配的社区休闲空间体系，要合理规划首都休闲功能区和生活圈，科学布局居民的休闲和居住空间，重点增加邻近居住区，特别是大型居住区的绿地、公园等公共休闲空间的供给，建设“15分钟休闲生活点/区”“30分钟休闲生活圈”，实现居民“闲住平

衡”。其次，在微观层面上，要改善社区内循环，融入人性化和多元化改造元素，串联社区路网，疏通堵塞点，打通区域微循环，让社区居民走进绿地、享受休闲。

2. 加大社会参与力度，形成休闲空间供给的合力

形成以街道办与居委会为主导，企事业单位、经营性休闲娱乐场所、第三方组织[①]等为保障的社区休闲服务供给体系。一方面，探索开放式街区管理模式，鼓励已建成的住宅小区、学校、研究所、公司等企事业单位大院打开大门，开放共享绿地、休闲活动设施和文化、体育场馆等公共休闲空间，实现休闲空间的优势互补；另一方面，要探索市场供给社区休闲服务的模式，以书店、咖啡馆、酒吧等经营性休闲娱乐场所为主体，综合考虑合同外包、用户付费等市场配置手段，将休闲作为付费物品提供给社区居民，为进一步拓展居民休闲空间、丰富休闲内容提供依据。除此之外，要充分发挥第三方组织[①]的优势，对其所提供的休闲服务中心、休闲社团等空间、设施和服务等进行适当规制，以便形成社区休闲公共服务供给合力，提升社区休闲公共服务效率。

（二）城区休闲组团空间的功能整合

1. 休闲空间建设与城市功能相协调

城市休闲空间并不是一个孤立的空间，其建设与发展与整个城市的空间格局和功能调整息息相关。只有将城市休闲空间建设与城市功能相协调，才能充分发挥城市休闲空间在休闲、旅游、防灾减灾、科普、教育等方面的复合性功能，并在均衡、修复、优化城市功能中起到应尽的作用。

首先，要建立便利化、尺度适宜的休闲空间体系，提升休闲空间的

---

① 此处的第三方组织又称非营利性组织，主要是根据全民休闲的开展情况，在民政部门注册登记后为居民提供休闲公共服务的社会团体。

使用效率。要按照“可进入、可参与”的原则，从人的尺度出发，从人的感受出发，因地制宜地规划城市休闲空间，而不是陶醉于广阔的占地面积和宏大的现代技术。纽约中央公园面积相当于北京奥林匹克公园的一半，卢森堡公园面积与北京的日坛公园相当，但这都不影响它们成为城市休闲空间规划和利用的典范。海德公园为了保证周围几十个公交站点的正常运转，在不影响公园景观的同时，对中央公园四条主干道采取地下穿行的设计方式，既保证了城市交通功能的正常发挥，也提升了公园的可达性和安全性。

其次，要推动休闲空间与周边街区的融合共享，通过线性廊道将文娱休闲场所、城市商业区、历史文化遗迹、居民住宅区等有机相连，将城市生活融入各类休闲空间；要将“精细化治理”理念从背街小巷整治推广至社区乃至城区、环城游憩带等更大尺度休闲空间的建设实践中，重点围绕城市副中心的老城，中心城区的冬奥会、冬残奥会场馆，平原新城的建成区、回天地区、大兴国际机场周边等区域由点扩面、由内而外全面提升城市休闲空间适游性和满意度；要增加商务区、开发区、CBD 等产业聚集区第五立面的绿化、休闲化改造，结合周边绿道、公园、小微空间的利用和改造，为市民提供更多的休闲空间，使居民的休闲权益在长距离通勤和职住分离的背景下也能得到保障。

2. 建立主客共享的休闲空间功能

在双循环背景下，城市休闲组团空间的建设应强调主客共享。首先，“旅游”导向型的空间应当兼顾市民休闲的需求，把满足本地居民对美好生活的需要放在重要位置，完成从全域旅游向全域休闲的转变。旅游休闲街区、旅游集散中心、旅游咨询中心等除了满足游客信息咨询、景区展示、交通换乘、超市购物、如厕休憩等需求外，还要结合城市休闲生活，融入主客共享的文化、商业、医疗等，在改善旅游淡季困境，避免空间、资源闲置浪费的同时，还可以满足本地人的生活和休闲需求。其次，“休闲”导向型的空间应当注重旅游功能的发挥，以文化与旅游融合发展思想为指导，推动图书馆、博物馆、美术馆等公共文化设施旅游化，使公共文化设施不仅成为文化服务的重要阵地，也成为旅游发展的重要载体；同时，在居民休闲调查时，要避免仅考虑常住人口的局限，不仅考虑到本地居民的休闲需求，同时也要考虑到一日游客、短期旅游者、长期旅居者等的需求，做到休闲空间共建共享。

（三）环城延展休闲空间的体系建立

1. 构建一体化的居民休闲空间体系

首先，建立由旅游主管部门牵头，各相关部门和单位参与的统一、协调的管理机制，从根本上解决郊野休闲空间归属过多、管理混乱的问题。将归属于自然口、农业口的管理职能剥离出来，由北京市园林绿化局设立专门部门对自然保护地统一进行管理，并将由市园林绿化局不同处室管理的森林公园、湿地公园、风景名胜区、自然遗产地也全部划归到该部门，实现自然保护地资源的统一管护。

其次，补齐乡村、城乡接合部等地区在公共休闲设施和公共休闲服务等方面的短板，公共休闲设施建设和项目选址向城市生态涵养区、乡村地区倾斜；改善和提升乡村的人居环境、公共休闲服务等；缩小城乡休闲在规模、结构和质量上的差距，维护休闲空间正义与空间公平。

2. 构建全域化的居民休闲空间体系

中共北京市委关于“十四五”规划和2035年远景目标的建议指出，要持续降低首都功能核心区人口、建筑、商业、旅游“四个密度”。在全域旅游发展的背景下，主题公园、郊野公园、旅游景区等环城延展休闲空间要充分发挥休闲功能，以文化与旅游融合发展思想为指导，从门票经济转变到“旅游＋文化＋休闲”产业经济，将环城延展休闲空间建设为兼具生态性、郊野化等自然属性，充满乡土性、地域性等人文属性的游客和居民共享的幸福空间，实现多方共赢。

基于现有5个区的全域旅游规划成果编制面向北京全市的居民休闲

游憩总体规划，统筹利用北京市自然保护区、森林公园、湿地、水库、草原等休闲空间，在发挥其主体功能、保障生态安全的前提下，引进自然经营、森林疗养、生态体验教育等先进理念，增强其可进入性，并通过旅游绿道将游憩、休闲空间串联起来，让居民的休闲空间从点状的郊区景区扩展到面状的广阔郊野，降低中心城区休闲旅游密度。

参考文献

程雪浩、刘志林、王晓梦：《职住分离背景下社区公共空间对社区融合的影响——以北京市为例》，《城市发展研究》2019 年第 12 期。

冯凌宇：《公园城市视角下的城市公共休闲空间建设——以成都为例》，《中共成都市委党校学报》2019 年第 5 期。

付达院：《基于休闲经济发展的城市休闲空间体系及其拓展》，《城市观察》2014 年第 1 期。

华钢、楼嘉军：《城市休闲系统研究》，《旅游论坛》2009 年第 3 期。

克劳斯·韦尔梅尔、克里斯廷·马西斯主编《旅游和休闲业：塑造未来》，宋瑞、马聪玲、蒋艳译，格致出版社、上海人民出版社，2012。

李业龙：《北京石景山城市公共休闲空间布局规划研究》，北方工业大学学位论文，2018。

马聪玲：《从世界主要城市公园看城市公共休闲空间的形成与演变》，《城市》2015 年第 3 期。

马慧娣：《西方城市游憩空间规划与设计探析》，《齐鲁学刊》2005 年第 6 期。

宋瑞：《休闲是城市的内在功能和独特魅力——〈全球休闲范例城市研究〉简述》，《学术动态》2012 年第 34 期。

陶晓丽、陈明星、张文忠、白永平：《城市公园的类型划分及其与功能的关系分析——以北京市城市公园为例》，《地理研究》2013 年第 10 期。

吴必虎、董丽娜、唐子颖：《公共游憩空间分类与属性研究》，《中国园林》2003 年第 5 期。

吴必虎、俞曦：《旅游规划原理》，中国旅游出版社，2010。

张晨新、王延博：《北京市六环内公共休闲空间格局研究》，《北京测绘》2020 年第 8 期。

城市文化景观的价值意蕴及其对北京的启示

贾　澎*

摘　要： 城市的文化景观是城市所独有的符号，是城市习俗、时代特征、政治制度、城市艺术等城市文明的最佳载体。城市作为人类活动的产物从一开始就与文化紧密联系在一起，城市文化景观传承城市的历史文脉、彰显城市个性、体现城市的功能定位，是一所城市彰显其独特魅力的重要窗口。作为首善之区的北京，肩负着重要使命，其城市文化景观建设意义重大，应体现“四个中心”的战略定位、充分整合北京的文化资源、坚持文化景观保护与创新并举。

关键词： 城市文化景观　历史文脉　城市个性　文化创新

城市文化景观是人改造环境以完善生活和自身文明发展的产物，是城市所独有的符号。一所城市的文化景观所呈现的是居于其间的人类的历史和命运，是最能体现城市文化内涵、彰显城市文明水平的物化载体。然而现实中我们看到由于城市建设规划的疏漏以及城市个性的缺

* 贾澎，哲学博士，北京市社会科学院市情调查研究中心助理研究员，北京世界城市研究基地特约研究员。

失，原本独特的城市符号被解构，就如同后现代思想对当代建筑特征的总结，城市的文化景观也呈现出文脉主义（Contextualism）、隐喻主义（Allusionism）和装饰主义（Ornamentalism）的特征。

一 文化景观的内在价值

在城市文化的语境中，文化景观是城市文明的符号化，从具体载体来说，城市的文化景观体现在城市的街道、建筑、基本设施等人工建造物中。作为城市文明实体的文化景观为人类文明的发展提供了必要的条件。就像芒福德所说的那样，城市作为一个巨大的容器，“许多社会功能在此之前是处于自发的分散、无组织状态，城市的兴起才逐渐将其聚拢到一个有限的地域环境之内；因此，人类社区的各种组成部分才开始形成一种蓬蓬勃勃的紧张兴奋和相互感应的状态”。[①]换言之，容纳了文明的城市通过文化景观将城市的文化、人类的文明具象化、实体化。因此城市文化景观具有城市最重要的景观形态，是城市文明的最佳载体，具有重要价值。

（一）城市习俗的符号化

城市习俗是城市文化的内涵之一。不同的地区有不同的地域习俗，而通过这些地域习俗，我们看到的是这个城市的历史文脉和生活气息，形成对一个城市独具特色的文化印象。

就四合院来说，尽管同为四合院的结构模型，但在不同的地区结合不同的地理气候环境和社会环境，四合院就具有不同的形式。北京的四合院是北方住宅的典型代表，院落坐北朝南，布局依照主人身份地位有

---

① 〔美〕刘易斯·芒福德：《城市发展史：起源、演变和前景》，倪文彦等译，中国建筑工业出版社，1989，第23页。

不同的进制，纵向可以有两进的、三进的……直到五进的，横向可以有平行的跨院，在各进之间，又可以设有花园、园林、鱼缸等各种装饰，各进之间以位于中轴线上的花门相隔。以两进的院落来说，内院是家庭活动的场所，内院正北为家中地位最高者居住，东西两侧为厢房，供家中的晚辈居住。在北方，四合院是安静而舒适的住宅形式。我国南方的客家土楼其原型也是四合院，是因历史原因、人口南迁、结合当地气候和地理条件而形成的住宅。土楼延续了坐北朝南的形式，以祠堂为整个建筑的中心，这里是供奉祖先的地方。无论圆筒形土楼还是弧形土楼，都保持着四合院中轴对称的传统，居住模式也是单元式的。出于防御需求，福建永定的土楼外墙厚 1.5 米左右。出于遮阳的需求，土楼的走廊和天井等均成檐口的形状以增加土楼内的阴影。到了云南大理一带，白族的传统房屋也是以四合院为基本模型。还是由于大理多西向风，这里的四合院呈现出坐西朝东的方向，房屋结构由“三坊一照壁”和“四合五天井”作横向和纵向的组合。到了江浙一带，则是通过天井来布局四合院的空间。中间的天井是房屋中心，围绕四周的房屋连接在一起，这样一种建筑结构保持了住宅内的私密性，也有效地应对了梅雨季节和冬季阴冷的气候条件，有利于通风、采光、聚热。四合院作为住房的形式在不同的地区，依据各地气候条件和文化习俗的不同而具有不同的建制。可以说，四合院的建筑形式作为城市文化景观的符号之一代表了当地居民的生活习俗。类似这样的文化景观有很多，作为城市习俗的符号化被固定下来。

（二）时代主题的符号化

城市的文化景观反映时代主题的功能十分突出。在封建社会，时代主题的变迁不明显。在西方，时代主题显著变迁，其体现在城市文化景观上的变化也十分显著。

古希腊是一个信奉诸神的时期，卫城首先被认为是神的家园，因此最重要的文化景观就是神庙，如帕特农神庙就位于卫城的中心位置。帕特农神庙被认为是雅典守护神雅典娜居住的地方，因此建筑技术精湛，是多立克柱式建筑的最高成就。在那个时期，卫城中除了这些神的住所光辉而华丽外，百姓的住所则矮小、破烂、旧，非常可怜。[①] 到了中世纪时期，时代主题由诸神变为上帝，因此教堂成为当时城市文化景观的主要形式，以哥特教堂为代表（见图 1），其指向苍穹的尖顶、门上雕刻的山花、神龛上的滑盖等，使教堂看上去有一种与上帝直接沟通的动态形式，以此安慰教徒的心灵。教堂是那个时代城市生活的中心，市民大会、戏剧演出等都会选择在这里举行。可以说，教堂在那个时代不仅是教徒情感的依托，也是整个城市的象征，“建造这类教堂，不仅是为了与相邻城市在显示‘上帝荣耀’方面竞赛，而且是城市的骄傲”。[②] 近代以来，随着启蒙思潮的兴起，自由、平等、博爱的意识逐渐成为时代追求的主题。美国的自由女神像成为纽约城市文化景观的代表作。自由女神像耸立在纽约港，象征着自由神圣不可侵犯，是美国自由和民主精神时代主题的符号化。现代以来，随着技术理性占据统治地位，摩天大楼成为能够凸显技术之上的时代主题的代表物，成为城市文化景观的新标志。这一点在许多城市都有所体现。可见，时代的主题总是可以通过城市的文化景观被诠释出来。

（三）政治制度的符号化

城市的文化景观是政治制度的符号化。在封建社会，等级思想和制度根深蒂固，制约着人们的行为和伦理道德，并且在城市的文化景观上也表现得十分突出。帝王的宫殿用庑殿式的屋顶，五品及以上官员用庑

---

① 〔美〕刘易斯·芒福德：《城市发展史：起源、演变和前景》，倪文彦等译，中国建筑工业出版社，1989，第 125 页。

② 〔英〕帕瑞克·纽金斯：《世界建筑艺术史》，顾孟潮等译，安徽科技出版社，1990，第 206 页。

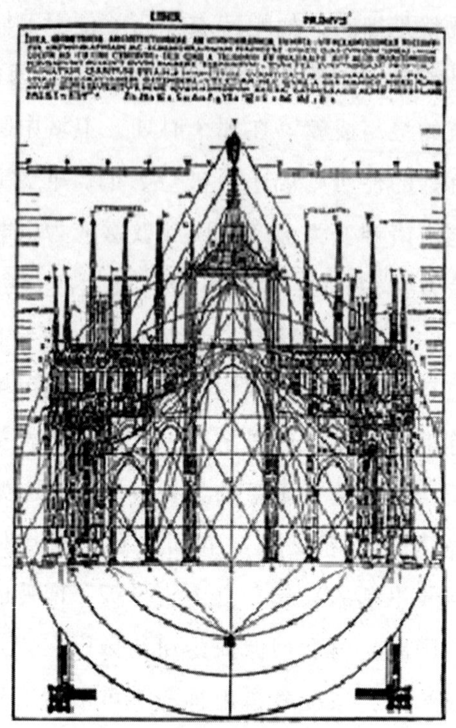

图 1　哥特式教堂的设计

殿式的屋顶，六品以下的官员和百姓则只准用悬山式的屋顶。[①] 在《礼记》中有这样的记载：公侯，可拥有七间或五间前厅、七间中堂、七间后堂；一、二品官员，可拥有五间厅堂；三至五品官员，可拥有五间后堂；六至九品官员，可拥有三间厅堂。[②] 斗拱作为古代建筑的结构构件承托着房檐的重量，在宋代以前，其对于房屋的结构作用明显，明清以后，其对于房屋的装饰作用明显。无论是起到什么作用，斗拱都被作为封建社会政治等级森严的符号化象征被规定着计量和使用的标准。根据《营造法式》的记载，斗拱分八个等级，各等级适用于不同规制的

① 潘谷西主编《中国建筑史》，中国建筑工业出版社，2004，第 247 ~ 276 页。

② 楼庆西：《中国古建筑二十讲》，生活・读书・新知三联书店，2001，第 33 ~ 48 页。

房屋（见表1）。[①] 到了清朝，斗拱则被分为十二个等级，用于各种规模的房屋（见表2）。[②]

表1　宋代斗拱的等级列表

斗拱用材	高度	厚度	适用建筑等级
一等材	9寸	6寸	用于9间或11间大殿
二等材	8.25寸	5.5寸	用于5间或7间大殿
三等材	7.5寸	5寸	用于3间或5间殿、7间厅堂
四等材	7.2寸	4.8寸	用于3间殿、5间厅堂
五等材	6.6寸	4.4寸	用于3间小殿、3间厅堂
六等材	6寸	4寸	用于亭榭或小厅堂
七等材	5.25寸	3.5寸	用于小殿或亭榭
八等材	4.5寸	3寸	用于殿内藻井或小亭榭

表2　清代斗拱的等级列表

<table>
<tr><th>斗口用材</th><th>高度</th><th>宽度</th><th>适用建筑等级</th></tr>
<tr><td>一等斗口</td><td>8.4寸</td><td>6寸</td><td rowspan="3">未见实例</td></tr>
<tr><td>二等斗口</td><td>7.7寸</td><td>5.5寸</td></tr>
<tr><td>三等斗口</td><td>7寸</td><td>5寸</td></tr>
<tr><td>四等斗口</td><td>6.3寸</td><td>4.5寸</td><td rowspan="2">用于城楼</td></tr>
<tr><td>五等斗口</td><td>5.6寸</td><td>4寸</td></tr>
<tr><td>六等斗口</td><td>4.9寸</td><td>3.5寸</td><td rowspan="3">用于殿宇（包括五等斗口）</td></tr>
<tr><td>七等斗口</td><td>4.2寸</td><td>3寸</td></tr>
<tr><td>八等斗口</td><td>3.5寸</td><td>2.5寸</td></tr>
<tr><td>九等斗口</td><td>2.8寸</td><td>2寸</td><td rowspan="3">用于小建筑（包括八等斗口）</td></tr>
<tr><td>十等斗口</td><td>2.1寸</td><td>1.5寸</td></tr>
<tr><td>十一等斗口</td><td>1.4寸</td><td>1寸</td></tr>
</table>

① 潘谷西主编《中国建筑史》，中国建筑工业出版社，2004，第261页。

② 潘谷西主编《中国建筑史》，中国建筑工业出版社，2004，第282页。

在封建政治制度的笼罩下，作为重要建筑结构的斗拱被严格规定了使用的尺寸和等级，喻示着封建政治制度、伦理等级不可僭越。可见，政治制度对城市的文化景观具有影响，城市文化景观是政治制度的符号化。

（四）城市艺术的符号化

城市的景观首先要满足人使用需求，因此城市的文化景观也必然以功能性为首要要求。在此条件约束下，能够被符号化为文化景观的事物必然具有与市民生活联系紧密、影响广泛、被历史反复检验而适用的特征，再加上其中所凝结的城市的历史和文化因素，这使得城市的文化景观具有一种整体性的城市艺术风格 。不仅如此，城市的每一个发展阶段都会在其文化景观上呈现出来，而这些文化景观没有随着历史的变迁而消逝，而是被保留下来，因此城市每个阶段的艺术风格都在文化景观上反映出来。凯文·林奇说，正是借助“城市里的建筑遗迹，‘记忆’城市的过去并在发展中‘认识自己’”。① 而这些被符号化固定下来的文化景观，不仅体现着城市的整体艺术风格，还隐喻着城市在那个时代的精神。比如，北京的紫禁城和鸟巢、水立方，巴黎的埃菲尔铁塔和香榭丽舍大道，伊斯坦布尔的圣·索菲亚教堂，纽约的曼哈顿和自由女神像，等等。从另一个角度来讲，城市的文化景观也只有能够反映城市艺术、以反映那个时代艺术风格的要求和艺术形式的标准来构建，才能够被长久地保留下来，并为城市之美加分，毕竟没有多少人愿意欣赏缺乏美感的文化景观并将其长久地保留下来。

① 〔美〕凯文·林奇：《城市形态》，林庆怡等译，华夏出版社，2001，第46~47页。

二 文化景观与城市的融合

城市作为人类活动的产物从一开始就与文化紧密联系在一起，城市的文化景观作为人类历史、文明的积淀，将时代主题、政治制度、城市艺术等文化符号化从而使城市的魅力和个性展现在人们面前。文化景观与城市的融合主要体现在以下三个方面。

（一）传承城市文脉

城市文化景观承担着传承城市历史和文化的功能。在对待城市建设与城市历史文脉的问题上，阿诺德·柏林特（Arnold Berleant）在其代表性著作《远方的城市：关于都市美学的思考》中以帆船、马戏团、教堂和日落作为四种环境的代表，构建起一个有机统一的城市景观美学系统。帆船象征功能性环境，以此隐喻城市的功能应该反映和满足人的需要；马戏团象征想象性环境，以此隐喻城市的规划应留有使人们释放日常生活的压力、展现生命活力和激情的空间；教堂象征宗教性环境，以此隐喻城市建设必须保护和充分利用具有精神意义、神圣意味的场所，即保护城市的历史文脉，使人们与城市的历史和文化相连；日落象征宇宙性环境，以此隐喻城市从属于更大的生态系统，城市的建设不能割断与这个更大的生态系统之间的连接。一个完整的城市应该是上述环境的相加，并且使生活于城市中的人具有参与感、融合感，与城市一起构成一个完整的生态系统。布伦特·C. 布罗林在其著作《建筑与文脉——新老建筑的配合》[①] 中提出了建筑与城市历史文脉如何融合的问题。他指出，在新老建筑之间若要实现文脉的一致，那么就要以一种全

① 〔美〕布伦特·C. 布罗林：《建筑与文脉——新老建筑的配合》，翁致祥译，中国建筑工业出版社，1988，第1页。

新的形式来统一新老建筑的风格，或者按照老建筑的风格统一新建筑，复制老建筑周围的环境要素，只要建立起一种具有说服力的视觉体系，人就不会因变革或赝品而感到厌烦。换言之，如果不能建立一种更好的视觉体系，甚至不如因循旧有的风格。柯林·罗（Colin Rowe）和弗瑞德·科特（Fred Koetter）在其著作《拼贴城市》① 中对城市规划和设计进行了批判。他们认为城市的规划不是凭空作出的，而是要蕴含这个城市的历史积淀和文化记忆，因此要在城市规划中注入历史和文化的因素，注意将历史文脉梳理和连接起来，以拼贴的方式将城市的过去和将来统一于当下。可以说，他们在处理城市建设与城市历史文化的关系上给出了非常具体的建议。

凯文·林奇（Kevin Lynch）则提出了城市意象的概念。城市意象是一个具有符号性质的美学概念，是城市在人心中的投射，是一种将表象、情感、意义等结合在一起的符号。可以说，城市拥有的意象越多，给人的印象就越明晰和深刻，就更能给人归属感，也就更能增强人与城市之间的情感联系。城市文化景观就是城市意象的载体。比如，人们会向外地来的朋友介绍这所城市的特色、景点等，而这些正是体现了这所城市的意象。那些拥有悠久历史和保留了历史文化遗迹的城市很容易被人深深记住，因为它们的可意象性很强。倘若一个城市的意象呈现出碎片化的形态，让人无从说起或无话可说，那么这所城市的意义是有所缺失的。也就是说，具有高度连贯的意象的城市，“无论遇到什么样的经济和社会问题，无论是高兴、忧郁或是产生归属的感觉体验，似乎都能够达到一种特别的深度”②。可见城市意象的多与少、连贯与断裂直接关系到其社会凝聚力和归属感。同时，意象是一种可以被感知的符号，因此人的感知情况非常重要。事实上，即使在

① 〔美〕柯林·罗、弗瑞德·科特：《拼贴城市》，童明译，中国建筑工业出版社，2012。

② 〔美〕凯文·林奇：《城市意象》，方益萍、何晓军译，华夏出版社，2001，第 70 页。

同样的情景下对于同一个物体，不同的人也会有不同的感知。但是，不可否认的是，对于同一情境中的统一物体，大多数人的感知结果是基本一致的，这是因为人们具有共同的文化背景和历史传承，类似于荣格所说的“集体无意识”。因此，凯文·林奇强调城市建设中要营造被大多数人所喜闻乐见的城市意象，任何城市的设计和建设都要围绕人的需要展开，要充分尊重和考虑到人们的喜好和习惯，掌握人们的感知偏好，即“规划的最终目标不是物质形态，而是人们心中一个意象的特征”。①

（二）彰显城市个性

城市是一件伟大的艺术品，而每一件伟大的艺术品都具有独特的风格，这种独特的风格就是个性。城市的文化景观凝结了这所城市的习俗、历史、文化传统等，是最能彰显城市个性的景观类型。一个好的城市必须具有特色，给人鲜明而独特的记忆。在对待城市建筑文化的问题上，托伯特·哈姆林谈到建筑的形式美问题，他是从人对建筑的感受（视觉的和心理的）来谈的。哈姆林通过对建筑个体—群体、室内—室外及其外观的阐述，将建筑的形式美归纳为统一、均衡、比例协调、尺度恰当、韵律、风格鲜明等范畴。谭元亨和王振复也谈到城市建筑的问题。谭元亨②以广东具有代表性的建筑为例，展开了详尽的分析，并以此对东西方的建筑特征进行了对比和总结。王振复③则重在对建筑文化现象的历史进行追溯，通过分析这些建筑的开始、形成和发展，认为建筑文化深受哲学思想的影响。凯文·林奇指出，城市给人的鲜明记忆由一个个连贯的城市意象组成，意象的连贯性是维护城市风格统一和独特的必要条件。如果城市之间在意象上没有什么区别，必然造成毫无个

---

① 〔美〕凯文·林奇：《城市意象》，方益萍、何晓军译，华夏出版社，2001，第89页。

② 谭元亨：《城市建筑美学》，华南理工大学出版社，2005。

③ 王振复：《中华建筑》，上海人民出版社，2006。

性、千城一面的结果。因此，城市的建设应该利用一些意象的载体加强城市的区分度，这也就是提升城市的吸引力和知名度。凯文·林奇指出街道、区域、节点、边界和建筑物等是城市意象的载体。这些载体可以很好地区分城市的特点，形成独特的城市意象从而形成深刻的城市记忆。百瑞·萨德拉和艾伦·卡尔松针对美国和加拿大城市中出现的复制和雷同现象作出这样的评论："景观应伴随经济和社会的发展而转变。但是，如今更令人担忧的不是那些奇怪的造型和人工元素的广泛运用，而是这些东西被人们竞相复制。大多数的北美城市在城市的中心区域毫无景观上的特色可言，在非中心区域又是那么雷同。即便是保留了一定的具有人性化和视觉效果的区域，也无可避免地遭遇到混凝土、玻璃等现代建筑材料的侵袭，而在城市的边缘，那些不加修饰、毫无美感的景观样式却被泛滥地复制，丝毫不去考虑是否能促成环境的和谐"。[①]首先，从城市给人的直觉感受来说，城市带给人们最深刻、最强烈的印象就是其个性。例如，北京的个性是大气、端庄、现代、厚重等，是"北京精神"所诠释的爱国、创新、包容、厚德，因此北京的文化景观建设就应围绕这些个性而展开。又如，香港作为亚洲经济中心之一，其现代、开放、国际化的个性特征通过现代感极强的摩天大楼、各种贸易活动、琳琅满目而价格相对合理的国际大品牌商品等文化景观展示给人们。其次，从经济角度分析，通过城市文化景观所展现的城市个性对城市经济的繁荣具有至关重要的作用。在经济全球化下，城市在经济体系中的位置、竞争力不仅关系到这所城市的经济活力、就业率、幸福指数等，更关系到城市未来的出路。放眼望去，城市不再缺乏如芸芸众生一般的面孔，而是需要以发展"注意力经济"来展示其光彩夺目的魅力，从而创造更多的发展机会。因此，城市的魅力孕育于城市的个性之中，

---

① Barry Sadler and Allen Carlson, "Environmental Aesthetics in Interdisciplinary Perspective," *Environmental Aesthetics: Essays in Interpretation*, British Columbia: University of Victoria, 1982, p. 14.

通过城市的文化景观可以最直接、最显明地表达出来，应充分强化文化景观最能够彰显城市个性的特点。

（三）体现城市功能定位

文化景观是为城市功能服务的，作为人工性最强的文化景观，其与城市的紧密融合离不开对城市功能的准确定位。城市的功能是指城市在政治、经济、社会格局中所要发挥的特定作用，如国家的首都是一种政治定位，地区的经济枢纽是一种经济定位，休闲城市是一种社会定位。城市功能定位的准确与否、履行其功能定位的有效与否，直接关系到城市的发展。当然，城市的定位直接显现在城市格局、建筑、活动和市政设施上，而这些正是城市的文化景观。可见，促进文化景观与城市的融合，实现城市更好的发展，要在明确城市功能定位上下功夫，并认真实施符合城市功能定位的各项措施。

三　对北京城市文化景观建设的启示

城市文化景观是一所城市彰显其独特魅力的重要窗口。作为首善之区的北京，不仅拥有丰厚的文化资源，肩负着全国文化中心的重要职能，还是向世界展示中国的重要窗口，北京的城市文化景观建设意义重大。

（一）充分体现“四个中心”战略定位

充分体现城市的功能定位，才能避免在城市建设中陷入盲目模仿和照搬的困局，凸显城市的个性魅力，并通过城市的景观，尤其是通过城市文化景观显现出来。因此，充分挖掘城市的功能定位，让城市文化景观的建设符合城市功能定位、凸显城市特色，是建设美丽城市的重要举措。具体来说，如何充分挖掘城市的功能定位，首先，要将城市的功能定位建立在充分了解城市政治、经济、社会发展情况的基础之上，对城市的发展优势和存在的问题有充分的了解，这就需要深入实际进行调查研究，掌握城市发展相关的一手资料。其次，要将城市的功能定位建立在科学分析的基础之上，结合城市发展的实际，科学分析外部局势和发展趋势，认真研究城市自身的发展优势和特色，实事求是地做出对城市功能的精准定位。最后，要将城市的功能定位建立在对城市历史、文化习俗了解的基础之上，一个城市的历史和文化孕育了这个城市的灵魂，找准城市的功能定位必然不能脱离对其历史和文化的了解与把握。

党的十八大以来，北京立足“四个中心”功能定位，不断优化提升首都核心功能；围绕“四个中心”功能建设，不断提高“四个服务”水平，在更好服务党和国家工作大局的同时，让百姓更有获得感。“十四五”时期，我国进入新发展阶段，进入世界百年未有之大变局、中华民族伟大复兴的关键时期，面临的机遇和挑战都有新的变化，首都北京与党和国家的历史使命联系得更加紧密。《中共北京市委关于制定北京市国民经济和社会发展第十四个五年规划和二〇三五年远景目标的建议》指出，要立足首都城市战略定位，深入实施人文北京、科技北京、绿色北京战略。北京的城市文化景观建设要充分体现首都北京的战略定位，紧扣时代主题。

（二）整合北京丰富的文化资源

城市景观美学的文献中，对于城市的建设提到要坚持历史感与现代感的统一。这主要从文化景观中体现出来。城市的历史感就好像是过去的时间依然流淌在城市的当下生活之中，仿佛城市具备一种穿越一切的力量可以直接指向这里的人们曾经所有的奋斗和劳作。而城市的现代感，不言而喻，是城市发展的必然结果，也为人们生产生活提供了不可缺少的各种便利。因此在促使文化景观与城市融合的过程中，整合城市的历史资源与现代资源显得尤为重要，二者相互依存、缺一不可。历史资源提供城市发展的文脉、是城市区别于其他城市的源泉；现代资源依托于城市的历史而存在，是城市在发展中寻找其功能定位、体现时代主题的产物。以巴黎卢浮宫扩建部分来说，华人建筑师贝聿铭设计的柏林金字塔就是这种整合历史资源与现代资源的优秀文化景观的代表。这尊玻璃金字塔与卢浮宫的主体建筑保持平行，而与古老埃及的金字塔保持格局上的一致，这不仅突出了玻璃金字塔与周围古老而传统建筑的关联，而且由现代技术手段打造而成，看起来更具现代感，与巴黎卢浮宫的主题相结合恰到好处地实现了对历史资源和现代资源的整合。

北京是世界著名古都，有着 3000 多年建城史和 860 多年建都史，丰富的历史文化是一张金名片，是中华文明源远流长的伟大见证。新中国成立以来，文化中心一直是北京作为首都重要的功能。党的十八大以来，北京全面贯彻落实习近平新时代中国特色社会主义思想和习近平总书记北京重要讲话精神，按照“四个中心”城市战略定位，确定全国文化中心建设“一核一城三带两区”的总体框架。城市文化景观建设要将北京源远流长的古都文化、丰富厚重的红色文化、特色鲜明的京味文化和蓬勃兴起的创新文化充分整合起来，着力做好首都文化这篇大文章，发挥首都全国文化中心示范作用。

（三）文化景观保护与文化创新发展并举

对于城市文化景观要注意景观的保护与创新并举，即处理好城市文化景观的物态保护和景观再造的统一。对文化景观的物态保护指的是对城市的文化景观遗存、遗址进行妥善保护。对这些积淀了人类文明的城市符号进行保护在第二次世界大战之后已成为全球共识，保护的重点是使其永久传之。而景观再造指的是在充分挖掘城市文化习俗、历史背景的前提下，运用现代科学技术手段和城市建设规则使城市文化景观展现时代精神和具有独特魅力。一味地保护或者创新会导致生活气息丧失或与历史割裂，因此妥善处理对于文化景观的保护和创新之间的关系，实现二者的统一才是促使城市文化景观与城市融合的正确途径。

党的十八届五中全会把创新确立为五大发展理念之首。习近平总书记多次强调，创新是一个民族进步的灵魂，是一个国家兴旺发达的不竭动力；创新是引领发展的第一动力。以习近平新时代中国特色社会主义思想为指导，以文化创新引领文化发展，是北京城市文化发展的正确路径，对推进全国文化中心建设有着极其重要的意义。在文化景观建设方面，既要注重对历史文化景观的保护，也要注重文化景观再造，兼顾新时期的文化创新发展，实现城市文化景观物态保护与景观再造的统一。

参考文献

〔美〕刘易斯·芒福德：《城市文化》，宋俊岭、李翔宁、周鸣浩译，中国建筑工业出版社，2013。

〔美〕凯文·林奇：《城市意象》，方益萍、何晓军译，华夏出版社，2001。

〔美〕阿诺德·柏林特著《生活在景观中》，肖双荣译，湖南科学技术出版社，2005。

〔美〕史蒂文·布拉萨著《景观美学》，彭锋译，北京大学出版社，2008。

〔日〕芦原义信著《街道的美学》，尹培桐译，百花文艺出版社，2007。

首都工业文化遗产保护的主要问题与保护策略研究

任　超*

摘　要： 首都工业文化遗产作为首都文化的重要内容，与首都传统历史文脉相接，体现民族特性与文化自信。北京表现出工业文化遗产相对传统文化遗产少、新中国成立后工业文化遗产较多、工业文化遗产集中分布于郊区等特征。工业文化遗产按照发展历程可以分为两个类型，即“依附”特征的近代工业文化遗产和“红色”特征的现代工业文化遗产。目前，北京仍存在工业文化遗产的“场所精神”消失、工业文化遗产中“红色基因”挖掘不足、工业文化遗产的“系统性”保护滞后等问题，其主要原因是：受城市经济发展的影响较大；大众对遗产价值的认知缺失，包括对历史记忆价值的认知不足以及对文化载体认知不足；缺少政策支持。针对具体问题，本文建议应坚持“空间融合、文脉融合、功能融合”的保护原则，建立工业文化遗产的发掘机制、改造机制与宣传机制等。

关键词： 首都　工业文化遗产　遗产保护

---

* 任超，博士，北京市社会科学院市情调查研究中心助理研究员，北京世界城市研究基地特聘研究员。

一 引言

党的十八大以来，习近平总书记在多个场合谈及文化自信，表达了对中国文化、优秀思想价值观的认同与尊崇。2015 年 5 月 4 日他与北京大学学子座谈期间，面对青年人再一次提到核心价值观和文化自信的问题，并指出，文化自信是增强中国人的骨气和底气的基石，更是我们深厚文化软实力的象征，是我们民族最宝贵的精神追求。因此，深入系统地挖掘优秀文化以此提升文化自信，在当前有着很强的迫切性和现实性。首都工业文化遗产作为首都文化的重要内容，作为文化自信的重要表现之一，反映了首都近现代的工业历史以及共和国工业发展足迹。一方面，它蕴藏着自近代以来与我国农业文明相延续的近现代物质文明和精神文明；另一方面，它蕴含着党和人民在艰苦环境下不屈外辱、自强不息的“红色精神”。它与首都传统历史文脉相辅相成，体现着深深的民族特性与文化自信。随着时代的发展，以及城市经济的快速发展，更多的工业文化遗址沦为服务城市经济建设的工具，其文化价值与社会价值被忽视、被遗忘。很多具有价值的工业文化遗迹消失，一些具有重要价值的红色文化遗产遭到破坏，这在一定程度上导致城市文脉断裂。因此，当前对工业文化遗产的保护除了要进行其经济功能转化以外，更应深入发掘其精神价值与文化内涵，以此实现社会、文化、生活等多种功能，这也是首都工业文化遗产保护的最终目的。

目前，学界已从旅游学、文化学、景观学等不同学科视角对首都工业文化遗产保护展开探讨，其主要集中在四个层面：第一个层面侧重于考察首都工业文化遗产的经济收益，探讨首都工业文化遗产如何通过功能转化为社会创造经济价值，即通过市场化运作为工业文化遗产的保护提供经济支持;[①] 第二个

① 王新哲、周荣喜:《工业文化研究综述》,《哈尔滨工业大学学报》(社会科学版) 2015 年第 1 期。

层面侧重于考察首都工业文化遗产的价值，认为对首都工业文化遗产的保护是对工业文明的价值观与生产技术的保存，是对我国工业化时期的历史成就、社会成就的保护，是城市文脉的重要组成部分；[①] 第三个层面侧重于考察首都工业文化遗产的城市审美，认为工业文化遗产作为城市景观的一部分，对于城市景观的整体性有重大意义；[②] 第四个层面侧重于考察对首都工业文化遗产的具体保护措施，探讨城市空间规划、城市面貌修复、城市地标建设及城市文化空间整合等具体保护措施。[③]

综上所述，已有的研究尽管对工业文化遗产的经济、社会、文化价值与如何进行保护展开了讨论，但忽视了首都工业文化遗产与首都文化生态建设和城市发展之间的联系，割裂了其与首都传统文脉之间的关系，同时缺少对工业文化遗产保护的共时性与系统性的思考。因此，针对当前首都工业文化遗产保护，本研究聚焦两个核心问题：问题一，在“创新、协调、绿色、开放、共享”五大发展理念下，首都工业文化遗产的保护还存在何种问题？导致这种问题的原因是什么？问题二，在推动首都高质量发展、首都历史文化传承、城市面貌有机更新的基础上，通过何种措施实现首都工业文化遗产与首都文化脉络相接、文化空间相承、文化景观相符的系统性保护目标。

二　首都工业文化遗产的特征与分类分析

弄清首都工业文化遗产的基本特征与类型，是分析其存在何种问题及其产生原因的前提。

---

① 黄磊：《城市社会视野下历史工业空间的形态演化研究》，湖南大学博士学位论文，2018。

② 单霁翔：《保护好、利用好、传承好北京中轴线文化遗产》，《中国文化报》2019 年第 8 期。

③ 肖怀德：《文旅融合视角下北京建设世界文化之都的思考》，《旅游学刊》2020 年第 7 期。

（一）首都工业文化遗产的特征

北京工业文化遗产整体表现出以下特征。第一，工业文化遗产相对传统文化遗产少。北京作为千年古都，以及政治与文化中心，留存着丰富的文化艺术遗产，传统文化沉淀丰厚，其传统民间艺术、仪式规矩、民间技艺所传承下来的遗产在数量上远超工业文化遗产。第二，新中国成立后工业文化遗产较多。民国政府期间制定的《北平规划》把北京定位为北方文化中心。日伪政府期间制定的《北京都市计划大纲》把北京定位为北方旅游消费中心。这造成新中国成立前北京与武汉、沈阳相比，其工业基础都相对薄弱。但随着新中国成立后“一五”计划和“二五”计划的顺利实施，北京从文化、旅游城市转变为以重工业为首的生产型城市，轻重工业工厂大量出现，也使得今天留存着许多工业文化遗址、遗产。第三，工业文化遗产中心集中分布于郊区。新中国成立前的工业文化遗产集中于现在东城与西城等中心城区，并且彼此之间连接紧密。这与新中国成立前城市发展形态、商业街道分布有关。新中国成立后形成的北京工业文化遗产则呈现郊区化分布特征，主要分布在四环到五环，西部石景山区的首钢（华北地区最早的现代钢铁企业之一），南部丰台区的二七机车厂、大红门化学工业区，东部的酒仙桥电子工业厂、北京焦化厂，北部的毛纺工业区和双盛合的遗址。这些工业文化遗产都集中分布在北京的郊区。通过对首都工业文化遗产的特征分析可以发现，从时间跨度而言，新中国成立后的工业文化遗产较多，从空间地域而言，工业文化遗产集中分布在郊区[①]。

（二）首都工业的形成与遗产分类

北京工业的发展历程可以分为前后两个时期，这两个时期为首都工

① 王新哲、周荣喜：《工业文化研究综述》，《哈尔滨工业大学学报》（社会科学版）2015 年第 1 期。

业文化遗产的形成奠定了基础。按首都工业文化遗产的类型来看，可以分为具有“依附”特征的近代工业文化遗产和具有“红色”特征的现代工业文化遗产，两者除工业水平不同外，也揭示出同一国家不同时期的命运。

第一阶段，具有“依附”特征的近代工业遗产（19世纪末至1949年）。中国先后经历清朝、民国与日伪时期。这时的北京工业发展以消费型轻工业为主，除了采矿业外，主要是提供城市生活必需品的工业。以生产消费品为目的的工厂和以提供城市服务为目的的工厂或公司仅仅满足北京城市居民生产生活的消费需求。

从工业遗产分属类型上看，主要有矿物采掘类、消费类与城市服务类。矿物采掘类——通兴煤矿（1879年）、门头沟煤矿公司（1920年）；消费类——牟合记淀粉厂（1908年）、双合盛五星啤酒厂（1915年）、京师丹凤火柴公司（1905年）、泰来窑厂（1908年）、薄利尼革公司（1909年）；城市服务类——西苑电灯所（1888年）、京师华商电灯公司（1905年）、京师正阳门东车站（1896年）、长辛店机车修理厂（1898年）、长辛店电器修缮厂（1905年）、京师自来水公司（1908年）。

表1　新中国成立后北京工业文化遗产（根据中国工业遗产保护名录整理）

序号	等级	创办年份	地址	名称	主要标志物	备注
1	国家	1958	北京市西城区	北京电报大楼	新北京的重要标志	新中国第一座新式电报大楼
2	国家	1958	北京市海淀区	北京卫星制造厂	卫星、飞船研制基地	研制新中国第一颗卫星、第一颗返回卫星等
3	一级	1958	北京市朝阳区	北京焦化厂	厂房、工业设备等	1959年新中国十周年献礼工程
4	国家	1954	北京市朝阳区	华北无线电厂	包豪斯厂房及其机器设备	中国建设的第一个大型现代化元件厂
5	国家	1956	北京市东城区	北京珐琅厂	职工食堂、相关设备	景泰蓝制作技艺

第二阶段，具有“红色”特征的现代工业遗产（1949年至今）。新中国成立后，北京作为全国的首都、政治文化中心，担当社会意识形态引领的重要职能。在此情况下，北京根据国家需求，把重工业作为城市发展的重点，将发展成工业城市作为首要目标。1953年，改建和扩建北京市规划草案提出，北京要发展成重工业城市的标志[①]。1958年，首钢成为华北钢铁第一厂的建设目标实现。1953～1973年北京城市规划中坚持把建设工业基地和科学技术中心作为核心内容，在此期间，基于首钢钢铁基地、劲松机械工业基地、垡头化工基地，形成钢铁、机械、化工的现代化工业基地。目前，首都工业文化遗产也大多形成于这个时期。在工业门类上，新中国成立后，北京的工业类型发生了根本转变，从生活消费型产业向具有高技术的机械、化工等产业方向转型。从遗产的属性类别来看，主要是科工与国防类，如北京卫星制造厂（1958年）、北京焦化厂（1954年）、华北无线电厂（1954年）、北京拖拉机厂（1957年）。

表2　新中国成立前北京工业文化遗产（根据中国工业遗产保护名录整理）

序号	等级	创办年份	地址	名称	主要标志物	备注
1	国家	1919	北京市石景山区	首都钢铁公司	高炉、转炉、龙岩别墅等	中国第一个向外国出口的炼钢技术
2	国家	1905	北京市、河北省	京张铁路	西直门站、南口机车库	中路筑路史第一条长隧道
3	国家	1897	北京市丰台区	二七机车厂	二七烈士墓、工人浴池	二七大罢工发源地
4	国家	1908	北京市东城区	京师自来水公司	厂房、来水亭	北京最早的自来水厂
5	国家	1918	北京市朝阳区	491电台	发射楼、碉堡	中华人民共和国成立的消息由此发出

① 张燕：《北京工业遗址调查》，载《北京学研究文集》，北京燕山出版社，2006。

续表

序号	等级	创办年份	地址	名称	主要标志物	备注
6	国家	1908	北京市西城区	北京印钞厂	钟楼、印刷机	中国最早官办印钞企业
7	国家	1907	北京市西城区	度支部印刷局	万能雕刻机、钟楼	雕刻版印制纸币

显然，北京的工业文化遗产的形成与城市的定位紧密相关，其工业发展和中国社会、经济的发展息息相关。当中国处在半殖民地半封建时期，北京的工业呈现买办状态，主要集中为轻工业，很难发展机械行业和高新技术行业。新中国成立，当国家走向独立自主后，北京作为首都，其工业朝着现代化、机械化方向发展，并以此推动全国的工业化发展。

三　首都工业文化遗产保护存在的主要问题

通过对北京工业文化遗产的特征与分类可以发现，北京工业文化遗产在不同时期蕴含着不同的文化内涵。这些文化内涵结合现阶段北京工业文化遗产保护情况来看，又反映出当前北京在工业文化遗产保护方面存在的一些问题①。

（一）工业文化遗产的“场所精神”逐渐消失

目前，许多具有重要意义的工业文化遗产已被纳入国家文化遗产范畴，但更多具有价值的工厂遗址与遗迹因商业发展而被拆迁或改造，原有“场所精神”正在消失。所谓场所精神是指人在与建筑环境的互动中所形成的认知。新中国成立后的工业文化遗址，往往是以一个工厂单位结构作为城市人民的基本生活单元，人们在这个单元内生产、生活，

① 黄磊：《城市社会视野下历史工业空间的形态演化研究》，湖南大学博士学位论文，2018。

其生活方式与行为意识被单位所形塑，其情感、基本诉求与心理需求得以满足，同时这些精神气质又往往与社会生活联系在一起，反映了社会风气与群众意识。换言之，这些留存的工业文化遗产具有“场所精神”，它不仅是物质实体，更是一种记忆与情感的“载体”，并通过场所与人们互动，使其获得认同感与安全感。例如，最具有代表性的是首钢，其“首钢精神”承载了“敢闯，敢坚持，敢于苦干硬干；敢担当，敢创新，敢为天下先”的精神气质，同时工厂的存在也为工人们提供了足够的安全感。但当首钢工厂迁出北京后，原厂区尽管转变为工业文化遗址公园，可原有的“文化空间”由于与人们生活脱节，其内在功能与价值逐渐消亡，所蕴含的情感依托、记忆与集体凝聚力这种“场所精神”也随之消解。除此之外，北京卫星制造厂、北京491电台、北京焦化厂等遗产在保护过程中都遭遇到了如此情况。

（二）工业文化遗产中“红色基因”挖掘不足

文化中心是北京的重要功能之一，北京始终发挥着文化先导与文化传播的重要作用。因此，北京在注重传统文化传播和保护的同时，还应加强对带有“红色基因”的文化的保护和宣传，尤其对工业文化遗产中的“红色基因”更应格外重视。但目前，北京在对工业文化遗产的“红色基因”挖掘和保护方面还存在一定问题，主要表现如下。

第一，对“红色文化”的认知不到位。一直以来，在探讨“红色文化”时，往往聚焦新民主主义革命时期和抗日战争时期，却忽视社会主义建设时期这段红色历史。而马克思主义研究学者认为，“红色文化”应是随着时代发展，满足人民需求的与时俱进的文化。它是以中国共产党为领导带领全国人民共同形成的文化。因此，“红色文化”不仅要包括新民主主义革命时期还要包括社会主义建设时期和改革开放时期。在社会主义建设时期，除了第一个五年计划的工业文化遗产具有“红色基因”外，之后很多工业文化遗产都具有，但这段时期的工业文化遗产，由于人们的认知不够，其文化价值往往被低估，如北京光学仪器厂、北京拖拉机厂等。第二，具有“红色基因”的工业文化遗产空间的利用率不高。对社会主义建设时期具有“红色基因”的工业文化遗产认知不足，导致许多遗产的物理空间被损毁，很多遗址或被荒废或被闲置，许多“红色基因”已经失去了承载其发展的物理空间。例如，创立于1962年的北京光学仪器厂，作为制成新中国第一台天象仪、第一台光学经纬仪的工厂，它代表着当时中国最先进的光学技术，也是那一代人红色精神的展示和红色基因承载的物理空间，而今这个厂区已经闲置多年。

（三）工业文化遗产的“系统性”保护落后

随着北京城市空间的拓展，许多工业文化遗产被转化为商业空间和生活空间，被认定为具有一定价值的工业文化遗产也面临着“片段式”和“散点式”的保护问题。这些遗产无序地分布在城市空间中，造成整个首都文化空间的混乱与模糊。从“空间”的保护形式上看，传统文化遗产与工业文化遗产在城市中交织，出现“你中有我，我中有你”的现象，传统文化遗产与工业文化遗产的文化空间重叠，而工业文化遗产的文化空间被传统文化遗产所挤占。以通州南大街和北京锻造厂的保护为例，“南大街”作为千年古街，其周边就是原北京锻造厂的遗址。一直以来，两者共存于同一街区，整体的文化空间错乱不清，缺少文化层次。从“实施”的保护手段上看，没有遵循城市文化发展规律，缺少对整个城市的工业文化遗迹与潜在工业文化遗产进行评估以及对评估目标的文化意义与文化功能进行发掘。同时，也没对其进行系统分类与标定空间分布，为进一步改造做准备。很显然，一直以来盲目的“片段式”改造，已经让整个城市的历史文脉、空间格局以及社区层面的“区域性”地理空间样态割裂。缺少系统的、层次性的区域综合改造，让改造项目与周边环境产生“场景”冲突。

四　首都工业文化遗产保护存在主要问题归因分析

北京作为全国文化中心，其产业向绿色、发展、包容、共享的高精尖转型已经成为必然。而面对未来城市建设，首都工业文化遗产的保护还存在问题。导致这些问题的原因既有城市经济发展方面的，也有大众对工业文化遗产的历史文化价值认知不足方面的，更有政策保护不到位等方面的。

（一）城市经济发展的因素

第一，北京的城市化带动工业遗址的区位价值提高。2008 年奥运会之后，北京的城市化进入快速发展期，许多工业遗址成为城市的重要核心地段，并且受益于周遭的配套设施齐备，土地价格大幅攀升。其经济价值已经远远高于文化价值。第二，实现工业遗址的盈利价值是首要目标。北京很多工业遗址本身经历了“去功能化—再功能化”的过程，但功能的转化主要是以经济生产为目标。在去功能化过程中，工业遗址脱离原有的生产制造、文化生活方面的功能，被赋予新的商业、文旅等经济方面的功能。首钢是其中的一个代表，由于北京城市的转型，原有的首钢作为工业遗址得到了改建。现在的首钢遗址已经成为北京西部最大的工业遗址公园，其园内原有的工业设施，以及具有科技特色的数字创意体验馆、空中 F1、首钢极限园等带动了文旅产业的发展。目前，首钢公园每年的游客接待量超过 8 万人次。同时，公园的建成与完善使其成为区域内新的文化消费中心，间接地为本区域经济发展作出贡献。可见，由于对经济价值的过度关注，很多工业遗址很难形成具有文化意义的工业文化遗产从而受到保护，它们更多的是被转化为创造经济价值的场所。

（二）大众对遗产认知因素

北京的工业文化遗产代表了北京的工业史，更是北京的社会发展史。工业文化遗产具有重要的历史特性。它的存在为人们保存了历史记忆，更让人们从中了解到那个时代的精神风貌，城市生产结构的转型带动了人们价值观与文化认知的转型，原有的文化与历史价值逐渐被遗忘。

1. 对历史记忆价值的认知不足

文化遗产作为城市的文化符号，是城市曾经存在过的文化形式的一种记述，更是一种对历史进行追溯的场所。无论是新中国成立前的双盛合啤酒工厂、首钢，还是新中国成立后的电报大楼、华北电子厂，都以建筑空间的形式承载着北京的历史记忆，这些历史建筑共同成为北京的文化精神的组成部分，人们借助这些建筑回首过去。对于处于城市中的个体而言，这些工业文化遗产是经历者与过去的沟通，更承载着那个时代人们的生产与生活方式。如北京电报大楼完工于 1958 年，它是对共和国成立十周年的献礼。它也是我国第一座现代化电报大楼，是北京通信历史的见证，更是那代北京人的集体回忆。在访谈航天五院早已退休的李珉启时，他说北京电报大楼是他一辈子的回忆，当时大学毕业后他留在北京，而去电报大楼发电报成为他与家人沟通的精神场所。随着 2017 年电报大楼的彻底关停，对于很多年龄较小的北京人来讲，这种历史记忆正面临着“失忆”的困境。

2. 对文化载体认知不足

工业文化遗产的精神性往往蕴藏在城市的文化精神中，并转化为对城市的情感寄托。1949～1983 年，北京经历了工业化改造。这让北京留下了大量的工业建筑和相关设施，并且成为北京城市景观的一部分，经过几十年的工业化，其工业方式连同建筑载体影响了几代人的生产和生活，并最终形成他们的一种社会记忆。而与北京工业文化遗产密切相关的就是工厂大院。工厂大院作为北京工业化的象征，暗含着工业所承载的精神与情感特质。在北京工业发展期间，出现了大量的工厂大院，据不完全统计，2008 年以前存在的工厂大院超过 300 余个，工厂大院形式不仅有科研院所、机关单位还有工厂企业等，可以说，工厂大院是工业文化的组织形式缩影。正是由于工厂大院存在，人们在身份上彼此认同。工厂大院的人性化与公平化特征也让人们产生了情感依赖，但随着城市化及后来人们对它们的功能认知不足，这些精神载体逐渐消失。

（三）政策支持因素

北京的工业文化遗产是特殊时期形成的工业景观。它是了解那个时期的北京的重要工具。它承载了当时人们的审美观念与精神意识。但就北京而言，工业文化遗产不如传统文化遗产那样具有很强的艺术价值与历史价值，这就造成工业文化遗产在政策保护方面让位于传统文化遗产。同时对于工业文化遗产的保护，也仅限于经济价值挖掘。上文提及的缺少系统性保护问题的原因就是缺少政策支持。同样，对已有工业文化遗产的改造政策也缺乏延续性。

例如，北京的 798 艺术区位于北京朝阳区酒仙街道，总面积为 60 万平方米左右，原为 1958 年东德援助我国建立的全国第一个电子元件厂——华北联合电子元件厂，内部建筑呈现出明显的德国包豪斯风格。为了适应城市的新发展、新定位。798 厂转型为艺术街区。在众多文化机构和艺术家进驻之后，逐渐形成众多的画廊、工作室和设计公司。在这里，原有的工业文化遗产被赋予新的时代意义与审美意义。原 798 的包豪斯风格所具有的线条明朗、装饰简洁、叠拼渐变的风格方式，以及适应现代大工业生产和生活需要的建筑功能和经济效益的主张恰恰与年轻艺术家的审美价值融为一体，工业艺术价值与人们的审美之间借助这些残旧的工业建筑形成了对话。也正是在这种工业文化遗产与青年艺术家们的对话中，形成了 798 共识，促使 LOFT 这种居住与工作融合，形成了简单实用的生活方式。2018 年以前，这里成为工业文化遗产转化成功典范。但随着艺术区的租金上涨，艺术区严重的商业化导致大量的艺术家外流，很多工作室空置，艺术家方蕾说：“当前的 798 已经缺少了艺术气息和工业气息，这里已经被商业消解掉了，它挺可惜的。”显然，在对工业文化遗产的保护过程中，缺少相关政策支持会使原来工业艺术街区转变成商业街区①。

总之，北京的工业文化遗产具有多元的城市价值，它记录着城市的过去，基于自身功能与工业审美为人们提供物质与精神养料。但当缺少对其价值的认知和政策支持时，其文化场域很难形成。

五　完善首都工业文化遗产的保护策略

通过上述的讨论可见，北京工业文化遗产的保护与利用不应是“片段化”“个体化”的，应从时间、空间与城市发展三个维度制定一整套的系统保护策略。本研究根据当前首都工业文化遗产所面临的问题及其产生的主要原因，提出坚持“三融合”根本保护原则，采取以“三机制”为具体保护手段的系统性保护策略。

（一）制定“空间融合、文脉融合、功能融合”的保护原则

第一，北京工业文化遗产更多呈现分散式分布，在保护过程中，不能盲目地进行“片段式”改造，结合整个城市的空间格局以及社区层面的“区域性”地理空间样态，进行系统性、层次性的综合改造。第二，要遵循城市文化发展规律，保持城市文化肌理的完整性。实现传统文化遗产与工业文化遗产协同保护，以此让城市文脉呈现完整性与连续性特征。第三，遗产必须承载新的城市功能，让其价值回归社会，融于

① https://m.sohu.com/a/135205731.

区域居民的生活与生产，使遗产保护得以持续且“活态化”，构建多元融合型的北京保护模式。

（二）建立遗产的发掘机制

对工业文化遗产进行有效判定。第一，制定适应北京城市发展要求的工业文化遗产评判量化指标体系，为工业文化遗产的认定提供理论依据。第二，从城市工业文化遗产的时间序列进行考量。城市的每一个时期都会因独特的文化背景而形成独特的文化空间。因此，在与城市传统文化分开研究时，还应建立城市不同时期工业文化遗产的时间序列，以发掘不同工业文化遗产的主要特点、背景与价值。第三，从整体城市空间进行考量。围绕工业文化遗产进行重点分析，区分重点与非重点的工业文化遗产，在城市空间内形成工业文化遗产的空间分布网络。

（三）建立遗产的改造机制

工业文化遗产的改造要遵循两个前提：其一，满足首都城市发展需要；其二，服务于首都人民生活。在这两个前提下，从宏观和微观层面予以改造。在宏观层面，把工业文化遗产放到首都文脉大背景下进行考量，使工业文化与首都文脉有机结合在一起，做到工业文化遗产、传统文化遗产与城市现代建筑有序衔接，把三者放在时空脉络内进行规划与开发利用。在微观层面，要把遗产、区域文化与人们生活特征相融合。做到遗产服务于社区、服务于居民，不只是单一建筑，而是一个具有区域文化特色的景观与文化空间。

（四）建立遗产的宣传机制

民众参与是遗产保护的关键。因此在建立遗产保护体系时，要确定积极、有效的宣传路径。鼓励民众参与保护、提供民众参与的路径等都是重点内容。在民众参与的同时，以怎样的方式把遗产活态化也是需要考虑的重点问题。总之，合理保护首都工业文化遗产，从本质来看是要把遗产利用起来，满足城市发展需求的同时创造文化、社会与经济价值，这样，才能真正做到“遗产”的有序传承。

参考文献

王新哲、周荣喜：《工业文化研究综述》，《哈尔滨工业大学学报》（社会科学版）2015 年第 1 期。

张燕：《北京工业遗址调查》，载《北京学研究文集》，北京燕山出版社，2006。

黄磊：《城市社会视野下历史工业空间的形态演化研究》，湖南大学博士学位论文，2018。

刘润为：《红色文化与文化自信》，《红旗文稿》2017 年第 12 期。

岑贝：《首都城市工业遗产空间特征与保护对策研究》，《首都联合大学学报》2019 年第 10 期。

徐拥军、王玉珏、王露露：《我国工业文化遗产保护与开发：问题和对策》，《学术论坛》2017 年第 11 期。

单霁翔：《保护好、利用好、传承好北京中轴线文化遗产》，《中国文化报》2019 年第 8 期。

李建平：《“三个文化带”与北京文化中心建设的思考》，《北京联合大学学报》2017 年第 10 期。

肖怀德：《文旅融合视角下北京建设世界文化之都的思考》，《旅游学刊》2020 年第 7 期。

消费中心城市建设

国际消费中心城市建设的经验借鉴与启示

田 蕾*

摘 要： 消费城市代表了后工业化时期城市发展的高级形态，是现代国际化大都市的核心功能之一。欧美等国家的消费中心城市建设经验表明，构建国际化商业体系有助于服务城市功能定位；顺应传统零售百货向多元化消费场景转变趋势，促进数字消费等新业态崛起；把握文化旅游核心优势，以独特文化增强国际吸引力。立足城市特色和发展基础，以商业层级体系为基础推进区域振兴，加强以场景为驱动的消费业态创新，平衡好外来消费与本土消费之间的关系。

关键词： 国际消费中心城市　商业体系　国际化大都市

随着我国经济总体实力的增强和居民生活的改善，消费开始成为推动经济社会发展的重要力量。国际消费中心城市建设已经成为融入新发展格局、推动经济高质量发展的重要抓手。党的十九届五中全会通过的《中共中央关于制定国民经济和社会发展第十四个五年规划和二〇三五年远景目标的建议》明确提出“培育国际消费中心城市”。借鉴世界主要城市的经验，把握消费发展新趋势，

* 田蕾，博士，北京市社会科学院市情调查研究中心助理研究员，北京世界城市研究基地专职研究员。

有助于精准研判自身短板，从而为推进国际消费中心城市建设提供启示。

一 国际消费中心城市的理论溯源与最新发展

（一）消费城市的概念、发展动力与经济结构

消费是国民经济循环中的重要组成部分，不仅是生产的最终目的，也是生产的动力，还直接体现了人民群众对美好生活的需求。“消费城市”的概念最早由马克斯·韦伯于1920年提出，与“商人城市”“生产城市”相对，是指依靠君侯、官僚、地主等特权阶层（吃租息者或大消费者）购买力的城市。此时的消费城市是前工业化时期，社会生产力普遍落后，城市生产属性不显著，存在阶级剥削和消极意义的传统消费城市。进入21世纪，随着社会生产力和财富水平的提高，消费在城市发展中发挥着日益重要的支撑和推动作用。Glaeser等首次系统地从消费视角探讨了城市未来发展的框架，被认为是现代消费城市理论的奠基人。[①] 在人们收入增加和交通、信息技术快速发展的趋势下，企业生产组织的选址和就业地点更加灵活多变，城市间的生产优势差距逐渐缩小，消费舒适性逐渐取代生产和就业，成为人们尤其是高级人力资本群体和创意阶层选择居住城市区域的主要权衡因素，通过人力资本外部性强化思想交流和知识技术溢出，进一步促进城市发展。大都市的发展会越来越基于消费中心这样的城市功能与定位。[②]

随着大都市的城市形态从生产导向型向消费导向型转变，传统的城

① Glaeser, Edward, "Consumers and Cities," joint with Jed Kolko and Albert Saiz, in *The City as an Entertainment Machine*, Terry Nichols Clark, ed. , Lanham, MD: Lexington Books, 2011.

② Glaeser, Edward, "Consumers and Cities," joint with Jed Kolko and Albert Saiz, in *The City as an Entertainment Machine*, Terry Nichols Clark, ed. , Lanham, MD: Lexington Books, 2011.

市研究范式已不能很好地解释消费城市的形态了。Clark 等认为城市发展要素不仅仅依赖区位、土地、劳动、资本和管理技术等，还要重视生活娱乐—文化—设施组合形成的城市场景。[①] 城市作为一种生活场景，具有吸引高素质人力资本的能力，也是以消费为主的后工业城市形态的优势体现。收入提高、技术变革与创意阶层是城市形态发生根本性转变的三种基本力量。从主导产业来看，都市休闲娱乐产业已经取代传统工业，成为伦敦、巴黎、东京等大城市新的动力引擎，消费城市也因此被喻为“娱乐机器”。

（二）国际消费中心城市的政策脉络、评价体系与建设路径

2016 年，国民经济和社会发展第十三个五年规划纲要提出“培育发展国际消费中心城市”，而后《中共中央 国务院关于完善促进消费体制机制进一步激发居民消费潜力的若干意见》《国务院办公厅关于进一步扩大旅游文化体育健康养老教育培训等领域消费的意见》《国务院办公厅关于加快发展流通促进商业消费的意见》《关于培育建设国际消费中心城市的指导意见》等文件进一步明确了培育建设国际消费中心城市的目标和重点任务，提出中国将形成若干立足国内、辐射周边、面向世界的综合性国际消费中心城市。“国际消费中心城市是现代国际化大都市的核心功能之一，是消费资源的集聚地，更是一国乃至全球消费市场的制高点，具有很强的消费引领和带动作用”。在推动经济高质量发展和新一轮高水平对外开放的背景下，建设国际消费中心城市被赋予了形成强大国内市场、增强消费对经济发展的基础性作用、更好满足人民日益增长的美好生活需要的重要使命。

---

① Clark, Terry, *The City as an Entertainment Machine*, Amsterdam, Netherlands, Boston, MA: Jai Elsevier, 2010.

国内学者沿着城市的消费功能以及消费对城市的促进作用两个脉络展开研究。一是对消费城市的内涵和特征、形成原因和机制、测度评价等开展一般性理论研究。叶胥界定了消费城市的内涵和特征，系统地分析了消费城市的运行机理和影响因素，构建了消费城市发展现状和潜力测评体系。[①] 钟陆文从能力、供给、环境、维权四个维度构建了消费城市评价指标体系。[②] 武优勐等运用 GMM 模型、门槛模型证明了城市消费集聚对劳动力流入有显著正向影响。[③] 二是从应用实践角度，探究消费城市背景下消费型行业的发展策略。赵宇、张京祥以北京为例，分析了消费型城市的增长方式。[④] 黄璜等分析了消费城市兴起对城市旅游业的推动。[⑤]

随着全球经济的一体化发展，消费的全球化特征日益明显，国内一些学者将消费城市的理论研究从封闭的经济系统扩展到开放的经济系统，提出国际消费城市、国际消费中心等概念。其基本特征包括经济整体实力强，社会开放水平高，服务体系发达，具备连接全球的交通、信息、物流等设施，城市宜居宜游性高，思想交流活跃，创新能力强等。

在评价体系方面，魏颖基于规模、商圈、品牌、业态、创新五个维度建立国际消费中心城市的评价体系，与伦敦、纽约、巴黎等世界城市相比，我国在对境外游客吸引力、主力商业街租金水平、国际品牌吸引力、消费服务体系等方面存在较大差距。[⑥] 在国内，北京、上海是建设国际消费中心城市的第一梯队，在全球城市体系网络中处于领先节点位置，有能力建成全球引领型顶级消费中心城市。[⑦]

---

① 叶胥：《消费城市研究：内涵、机制及测评》，西南财经大学博士学位论文，2016。

② 钟陆文：《珠三角适宜消费城市评价研究》，《经济地理》2018 年第 6 期。

③ 武优勐等：《城市的消费聚集效应影响劳动力流入吗?》，《经济管理研究》2019 年第 1 期。

④ 赵宇、张京祥：《消费型城市的增长方式及其影响研究——以北京市为例》，《城市发展研究》2009 年第 4 期。

⑤ 黄璜等：《“消费城市”兴起对城市旅游发展的影响》，《经济问题探索》2010 年第 1 期。

⑥ 魏颖：《新时代我国国际消费中心城市建设思考》，《产业创新研究》2020 年第 1 期。

⑦ 汪婧：《国际消费中心城市：内涵和形成机制》，《经济论坛》2019 年第 5 期。

在建设路径方面，研究学者从城市个案与消费升级两个角度探讨了应对之策。梁威等立足消费国际化发展趋势，提出大幅提升国内国际消费资源的整合与集聚能力，推动本土商品供给结构升级，丰富国内中高端商品供给，优化国内进口商品消费环境，促进国内零售企业跨国经营，健全免退税服务体系，推动扩大入境旅游等。① 黄卫挺②和王微、王青③分别从不同角度提出了建设国际消费城市的相关建议。有学者对上海如何建设国际消费城市进行了研究，李锋等从抓住全球最新经济社会发展趋势的角度探讨了打造国际消费城市的对策，④ 朱春林考察了上海在建设国际消费城市以及打响“上海购物”品牌方面的难点。⑤ 也有学者探讨了其他城市建设国际消费城市的对策，如段蓉提出了宁波打造国际消费城市的建议，⑥ 王洪丰探讨了北京建设国际消费城市推动北京城市副中心高质量发展的举措。⑦

综上，国际消费中心城市的研究尚处在起步阶段，研究成果整体偏少且较为零散，系统化研究不足。针对国际消费中心城市的内涵与特征还需要进一步厘清，评价指标也有待纳入城市特色。如今，北京经济社会发展正处于结构调整、动力转换的关键时期，培育和建设国际消费中心城市，是进一步扩大和提升消费、加快形成消费引领发展新格局的重要途径，将为深化供给侧结构性改革、提高城镇化发展质量和培育全球竞争新优势提供有力支撑。

---

① 梁威、关利欣、胡雪：《消费国际化趋势下的中国对策》，《国际贸易》2020 年第 2 期。

② 黄卫挺：《关于建设若干国际消费中心城市的建议》，《中国经贸导刊》2015 年第 4 期。

③ 王微、王青：《对培育建设国际消费中心的政策和建议》，《经济日报》2017 年 4 月 3 日。

④ 李锋、樊星、王孝钰：《抓住全球最新趋势，打造国际消费城市》，《科学发展》2018 年第 7 期。

⑤ 朱春林：《上海国际消费城市建设及打响“上海购物”品牌难点研究》，《科学发展》2019 年第 4 期。

⑥ 段蓉：《宁波打造国际消费中心试点城市的若干建议》，《经贸实践》2017 年第 4 期。

⑦ 王洪丰：《构建国际消费中心城市　推动北京城市副中心高质量发展》，《时代经贸》2018 年第 19 期。

二 国际消费中心城市的发展经验借鉴

纽约、巴黎、伦敦、东京等国际化大都市形成的国际消费中心，不仅成为全球领先的消费市场，而且通过不断聚集全球消费资源和实现消费创新，增强对周边城市、本国乃至全球消费的强大引领和带动能力，为实现消费驱动增长注入巨大动能。

（一）构建国际化商业体系以夯实功能定位

伦敦商业活动的空间集中在中央活动区（the Central Activities Zone，CAZ）和一系列“城市中心”（Town Center）。前者仅有 23 万名居民，却容纳了伦敦 1/3 的就业岗位，创造了英国近 10% 的产出，不仅是国家政治外交、国际交往、国际金融和商务中心，也是国际健康、教育、法律等领域发展高地，还承担着文化、艺术、娱乐、夜间经济与旅游等功能，是面向英国乃至世界的门户区域。而后者主要服务于伦敦本地居民。2021 版大伦敦规划[①]突破了原有行政区划的限制，依据商业面积、商品类型和服务范围，将 CAZ 划分为国际中心、大都市中心、主要中心、区级中心和邻里中心。

中央活动区内的“西区”（West End，包括牛津街、摄政街、邦德街和大西区零售及休闲特别政策区）和“骑士桥”（Knightsbridge）凭借无与伦比的规模和超高的产品与服务品质被评为国际中心，是“全球知名的零售和休闲目的地，奢侈商品和专卖店种类丰富，与高品质建筑环境相融，周边分布着国际公认的休闲、文化、遗产和旅游景点，有极高的公共交通可达性”。规划提出进一步夯实伦敦“西区”国际购物

① The London Plan，“The Spatial Development Strategy for Greater London，” Greater London Authority，2021.

和休闲目的地与“骑士桥”国际中心的地位，重视中央活动区的零售业集群，增强文化艺术、休闲娱乐、夜间经济和旅游等功能的独特性、集中度和多样性。

同时，规划明确了若干潜在发展区域，为不同级别的中心发展留足了“后备军”，还规定必须保证地方零售业的供给量，充分考虑本地消费、居民活动、互联网等的影响，主动调节商业过剩地区的中心功能，鼓励更加多元混合的开放，提升大型中心再开发项目对新兴零售业态的吸引力等。

表1　2021版大伦敦规划关于中央活动区的划分标准

类别	中心数(个)	标准
国际中心(International)	2	全球知名的零售和休闲目的地，奢侈商品和专卖店种类丰富，与高品质建筑环境相融，周边分布着国际公认的休闲、文化、遗产和旅游景点，有极高的公共交通可达性
大都市中心(Metropolitan)	14	服务范围覆盖多个行政区(boroughs)，有至少10万平方米以上的零售、休闲和服务建筑面积，高端商品占比很高，公共交通可达性较高，就业、服务和休闲功能突出，拥有重要的市政、公共和历史建筑群
主要中心(Major)	36	主要在内伦敦，服务范围达到外伦敦等区域，一般有5万平方米以上的零售、休闲和服务建筑面积，高端商品数量比便利商品多
地区中心(District)	149	分布相对更加广泛，主要为周边社区提供便利商品和服务，公交、自行车和步行可达性较高，一般有0.5万~5万平方米的零售、休闲与服务建筑面积，偶尔也有专卖店
邻里中心	未明确	服务社区，可自行车和步行到达，有商业和休闲功能，提供便利商品和服务。通常有超市、邮局、药房、洗衣店等
CAZ零售群	22	位于中央活动区内的多用途建筑群，以零售为主，其规模可与主要中心或地区中心相媲美

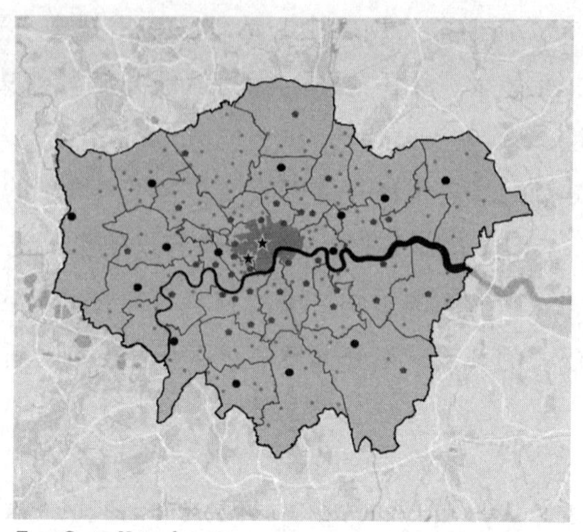

图 1　2021 版大伦敦规划城市中心网络

资料来源：GLA Planning。

（二）传统零售百货向多元化消费场景转变催发数字消费新业态

零售是消费的载体。2020 年戴德梁行发布的年度报告《全球主要街区 2020》（*Main Streets Across The World* 2020）显示，香港铜锣湾蝉联全球最昂贵商业街榜首位置，其后为纽约第五大道上段和伦敦新邦德街。北京王府井列第 11 位。纽约第五大道是美国最著名的高档商业街，又被称为“梦之街”，与法国巴黎香榭丽舍大街和日本东京的银座一样，是各大品牌旗舰店的聚集地，品牌齐全，更新快，有许多由世界顶级设计师设计的高档橱窗和展品，让国内外游客流连忘返。深厚的文化氛围与高端商业氛围融合，激发出历久弥新的商业活力。这里有洛克菲勒中心、纽约公共图书馆、大都会艺术博物馆、中央公园等文化场所，第五大道最南端的华盛顿广场也是作家、画家、演员、艺术家喜爱的聚集地。这里不仅是久负盛名的圣帕特里克节游行、复活节游行等的传统路线，也是爱尔兰文化节、希腊文化街等文化节庆活动的场所，具有持续旺盛的生命力。

无独有偶，伦敦西区（West End）汇集了40多家大大小小的剧院，是与纽约百老汇（Broadway）齐名的世界两大戏剧中心之一，是表演艺术的国际舞台和英国戏剧界的代名词。伦敦戏剧休闲文化区周边文化艺术氛围浓厚，著名的博物馆与画廊云集，查令街十字以西（Charing Cross）、莱斯特广场（Leicester Square）、科文特花园（Covent Garden）、皮卡迪利广场（Piccadilly Circus）、摄政街（Regent Street）等著名地标也在附近。

近几年，在大数据、人工智能、智能硬件技术的推动下，实体零售业发展陷入困境，世界各地的商业街面临租金下降、空置率上升的局面，传统零售商业的升级改造和业态更新已迫在眉睫。纽约第五大道上各大品牌的旗舰店接连倒闭或转让店面，如近两百年历史的奢侈品连锁百货公司 Lord & Taylor 将大楼卖给共享办公的鼻祖 WeWork。美国老牌百货公司 Neiman Marcus、J. Crew、JC Penney 等都宣布破产。许多大型百货公司一直在缩小规模，开设针对本地市场的商店，更注重客户服务和体验，而不仅仅是产品销售，如 Amazon Go！和 Nike Live 均是智能产品、无人经济等新型消费在数字时代的探索。

表2　2019年世界主要商业街租金排名

单位：美元/米^2

排名	国家	位置	租金
1	中国	香港铜锣湾	255
2	美国	纽约第五大道(49～60街)	209
3	英国	伦敦新邦德街	159
4	法国	巴黎香榭丽舍大街	137

续表

排名	国家	位置	租金
5	意大利	米兰蒙特拿破仑大街	134
6	日本	东京银座	116
7	澳大利亚	悉尼皮特街购物中心	100
8	瑞士	苏黎世班霍夫大街	80
9	韩国	首尔明洞	80
10	奥地利	维也纳 Kohlmarkt 商店街	48
11	中国	北京王府井大街	44

资料来源：《全球主要街区 2020》。

（三）文化旅游是增强国际吸引力的关键

法国文化塑造了其国际形象，是文化旅游的灵魂。2009 年 11 月，法国文化部和主管旅游的国务秘书处共同签署的《文化和旅游框架协议》强调了文化在旅游业发展中的重要作用："文化旅游在法国居于特殊地位，对于外国游客，特别是发展中国家的游客来说，吸引他们的首先是法国的文化，包括历史、古迹和生活方式等。"根据巴黎旅游与会议促进署（Paris Convention and Visitors Bureau）统计，2017 年到访博物馆与纪念馆（62 个文化景点和 68 个临时展览）的游客高达 7020 万人次，同比增长 5.9%，其中外国游客到访量增长 9.7%，贡献度较大。

2007 年制定的"大巴黎计划"（Grand Paris）在丰富文化资源、缓解文化发展不平衡方面做出重要部署，全面提升法国文化魅力。首先，新建一批重大文化设施，包括路易威登创意基金会、赛甘岛音乐城和文化中心、国家视听学院、哥布兰学院的影视与多媒体中心，以及现代艺术前沿的 MAC VAL 博物馆、圣德尼的电影城、布尔日的文化科技中心，织密文化空间网，把文化推向大众。其次，在重点地区和车站交会处增设10座博物馆、20处展览场所和画廊、40处演出场所、20个电影院，以及50多所音乐、舞蹈、戏剧、马戏学校等。通过这一计划，使塞纳河成为巴黎的文化之轴，北岸的国际商业繁华与南岸的文艺格调相融合，让法国现代文化与传统文化交相辉映。此外，巴黎时装周等享誉国际的专业节庆活动也成为法国文化吸引力的一部分。

独特的文化魅力、高端的商业形态、完善的交通路网、丰富的节庆活动，让巴黎成为首屈一指的国际休闲旅游目的地。根据万事达集团发布的《2019年全球目的地城市指数报告》，曼谷、巴黎、伦敦长期占据前三的位置，而北京无论是国际过夜游客还是人均消费等都远远落后，离世界文化旅游名城还有很大差距。

表3　全球十大旅游目的地与北京、上海比较

城市	2018年国际过夜游客(万人次)	2018年国际过夜游客消费(亿美元)	平均逗留时间(晚)	每人每天平均支出(美元)
曼谷	2278	200.3	4.8	184
巴黎	1910	140.6	2.5	296
伦敦	1909	164.7	5.8	148
迪拜	1593	308.2	3.5	553
新加坡	1467	165.6	4.2	272
吉隆坡	1379	111.3	5.7	142
纽约	1360	164.3	7.9	152
伊斯坦布尔	1340	82.6	5.8	106
东京	1293	137.7	5.4	196
安塔基亚	1241	76.5	14.0	44
上海	742(外国人占比81%)	72.6(国际旅游收入)	不详	不详
北京	400(外国人占比85%)	55.2(国际旅游收入)	不详	不详

资料来源：《2019年全球目的地城市指数报告》。

三　主要启示

当前我国的国际消费中心城市建设正处于起步阶段，亟须把握国际消费发展趋势，立足城市特色和发展基础，借鉴吸收世界主要城市的发展经验，以探寻未来发展路径。

（一）以商业层级体系为基础推进区域振兴

国际消费中心城市的“中心”，意味着是消费相关的人、财、物、信息、资本要素集聚，在城市更新与开发中处于核心地位，是经济效率和竞争力的体现。伦敦发展经验表明，以商业层级标准划分区域，并明确各级商业中心、消费中心相关功能定位和开发原则，实现功能定位与区域振兴的有机结合。商业是城市活力的来源，也是吸纳就业、促进区域振兴的必经之路。20 世纪七八十年代以来，商业改善区（Business Improvement District），或称为商业改进区（Business Improvement Area）或商业振兴区（Business Revitalization Zone）等模式被引入欧美等国家的城市更新中，其基本逻辑则是发挥多方共治优势，提升区域保障经济发展的公共服务水平，营造富有吸引力的商业社区。

从“买全国卖全国”走向“买全球卖全球”，见证的是全国消费中心城市向国际消费中心城市的跃进。长期以来我国的商业规划缺乏规范统一的原则，缺乏对人口流动与市场发展的前瞻性研究，滞后于城市开发规划。借鉴国际经验，面对挑战，亟须提升商业规划与城市总体规划实施的协同性、与产业发展趋势的协调性、与其他战略功能的匹配性。培育国际消费中心城市，不仅要明确重点领域和抓手，还要注重发挥不同能级的商业中心对城市功能定位的支撑作用。

（二）加强以场景为驱动的消费业态创新

在新技术应用和疫情的冲击下，传统百货、超市、购物中心的零售形态正面临一场从渠道升级到消费升级、从零售“场所”转向消费“场景”的颠覆性变革。数字消费正成为新趋势，线下客流量将以人的体验、品鉴、分享、社交等需求为核心驱动因素，人均到访次数减少，高端零售将进一步收缩战线，聚焦于少数位置更优越、服务范围更大的市中心场所。以消费者体验为中心，业态多元化，从强调“消费场所”向打造丰富“消费场景”转变。

除了业态创新，塑造适合国际品牌生存和发展的软环境也是培育国际消费中心城市的重点方向。目前我国本土特色品牌较少，对国外游客的吸引力不足，影响了境外游客消费规模。德勤咨询发布的《2020全球奢侈品力量报告》显示，中国仅有8家入围世界前100名奢侈品公司，且7家均为珠宝公司，仅有1家服装企业。本土中高端品牌距离国际奢侈品还有很远的路要走，在品类、质量及消费环境上都存在很大提升空间。借鉴国际品牌或国际一流商业街区的运营模式，以艺术提升商业品位，以文化塑造商业性格，形成独有的特质和品位。

（三）把握好外来消费与本土消费之间的平衡关系

本土消费以服务当地居民为主，是城市活力的有机组成，与游客消费与商务消费具有不同的诉求，消费产品/服务结构、消费规模、消费方式迥异。建设国际消费中心城市，首先要加强各类商业中心之间的联结关系，服务好本土消费需求。2021年伦敦规划明确提出中央活动区与城镇中心之间、不同战略职能之间要适当地平衡。根据商业层级，邻里中心、地区中心、主要中心、大都市中心主要服务于当地居民，满足碎片化、个性化消费需求，扩展消费者线下消费场景，促进商务发展。国际中心主要服务于国际游客和商务人群，满足高端化、商务化、综合化消费需求，代表了国家名片。

面向国际游客，营造开放包容的国际消费环境；面向本土消费者，打造便利高效、健康舒适的消费环境。各类商业载体和不同能级商业中心，与文化创意活动、交通、法律、教育、医疗等相融合，形成一种相互依存、相互推动的互动关系，构建一个多功能、高效率、功能复杂而又统一的综合体，从而让城市焕发活力。

参考文献

赵宇、张京祥：《消费型城市的增长方式及其影响研究——以北京市为例》，《城市发展研究》2009 年第 4 期。

梁威、关利欣、胡雪：《消费国际化趋势下的中国对策》，《国际贸易》2020 年第 2 期。

魏颖：《新时代我国国际消费中心城市建设思考》，《产业创新研究》2020 年第 1 期。

鞠立新：《上海如何建设国际消费中心城市》，《成都日报》2019 年 12 月 18 日。

汪婧：《国际消费中心城市：内涵和形成机制》，《经济论坛》2019 年第 5 期。

汪婧：《基于熵权法的国际消费中心城市竞争力评价》，《商业经济研究》2020 年第 21 期。

陶希东：《上海建设国际消费中心城市的成效、问题与对策》，《科学发展》2020 年第 11 期。

李锋、樊星、王孝钰：《抓住全球最新趋势，打造国际消费城市》，《科学发展》2018 年第 7 期。

吴军：《大城市发展的新行动战略：消费城市》，《学术界》2014 年第 2 期。

方越峦、邓谦：《关于广州建设国际消费中心城市的思考》，《广东经济》2020 年第 11 期。

王洪丰：《构建国际消费中心城市　推动北京城市副中心高质量发展》，《时代经贸》2018 年第 19 期。

朱春林：《上海国际消费城市建设及打响“上海购物”品牌难点研究》，《科学发展》2019 年第 4 期。

Clark, Terry, *The City as an Entertainment Machine*, Amsterdam, Netherlands, Boston, MA: Jai Elsevier, 2010.

Edward L., Glaeser, Jed Kolko, Albert Saiz, "Consumer City, National Bureau of Economic Research," NBER Working Paper No. 7790, July 2000.

Glaeser, Edward, "Consumers and Cities," joint with Jed Kolko and Albert Saiz, in *The City as an Entertainment Machine*, Terry Nichols Clark, ed., Lanham, MD: Lexington Books, 2011.

临空经济区建设

树立展示首都风采的“新国门”意识

唐 鑫*

摘 要： 要贯彻落实习近平总书记关于北京大兴国际机场建设的重要讲话精神，树立“新国门”意识，高质量建设首都国际交往新门户。“新国门”意识内涵丰富、意蕴深刻，集中体现为“珍惜荣誉，担当使命，加快发展，为国争光”。要让“新国门”意识内化于心、外化于行，展示新时代首都风采。

关键词： 国际交往新门户 “新国门”意识 价值理念 首都风采

2019年9月25日，习近平总书记出席北京大兴国际机场投运仪式时指出，要把大兴国际机场打造成为国际一流的平安机场、绿色机场、智慧机场、人文机场，打造世界级航空枢纽，向世界展示中国人民的智慧和力量，展示中国开放包容和平合作的博大胸怀。① 要贯彻落实习近平总书记重要讲话精神，牢固树立“新国门”意识，以一流的标准、一流的业绩推进大兴区建设，高质量打造首都国际交往新门户。

---

* 唐鑫，研究员，北京市社会科学院市情调查研究中心主任，北京世界城市研究基地主任。

① 《习近平出席投运仪式并宣布北京大兴国际机场正式投入运营》，《人民日报》2019年9月26日。

一 “新国门”意识是举旗帜、聚民心、育新人、兴文化、展形象的新载体

中国特色社会主义进入新时代，要把统一思想、凝聚力量作为宣传思想工作的中心环节，自觉承担起举旗帜、聚民心、育新人、兴文化、展形象的使命任务。大兴区正在加紧落实面向京津冀的协同发展示范区、科技创新引领区、首都国际交往新门户、城乡发展深化改革先行区[①]的战略定位，推动中国（河北）自由贸易试验区大兴机场片区、北京大兴国际机场临空经济区建设，大力发展以生命健康为主导产业、以航空枢纽和航空服务保障为基础产业、以新一代信息技术和智能装备为补充的“1+2+2”临空产业体系，迫切需要创新宣传思想工作，以新载体为建设好新大兴、实现发展战略目标凝神聚力。

北京大兴国际机场是展示首都形象、国家形象的“新国门”，“新国门”催生新意识。党中央、国务院决定将北京新国际机场建在大兴区，大兴人民舍小家为大家，为新机场建设作出了巨大贡献，得到了习近平总书记和全国人民的高度赞扬，新机场命名为北京大兴国际机场，给了大兴人民极大荣誉。荣誉既是进步的标志，又是继续前进的动力。珍惜荣誉，就能始终牢记自己所肩负的责任，增强建设首都国际交往新门户的信心和干劲，不断夺取各项建设事业的新胜利，为“新国门”增光添彩。

习近平总书记指出，新机场是首都的重大标志性工程，是国家发展一个新的动力源，必须全力打造精品工程、样板工程、平安工

① 《北京城市总体规划（2016年—2035年）》，http：//www.beijing.gov.cn/gongkai/guihua/lswj/ghjd/201907/t20190702_100981.html，2019年7月2日。

程、廉洁工程；大家要树立责任意识、奉献意识，在建设中增长才干、展示风貌。[1]这些指示赋予了大兴区新的使命。担当使命是增强政治意识、大局意识、看齐意识、核心意识的具体体现，是展示首都形象和国家形象的责任要求，是建设好首都国际交往新门户的必要前提。

首都发展正处在转换动力、创新模式、提高质量的关键时期，京津冀协同发展、疏解北京非首都功能、打造“高精尖”经济结构等重大举措推动首都高质量发展。大兴区发展转型的任务十分繁重，需要付出比以往任何时候都更加艰苦的努力。只有加快发展，才能把握好京津冀协同发展的大势、抓住新机场给大兴区发展带来的新机遇，只争朝夕、攻坚克难，促进全区走在全市发展前列，早日实现建设首都国际交往新门户的战略目标。

位居“新国门”，大兴人有比以往任何时候都更强烈的自豪感，也有比以往任何时候都更强烈的责任感。为国争光是自豪感与责任感的凝结，是“新国门”意识的集中体现。为国争光就要珍惜荣誉、担当使命、加快发展，在建设首都国际交往新门户中取得优异业绩，以新机场为关键平台，向世界展现一流形象、一流服务、一流业绩，让世界人民通过新机场乃至整个大兴区，了解中国、关注中国、钦佩中国。

将大兴区上述发展特征、价值追求与其历史传统、文化底蕴融为一体，高度凝练新时代大兴人民具有的意志品格并概括为“新国门”意识，是举旗帜、聚民心、育新人、兴文化、展形象的生动写照，必将为建设首都国际交往新门户提供强大精神动力。

---

① 《立足提高治理能力抓好城市规划建设　着眼精彩非凡卓越筹办好北京冬奥会》，《人民日报》2017年2月25日。

二 “新国门”意识集中体现为“珍惜荣誉，担当使命，加快发展，为国争光”

“新国门”意识的核心要义是，以习近平新时代中国特色社会主义思想为指引，践行社会主义核心价值观，贯彻落实北京市宣传思想工作总体要求，集中体现新时代大兴人民的价值追求。

珍惜荣誉。大兴区具有悠久而又光荣的历史，在建县2500多年的历史中，长期承担着“城市门户”的角色，被人们誉为“天下首邑”。进入新时代，大兴区承担着建设好、服务好新机场，向世界展示首都形象、国家形象的重任。要珍惜光荣的历史和历史赋予的发展新机遇，牢记中央、市委的重托和全国人民的期待，发扬优良传统，抓住新机场带来的发展机遇，开拓创新，埋头苦干，加快建设美丽富饶的新大兴，展现新时代的首都风采。

担当使命。贯彻落实习近平总书记指示精神，切实承担起建设国际交往新门户的历史使命；不仅要将新机场作为首都的重大标志性工程建设好，而且要为其运营提供高质量服务；不仅要让新机场作为国家发展新的动力源带动大兴区发展，而且要使临空经济区在全国发展中发挥辐射带动作用；不仅要将新机场建设成为精品、样板、平安、廉洁工程，而且要在各项工作中落实精品、样板、平安、廉洁的要求；不仅要让新机场建设者具有参与历史、见证历史的光荣感，而且要求每个大兴人更加牢固地树立责任意识、奉献意识，以更加优异的业绩建设国际交往新门户。

加快发展。大兴区发展史是艰苦创业、开拓奋进史，历史上大兴人民艰苦奋斗、开拓进取精神传承至今。加快发展，要求大兴人继续发扬优良传统，加快改革开放的步伐，聚焦新动能、抢抓新机遇，实现经济增长速度和发展质量高于全市平均水平，城市建设、管理和社会保障的水平显著提高，社会进步的步伐明显加快。为此，全区要认清形势、统一思想、步调一致，在区委、区政府的领导下，提高发展的质量，以高质量的发展推进发展增速，努力实现跨越式发展。

为国争光。大兴区爱国传统源远流长，历史上曾经涌现出一批爱国英雄，激励着后人公而忘私投身于建设美丽家园的事业。大兴人民要继承爱国传统，通过建设好新大兴来为国争光。一是坚定政治立场，提升政治站位，维护首都安全稳定，促进全区成为世界最安全的航空枢纽地区；二是加强精神文明建设，形成诚信有礼、团结友爱、和谐共处的社会氛围，促进全区成为世界最热情好客的地区；三是按照国际标准完善服务保障体系，为社会各界提供更加优质、更加高效的服务，促进全区服务工作达到世界先进水平；四是转变发展方式、提高发展质量，大力发展“1+2+2”临空产业，打造良好的营商环境和生态环境，促进大兴区成为世界上最具活力的临空经济区。

综上所述，“新国门”意识是一个完整的逻辑链条，珍惜荣誉是逻辑起点，担当使命、加快发展是逻辑链条中的关键环节，为国争光是逻辑主轴和归宿。它们相辅相成、相互贯通，构成了完整的价值理念系统。

三　让“新国门”意识内化于心、外化于行，展现建设国际一流和谐宜居之都的风采

树立“新国门”意识，应基于世界观、价值观、人生观，深化对“新国门”意识的学理阐释；贯通历史、现在与未来，提升“新国门”意识的影响力；发动各条战线、各个部门，凝聚全社会对“新国门”意识的共识；运用互联网、微信、微博等新媒体，让“新国门”意识渗透到群众的生产、生活中；把握时、效、度，使“新国门”意识成为人民的自觉行动，真正做到内化于心、外化于行。

具体地说，珍惜荣誉，就是要以豪迈崇敬的心态对待以往的荣誉和建设国际交往新门户的重任，以革故鼎新的勇气全面推进全区改革开放和现代化建设，以继往开来的魄力推动大兴区发展迈上新台阶、再获新荣誉；担当使命，就要以恪尽职守的品格落实中央、市委的战略部署和建设国际交往新门户的重任，以克己奉公的作风投入到各项建设中，为人民谋幸福、为民族谋复兴，以舍我其谁的精神勇挑建设重担、书写新时代大兴发展史的宏伟篇章；加快发展，就要以坚定不移的意志抓住发展这个第一要务，以时不我待的紧迫感抓紧落实各项建设工作，以奋发图强的精神推动大兴区又好又快发展；为国争光，就要以许身报国的情怀、倾己所有为建设国际交往新门户作出贡献，以独占鳌头的追求在建设中创造卓越的业绩，以尽善尽美的成果报效祖国、赢得世界赞誉。

在宣传、培育“新国门”意识中，应组织专家学者举办“新国门论坛”，编写《“新国门”意识读本》，围绕“新国门”意识开展深度交流和研讨，深化对“新国门”意识内涵的研究和阐发；引导专业文艺团体开展“新国门”意识艺术创作，通过歌曲、舞蹈、书法、摄影、曲艺等形式和直播、短视频等手段，向社会宣传“新国门”意识；在图书馆、博物馆、文化活动中心等公共文化设施张贴宣传横幅、广告，举办面向社会各界的有关讲座、网络征文、理论宣讲、演讲大赛、优秀人物评选等活动，普及相关知识，激发群众热情，使“新国门”意识在全区、全市乃至全国产生广泛影响。

要特别发挥教育部门在树立“新国门”意识中的作用，加强对中小学师资力量的相关培训，引导教师在课堂结合教学内容向学生讲解“新国门”意识，组织学生在课余实践活动中开展“新国门”意识调查、写作、知识竞赛等活动；鼓励大专院校开展“新国门”意识教学和实践活动，让大学生在这些活动中深入认识“新国门”、真诚热爱“新国门”，主动做树立“新国门”意识的模范带头人；在党校开设“新国门”意识课程，开展“新国门”意识调查研究，培育一批树立

“新国门”意识、建设国际交往新门户的骨干力量。

“新国门”意识是大兴人民进入新时代实现高质量发展、为国争光而形成的文化自觉，也是首都人民勠力同心书写实现中国梦北京卷的精神象征。树立“新国门”意识，必将展现奋力建设伟大社会主义祖国的首都、迈向中华民族伟大复兴的大国首都、国际一流的和谐宜居之都的风采。

参考文献

北京市西城区社会科学界联合会：《“红墙意识”理论与实践》，红旗出版社，2019。

黎远波、蒋心博：《红船精神对于统揽“四个伟大”的实践价值分析》，《南方论坛》2020 年第 6 期。

彰显“新国门”意识，构建发展新格局

陆小成　刘文瑞*

摘　要：大兴国际机场为首都高质量发展提供了便利的交通条件和发展良机，成为践行新发展理念的新动力源和“新国门”。珍惜荣誉是“新国门”意识的鲜亮底色，勇于担当是“新国门”意识的任务要求，创新发展是“新国门”意识的方向目标，为国争光是“新国门”意识的主旨要义。立足新发展阶段，彰显“新国门”意识，增强高质量发展新动能，向世界展示大国首都新形象，加快构建首都高质量发展新格局。

关键词：“新国门”意识　大兴国际机场　民航

随着北京大兴国际机场的正式运营，大兴作为首都“新国门”形象渐渐深入人心，这片区域蕴藏了无限活力[①]。大兴国际机场的通航与发展，对提升我国民航国际竞争力、服务高水平对外开放、提升国家形象、推动京津冀协同发展具有重要战略意义，为首都高质量发展提供了便利的交通条件。作为首都的重大标志性工程，大兴国际机场是国家发

---

* 陆小成，北京市社会科学院城市问题研究所研究员；刘文瑞，中国社会科学院大学副教授。

① 《展望“新国门”》，《人民政协报》2021 年 1 月 8 日。

展一个新的动力源，更是践行新发展理念的“世纪国门”[①]。立足新发展阶段，贯彻新发展理念，充分彰显“新国门”意识，激发干事创业的强大精神动力，大力培育首都高质量发展的新动能，向世界展示新发展阶段大国首都的新形象，构建高质量发展的新标杆、新引擎、新格局。

一　珍惜荣誉是“新国门”意识的鲜亮底色

（一）“新国门”彰显国家荣誉

国门，系国家发展之门户，对外开放之窗口，地位特殊、意义深远。拥有“国门”称号的城市或区域自然其地理位置显著，区位优势明显，在国家发展和对外开放中具有举足轻重的战略意义。国门代表国家的形象，也代表国家给予国门所在地的重要区位优势和资源禀赋，彰显一种难得的国家荣誉和发展机会。而“新国门”的“新”更体现为一种新的发展机遇、新的发展理念、新的发展平台，这无疑会给“新国门”所在地首都北京及大兴区带来更多的发展机会和资源要素。大兴区地处北京市南部平原区，坐拥新机场、毗邻副中心、辐射京津冀、连通雄安新区。大兴具有光荣的文化传统和悠久的历史资源，建县可追溯到先秦时期，曾长期承担着城市门户的角色，发生过许多可歌可泣、抵御外侮的英雄事迹，被誉为“天下首邑”。改革开放以来，大兴区在党的坚强领导下，勇于创新、大胆创业，不断攻坚克难，取得了辉煌成就，培育了大兴人民珍惜荣誉的历史情怀。大兴国际机场定位为大型国际航空枢纽，践行新发展理念，进一步提升京津冀地区对外开放和交流合作的能力，成为首都的“世界客厅”和中国的“全球门户”。大兴国际机场的国家战略布局，赋予首都北京新发展的良好契机，也为高水平

---

① 樊曦、齐中熙：《践行新理念，铸就新国门》，《中国国门时报》2019年9月27日。

对外开放赢得了先机，成为新时代首都北京践行新理念、打造“新国门”、树立新国标、实现新发展的重要资源与宝贵荣誉。

（二）“新国门”迎来发展机遇

2014 年 12 月，国家发展改革委正式批准北京建设新机场项目，大兴区迎来了一个难得的重大历史机遇。这是党中央、国务院着眼于推进京津冀协同发展、加快首都“四个中心”功能建设和“四个服务”水平提升而作出的重大战略部署，充分体现了党中央和国务院对首都北京的信任与厚爱。特别是大兴国际机场临空经济区定位为“京津冀协同发展的新引擎，全球创新资源的接驳地”，是北京自贸区和国家服务业扩大开放综合示范区两项重大政策的承载地，区域占地 150 平方公里，其中北京部分 50 平方公里，河北部分 100 平方公里，规划航空物流区、科技创新区和服务保障区三大组团。大兴国际机场临空区、自贸区多项政策叠加、多重利好齐聚，是建设北京改革开放新高地和京津冀协同发展的桥头堡，成为展示国家改革开放成果的“新国门”。彰显“新国门”意识，倍加珍惜难得的发展机遇，牢记党和人民的重托，打造好新时代的首都“新国门”，以饱满的工作热情和无私的奉献精神积极投身于大兴国际机场的建设、运营与创新发展，展现出珍惜荣誉、努力奋斗的良好精神风貌，得到习近平总书记和全国人民的高度赞扬，使珍惜荣誉成为“新国门”意识的鲜亮底色。

（三）“新国门”响应美好期待

北京大兴国际机场基于良好的空间优势和发展构架，为北京城市南部区域的开放、创新发展搭建宝贵平台，为增强北京市民对美好生活的获得感、幸福感提供了新期待，大兴人民的荣誉感获得更大的提升。大兴国际机场建成通航，首都人民带着这份巨大的荣誉踏上了守护“新国门”、建设新大兴的新征程。牢固树立“新国门”意识，不辜负党中央、国务院和全国人民的期望，发扬优良传统，珍惜安定团结的大好局面，珍惜来之不易的发展机遇，加快干事创业、积极作为，在推动首都新发展的历史进程中取得新业绩、新辉煌、新成就，更好地展示首都形象、国家形象，奋力谱写首都高质量发展新篇章，满足首都人民群众的新期待。

二　勇于担当是“新国门”意识的任务要求

（一）勇于担当展现优良传统

勇于担当作为首都人民的优良传统，“新国门”意识赋予新时代首都人民对优良传统的传承。大兴处于京畿要地，历史上曾经作为军事重镇承担着守卫都城、保护百姓的重任。特别是近代以来，在国家危亡之际，大兴人民更是奋起抵御外侮、保卫国土和救国图强。优良的革命历史传统，培育了大兴人民高度的责任感和神圣的使命感，形成了勇于担当、积极作为、大胆创新的良好氛围。进入改革开放新时期，大兴区干部群众在干事创业过程中逐渐形成的“三敢一甘”精神，正是这种良好风气的一个突出表现。

（二）勇于担当展现神圣使命

“新国门”意识体现一种勇于担当精神。大兴国际机场的规划建设，赋予了首都地区开放发展、联通京内外、辐射带动周边的神圣使命。习近平总书记在考察新机场建设时指出，新机场是首都的重大标志性工程，是国家发展的一个新动力源，必须全力打造精品工程、样板工程、平安工程、廉洁工程。首都人民牢记习近平总书记的殷切嘱托，勇于担当、甘于奉献、迎难而上、开拓创新，在较短时间内圆满地完成了机场建设任务，真正实现了精品、样板、平安、廉洁的建设目标，以一流的业绩、勇于担当的精神诠释了“新国门”意识的丰富内涵。被誉为“世界新七大奇迹”之一的大兴国际机场，作为我国大工程建设的样本，体现了“中国建造”从追求速度到追求质量再到追求精品的不断飞跃[①]。立足新发展阶段，以“新国门”建设为契机，牢记神圣使命，增强责任之心，贯彻新发展理念，勇于担当，把初心落在行动上、把使命担在肩膀上，主动担当、积极作为、不辱使命，推动首都经济社会各方面高质量发展。

（三）勇于担当展现政治自信

建设北京大兴国际机场，展现了大国的政治自信。大兴国际机场的战略布局为首都北京拓展了新空间，彰显了社会主义制度集中力量办大事的政治优势和政治自信，彰显了中国特色社会主义道路自信、理论自信、制度自信、文化自信。作为国际交往的新门户，大兴区是北京国际交往中心功能承载区的重要组成部分，将承担更多的国际重大活动的服务保障任务，应吸引资源集聚、创新体制机制，加快打造伟大社会主义国家的“新国门”、新航标。作为“新国门”的担当，大兴机场承载着中国国际交往的重任[②]。树立“新国门”意识，应坚守政治立场与政治信念，把握首都发展核心要义，加强“四个中心”功能建设和“四个服务”水平提升，自觉维护首都安全、国家安全、人民安全，努力做到思想上、政治上、行动上的高度自觉，推动习近平新时代中国特色社会主义思想在京华大地落地生根、开花结果。

三　创新发展是“新国门”意识的方向目标

创新发展彰显时代要求。历史上的大兴一直具有大胆创新、改革

---

① 《新华时评：践行新理念　铸就新国门》，新华网，2019 年 9 月 25 日。

② 李冉：《凤凰展翼，大兴国际机场成“新国门”担当》，《人民交通》2019 年第 8 期。

进取的优良文化传统，五音大鼓、诗赋弦、武吵子等民间文艺都是大兴区民众文化创新的代表。进入改革开放新时期，大兴依然以锐意进取、创新改革的精神走在时代前列，大兴留民营村就被联合国环境规划署认定为“中国生态农业第一村”。从军事重镇、农业大区到“三区一门户”，大兴区的功能定位有了新变化、新要求、新布局，发扬创新发展的优良传统，坚持艰苦奋斗、开拓进取，传承创新精神，实现高质量发展。

创新发展引领前进方向。当前，首都发展正处在动力转换、创新转型、质量转变的关键时期，面临不少发展中的难题与梗阻。比如，部分区域存在科技实力不强、高科技产业基础薄弱、优质教育医疗资源不足、生态承载力不强等诸多问题，发展转型的任务繁重。落实和推动首都高质量发展，必须重视发展以高精尖制造业体系为主的战略新兴产业[①]。彰显“新国门”意识，就是要以开放、包容、创新的发展理念，坚持创新引领，将创新与改革作为破解一切艰难险阻的破冰法宝，加快构建高精尖产业结构，积极发展以创新为支撑的战略新兴产业，发挥创新引领和辐射带动作用，落实好“三区一门户”的重要功能定位。特别是以疏解非首都功能为重要契机，吸引中心城区科技创新、优质教育医疗、公共服务等资源集聚北京发展新区包括大兴区。面向国家战略需求，建立更高水平的科技研发机构，加快建设国际科技创新中心，打造首都高质量发展的新引擎、新高地。

创新发展提升城市动能。习近平总书记指出，坚持把创新作为引领发展的第一动力，打造科技、教育、产业、金融紧密融合的创新体系，不断提升产业链水平，为中国经济长远发展提供有力支撑。创新是城市高质量发展的第一动力，必须把创新驱动作为引领城市发展全局的核心战略。打造“新国门”，本身就是勇于改革、大胆创新之

① 张杰：《首都高质量发展改革的突破口》，《前线》2020年第10期。

举，践行中国高水平对外开放、创新引领全球发展的战略，将成为北京城市高质量发展的新动能。大兴国际机场因其独特的位置和作用，集聚首都科技创新要素，是新时代中国对外开放和引领全球发展的新动力源①。大兴作为首都科技创新引领区以及京津冀协同发展的“桥头堡”，要发扬锐意进取、改革开放、创新发展的精神。以更大力度的改革开放激发新动能②。加快集聚知名高校、科研院所建立分院、分中心，注重重大创新工程要素、智能制造要素资源、大数据要素资源、互联网+要素资源等的有效集聚，加强科技、知识、人才、体制、文化等创新要素驱动，注重多元化主体参与、全要素资源集聚、全过程创新管理，以科技创新作为创新的核心动能，推进理论创新、制度创新、科技创新、文化创新和其他方面的创新，完善城市科技创新服务体系。大兴区聚焦“新国门·新大兴”建设，坚持新发展理念，大力发展医药健康、临空产业、科技服务业、新一代信息技术、新能源智能汽车等高精尖产业，推动科技创新发展。特别是高度重视发展科技服务业，壮大新一代信息技术和科技服务业规模，引入金融、设计、信息服务、数字创意等现代服务业，加快科技创新企业集群发展。要以创新求生存，以创新促发展，持续优化营商环境，深化“放管服”改革，推动重点企业“服务包”制度向普惠性转变，扩大重点企业服务半径，构建便民性、多层次、无缝隙的精准服务体系，为企业创新发展提供优质服务，培育新业态、新产业、新市场，提升消费新动力。以创新发展为重要理念，加快建设深化改革先行区，强化企业在创新驱动中的主体作用，特别是激发科技企业主动创新精神，打造创新型城区，真正起到带动区域发展的引擎作用，加快北京城市创新崛起与高质量发展。

---

① 陆小成：《首都高质量发展的新动力源》，《前线》2020 年第 3 期。

② 蔡奇：《坚持以首都发展为统领，奋力谱写社会主义现代化的北京篇章》，《人民日报》2021 年 5 月 6 日。

四　为国争光是“新国门”意识的主旨要义

（一）为国争光体现主旨精神

中国是礼仪之邦，大兴素有崇礼尚贤的文化传统。“礼贤”文化是大兴区宝贵的精神财富。早在春秋战国时期，雄才大略的燕昭王为雪国耻、复兴燕国，曾在此建“黄金台”、设“招贤馆”，以揽天下英才，重振大业。崇礼尚贤、为国争光是大兴人民的优良传统和主旨精神。新机场建设使大兴区成为国际交往的新门户。为国争光、为国添彩，是“新国门”意识的主旨要义。北京城市总体规划中赋予大兴区面向京津冀的协同发展示范区、科技创新引领区、首都国际交往新门户和城乡发展深化改革先行区的功能定位①。大兴区广大干部群众应牢固树立为国争光的自觉意识，在建设“三区一门户”、服务大兴国际机场的实际工作中，向世界展现一流的形象、一流的服务、一流的业绩，让世界人民通过“新国门”、新大兴，了解中国、关注中国、钦佩中国。

（二）为国争光提升首都形象

在未来的国际交往过程中更好地展示首都形象、国家形象，是大兴人民义不容辞的责任。践行创新、协调、绿色、开放、共享等新发展理念，努力为国争光，切实提升首都发展新形象。作为国际交往中心和国际科技创新中心，大兴区的服务对象将更加多元化、国际化，来自不同国家和地区的旅客以及京津冀周边居民等不同群体的需求也不断丰富和多样，这就需要从国家形象、首都风范、为国争光的战略高度履职尽

---

① 李辉、李萌萌、褚杰：《凝心绘绿建设森林城，打造绿美画廊新国门》，《国土绿化》2020年第11期。

责，始终坚持创新发展、协调发展、绿色发展、开放发展、共享发展。大兴国际机场是践行新发展理念的典范，体现了绿色、智慧、人文的思考。比如，在绿色发展方面，积极推进大兴国际机场周边大尺度造林，先后营造15万余亩森林，机场周边构建7条“绿色廊道”，“穿过森林去机场”的美好蓝图已经显现，彰显了“新国门”的国家绿色形象。大兴区依托“创建森林城市”进程，加快市花月季的增植步伐，通过见缝插绿、小微绿地种植月季，让月季成为装点国门、扮靓社区、美化家园的“点睛之笔”，“大绿大美新国门”的形象已渐入人心①。又如，在协调发展方面，大兴国际机场是推动京津冀协同发展的重要桥梁，大兴国际机场与首都机场形成“一市双场”格局，未来北京市航空旅客吞吐量将突破2.5亿人次，带动人流、物流、资金流、信息流等生产要素高效聚集，激活150平方公里的临空经济区，服务北京和雄安新区建设，开创京津冀区域协同发展的新格局。再如，在开放和共享发展方面，积极践行“新国门”意识，大力弘扬为国争光的精神，把崇礼尚贤的文化传统融入社会服务，体现协调、共享、包容的发展理念，为社会各界提供更加优质、更加高效、更加开放包容、更加人性化的服务，让海内外宾朋切实感受到新国门人的良好精神风貌，体现新时代首都北京开放创新、包容发展的新形象。要加强精神文明建设、提升社会文明程度，形成诚信有礼、团结友爱、和谐共处、开放包容的良好文化氛围，促进全区成为世界最热情好客的地区之一。要按照国际一流标准、不断完善服务保障体系，为社会各界提供更加优质、更加高效、更加人性化的服务，促进服务工作达到世界先进水平。

（三）为国争光体现精神动力

“新国门”意识是大兴区在长期历史发展特别是新机场规划建设过

① 李向楠：《领航花卉产业　大展国门风采》，《国土绿化》2021年第1期。

程中积累形成的宝贵精神财富，是激励全区人民勠力同心建设新大兴的行动纲领，是习近平新时代中国特色社会主义思想在北京大兴的生动实践。加快构建以国内大循环为主体、国内国际双循环相互促进的新发展格局，是“十四五”乃至更长时期关系我国发展全局的重大战略任务，需要从全局高度准确把握和积极推进。大力弘扬和彰显“新国门”意识，必将进一步激励全区人民的工作热情和精神动力，提振广大干部群众的创业精神，不断创新体制机制，集聚人才、资本、技术等优质资源要素，优化创新创业生态环境，增强首都发展新动能，加快构建发展新格局。彰显“新国门”意识，凝聚为国争光、干事创业的强大精神动力，以时不我待、久久为功的责任感、使命感、紧迫感，坚持创新、协调、绿色、开放、共享的新发展理念，加快打造国际航空枢纽建设运营新标杆、世界一流便捷高效“新国门”、京津冀协同发展新引擎，奋力谱写首都高质量发展的新格局、新篇章。

参考文献

蔡奇：《坚持以首都发展为统领，奋力谱写社会主义现代化的北京篇章》，《人民日报》2021 年 5 月 6 日。

李冉：《凤凰展翼，大兴国际机场成“新国门”担当》，《人民交通》2019 年第 8 期。

张杰：《首都高质量发展改革的突破口》，《前线》2020 年第 10 期。

李辉、李萌萌、褚杰：《凝心绘绿建设森林城，打造绿美画廊新国门》，《国土绿化》2020 年第 11 期。

樊曦、齐中熙：《践行新理念，铸就新国门》，《中国国门时报》2019 年 9 月27 日。

李向楠：《领航花卉产业，大展国门风采》，《国土绿化》2021 年第 1 期。

书写时代责任，吹响发展号角

——“新国门”意识的背景与意义

李　楠*

摘　要：北京大兴国际机场作为辐射全球的大型国际枢纽机场，面对新时代、新要求、新任务秉承时代责任与文化自觉，需要阐发“新国门”意识，奏响新时代的强音，吹响新征程的号角。“新国门”意识根植历史积淀面向时代发展，是抓住区域发展战略机遇的重要手段和内生动力。“新国门”意识引领精神力量的内生和凝聚，传承和提升坚守正气的优良作风，构建和促成积极向上的社会精神风貌，引领创新意识和创新能力提升。

关键词：“新国门”意识　首都风采　大兴国际机场

“国门”，旧指国都的城门，也比喻国家的政策和规定。现代意义上的“国门”更是凝聚内涵对外展现国家形象的窗口。北京大兴国际机场作为辐射全球的大型国际枢纽机场，2019 年在北京大兴区落地，必将促使大兴区成为新时代展现国家形象的新窗口。大兴区干部群众面对新时代、新要求、新任务秉承时代责任与文化自

* 李楠，中国社会科学院大学马克思主义学院常务副院长，副教授。

觉，需要阐发“新国门”意识，奏响新时代的强音，吹响新征程的号角。

一 “新国门”意识根植历史积淀面向时代发展

对于城市精神内涵的提炼，是将城市的历史传承（传统、文化）和时代风貌（价值追求、道德理想、文明素养）结合在一起，既根植于城市的历史和传统积淀，又代表着城市对当代公民的殷殷期望。“新国门”意识的核心理念根植于大兴区历史文化的积淀，也积蓄着大兴区面向新时代的发展动力。

大兴县前身为先秦所置蓟县，金始称大兴县，是中国最古老的县份之一。金、元、明、清以迄民国初年，均附郭京都，史称“赤县”“京县”“天下首邑”。大兴，具有京南门户、文明古县、革命沃土、绿海田园之多种文化传承，尤其是“京南门户”，明清时期即有自京都通往南方各地的驿道、御道过境，目前由首都北京通往河南、山东、天津的国家级公路，包括京开公路、京济公路、京津塘高速公路穿越县境。县城黄村，明清时期为古驿道上的驿站之一，后逐渐发展为京南重镇，从历史沿革中可见大兴的重要战略地位。

大兴区着力于贯彻落实“三区一门户”的战略定位，加快转变发展动力、创新发展模式、提升发展水平，建设临空经济区、自由贸易区大兴机场片，大力发展智能装备制造、生物医药产业、新一代信息技术等五大主导产业，以新载体加载新意识，为建设新大兴、实现发展的战略目标凝神聚力。

北京大兴国际机场的落户与通航，是大兴发展史上具有里程碑意义的大事。新机场是首都的重大标志性工程，是国家发展新的动力源，是展示国家形象的重要门户。“新国门”催生新意识，通过树立“新国门”意识举旗帜、聚民心、育新人、兴文化、展形象。马克思主义唯物史观告诉我们，存在决定意识，意识反作用于客观存在。“新国门”意识是大兴区历史基因的传承，也是在长期的建设与发展中积累的宝贵精神财富、是全区人民进入新时代而形成的文化自觉，是激励全区人民勠力同心建设新大兴的行动纲领。“新国门”意识是调动大兴区干部群众的积极性和创造性、为建设国际一流的和谐宜居之都作出更大贡献的关键驱动。

二 “新国门”意识是抓住区域发展战略机遇的重要手段和内生动力

大兴国际机场的落户，为大兴区的发展带来了新的历史机遇。培育与践行“新国门”意识，既是大兴区贯彻落实党中央、国家发展战略部署以及实现北京城市战略定位的重要手段，又是激发大兴区改革发展活力的重要举措，更是实现大兴区“三区一门户”功能定位和发展要求的精神动力。

（一）“新国门”意识的阐发是贯彻落实习近平总书记重要讲话精神的必然要求

习近平总书记明确提出北京要明确城市战略定位，坚持和强化首都全国政治中心、文化中心、国际交往中心、科技创新中心的核心功能。而首都“四个中心”的建设离不开爱国、开放、包容等理念的支撑，因此加强“新国门”意识的阐发是建设首都“四个中心”的题中应有之义。习总书记曾在考察新机场建设时提出“新机场是首都的重大标志性工程，是国家发展一个新的动力源”。大兴区必须牢牢把握和利用这一动力源以实现新发展。思想是行动的先导，阐发“新国门”意识为大兴区的整体发展迈向新的台阶奠定了思想基础。

（二）“新国门”意识是大兴区服务北京首都功能定位的精神指引

培育和践行“新国门”意识，从实质来说就是要实现我们思想意识的与时俱进。要实现治理的现代化，必须要加强“新国门”意识建设。京津冀协同发展上升为国家战略，助力北京疏解非首都功能，也需要大兴区身在其中以先进的理念大有所为。“新国门”意识的阐发、培育与践行有利于增强干部群众开放、包容、创新的意识，吸引临近核心区资本、技术、人才等要素转移到大兴，从而助力落实北京地区疏解非首都功能的政策。新机场的建设为国家重大外交外事活动提供了物质层面的保障，“新国门”意识的阐发和培育为其提供了精神层面的支撑，两者同样重要，缺一不可，是北京市统筹推进国际交往中心建设的重要一环。

（三）“新国门”意识是推动大兴跨越发展的内在动力

新机场的落成，更加凸显了大兴的区位优势。大兴区除了在硬件设施上支持新机场建设外，更需要一种精神力量。“新国门”意识的培育有利于大兴区干部群众形成文化自觉，从而服务于大兴新机场的建设。此外，新版北京城市总体规划赋予了大兴区新的功能定位，在大兴区发展的这一关键期，培育与践行“新国门”意识有利于大兴区干部群众在思想层面顺应区域经济、社会的新发展要求，适应了大兴改革发展的需要。同时，新时代大兴区的发展需要大兴区广大干部群众万众一心，共同努力。“新国门”意识有利于统一思想、凝聚人心，在此基础上实现大兴区干部群众同心同德谋发展，在新的时代背景下共同为大兴区的发展贡献力量。

三 “新国门”意识引领区域发展转型，提升区域发展品质

（一）“新国门”意识引领精神力量的内生和凝聚

1. 干部群众爱国意识普遍增强

围绕“新国门”意识的确立和阐发，明确大兴区是向世界展示中国形象的“新国门”意识，增强大兴区的党员干部的责任心、自信心和自豪感。党员干部进一步牢固树立“四个意识”，坚持爱国主义，提升政治素养，发挥先锋带头作用。进一步坚持贯彻爱党爱国教育，党群通力配合，共同向世界展示新时代中国特色社会主义建设的新面貌。

2. 良好的家风家教深入人心

良好的家风家教，是践行社会主义核心价值观的重要途径和载体。培育与践行“新国门”意识要求党员干部注重家庭、注重家教、注重家风的表率。倡导全区群众参与家庭文明建设，弘扬正确的家庭伦理和家庭美德，把爱党、爱国、爱大兴、爱家庭统一起来。

3. 个人精神归属与国家认同感显著提升

利用大兴区建设“新国门”的契机，推动大兴区大力发展生产力，不断提升人民群众的生活水平，“新国门”意识的培育与践行促进干部、群众树立爱党、爱国、爱大兴的价值观，公民自觉自愿地认同国家、认同大兴，从而更好地为大兴区的发展助力。

（二）“新国门”意识传承和提升坚守正气的优良作风

1. 恪守廉洁忠正，提升干部的政治觉悟

“守正”是中国传统文化的核心价值。“其身正，不令而行；其身不正，虽令不从”。习近平总书记强调领导干部要坚持忠诚坚定、担当尽责、遵纪守法、清正廉洁。作为国家“新国门”的守护人与管理者，

大兴区广大干部要做到“以忠生廉”，坚持忠于党、忠于国家、忠于人民、忠于党和人民的事业，才能永葆清正廉洁的本色，才能牢固树立全心全意为人民服务的思想意识，向世界展示新时代中国的清廉政风。

2. 坚守向善公正，加强群众的政治信念

“守正为心，疾恶不惧”。中国自古被称为“衣冠上国，礼仪之邦”。习近平总书记提出要把培育文明道德风尚作为重要着力点，坚持正确的价值取向、舆论导向，推动形成知荣辱、讲正气、做奉献、促和谐的社会风尚。作为国际交往新门户，在坚持包容开放的同时，大兴区要引导群众树立“新国门”意识，坚守正确的文化理念，营造全社会崇德向善的浓厚氛围。

（三）“新国门”意识构建和促成积极向上的社会精神风貌

1. 传承和弘扬优秀传统文化，营造小康社会和谐生活氛围

习近平总书记提出，中华优秀传统文化是我们最深厚的文化软实力，也是中国特色社会主义植根的文化沃土。大兴区历史悠久，传统文化资源丰富，“新国门”意识则是大兴优秀传统文化与现实文化有机统一的产物。因此必须深入发掘大兴本地的传统文化，将传统文化融入道德建设，形成健康和谐的社会氛围。

2. 提升市民文明素养和个人修养，形成社会生活的和谐风貌

文明城区的创建，离不开市民个人素质的提升。国际交往新门户的定位，要求大兴区形象有一个整体的提升，广大市民是文明城市创建的主体，市民素质是城市文明之本。因此，必须把提升市民道德水准、文明素质放在大兴区各项工作的重要位置。通过提升大兴区群众的修养，强化整个社会的平等与和谐。

3. 优化选人用人机制，形成尊重人才的良好氛围

人才是兴国之本、富民之基、发展之源。大兴区当前面临新的发展任务，亟须制定与出台有利于吸引人才的相关政策，兼顾不同层次人才

群体，包括海内外人才，实现人才政策的全面覆盖。提高人才待遇，创新人才使用机制和激励机制，营造尊重知识、尊重劳动、尊重人才、尊重创造的浓厚氛围。

（四）“新国门”意识引领创新意识和创新能力提升

1. 优化创新环境，实现经济发展方式的转型升级

习近平总书记提出“在激烈的国际竞争中，唯创新者进，唯创新者强，唯创新者胜”。大兴区是北京市的科技创新引领区，大兴区政府须发挥政策导向作用，制定相关政策，引导项目、资金和土地资源向高科技、高质效、低能耗的新型产业积聚，全力打造高新技术产业圈，促进新经济强劲发展、活力迸发。大兴干部群众应增强与践行“新国门”意识，发扬创新领潮精神，拓宽创新工作思路。

2. 增强创新实践，切实发挥实践的先导作用

理论创新是社会发展和变革的先导。“新国门”意识的培育与实践有利于鼓励大兴以新机场落户为契机，领潮流之先，领风气之先，勇于探索，敢于创新，在管理、服务、文化等方面开展创新实践，实现大兴发展模式的升级和转变，争当京津冀地区创新发展的“领头羊”。

3. 鼓励创新创造，实现优秀人才的大量集聚

身处全国教育文化中心，众多高校逐步在大兴区落户，“新国门”意识的培育与践行将促进大兴区积极挖掘临近高校的创新资源，结合本地实际，制定有利于形成社会创新精神的政策和制度，营造创新创业的人文环境，引导更多优秀人才在大兴创业就业，带动地区形成良好的创新文化氛围。

四　“新国门”意识为临空经济区域建设和创新发展注入灵魂

2014 年 12 月，国家发展改革委正式批准北京建设新机场项目，大

兴区迎来了一个难得的重大历史发展机遇。这是党中央、国务院着眼于推进京津冀协同发展、加快首都“四个中心”建设而作出的重大战略决策，同时也充分体现了党和人民对大兴区的信任与厚爱。随着新机场被命名为北京大兴国际机场，大兴人民的荣誉感获得了更大的提升。2019 年 9 月底新机场建成通航以后，大兴人民带着这份巨大的荣誉踏上了守护“新国门”、建设新大兴的新征程，开启了新的临空经济区域建设和创新发展的新时期。

（一）“新国门”意识贯穿新机场建设和临空经济区域创新发展

新机场的规划建设，赋予了大兴区新的使命。习近平总书记在考察新机场建设时指出，新机场是首都的重大标志性工程，是国家发展一个新的动力源，必须全力打造精品工程、样板工程、平安工程、廉洁工程。大兴区广大干部群众牢记习总书记的嘱托，勇于担当、甘于奉献、迎难而上、开拓创新，圆满地完成了新机场建设的各项任务，真正实现了精品、样板、平安、廉洁的建设目标，以一流的业绩诠释了担当使命的“新国门”意识。

随着北京大兴国际机场的建成通航，“新国门”张开了翱翔的双翅。重要的地理位置和国际交往中心功能承载区的定位，使大兴区必须担当起新的临空经济区域建设发展的使命。这就首先要求大兴区广大干部群众增强“新国门”意识，一是要提高政治站位，增强政治素养，把服从、服务于大局落实到各项工作中，要坚守政治立场与政治信念，自觉维护首都的安全、国家的安全和人民生活安全稳定；二是要着眼经济社会发展，增强守正创新素养，把握机遇将区域发展真正融入总体布局，坚持贯彻落实新发展理念，努力做到思想上、政治上、行动上的高度自觉和创新驱动，推动中央各项指示精神真正落地落实。

（二）“新国门”意识是临空经济区域建设和创新发展的底色和灵魂

1. 新机遇：快速高质量发展是“新国门”意识的精神底色和方向目标

新机场、临空经济区域的建设是大兴区发展的新机遇，抓住机遇、加快发展是大兴人民的共同心声。当前，首都发展正处在转换动力、创新模式、提高质量的关键时期，京津冀协同发展、疏解北京非首都功能、疏解整治促提升等重大举措推动着首都又好又快发展。历史上的大兴一直具有勇于创新的文化传统，五音大鼓、诗赋弦、武吵子等民间文艺都是大兴区民众文化创新的代表。进入改革开放新时期，大兴依然以锐意进取、创新改革的精神走在时代前列，大兴留民营村就被联合国环境规划署认定为“中国生态农业第一村”。从军事重镇、农业大区到“三区一门户”，大兴区的功能定位发生了巨大变化，但是大兴人民艰苦奋斗、开拓进取、勇于创新的精神没有变。新时期高质量发展临空经济区域正符合“新国门”意识的精神底色和方向目标。

2. 新挑战：守正创新是“新国门”意识的基本路径

大兴作为北京的科技创新引领区以及京津冀协同发展的“桥头堡”，必须发扬锐意进取、改革创新的精神，加快建设城乡发展深化改革先行区，大力推进理论创新、制度创新、科技创新、文化创新和其他方面的创新，以创新求生存，以创新促发展，打造创新型城区，建设生态示范区，真正起到带动区域发展的引擎作用。临空经济区域发展的落户，给大兴区带来新发展机遇的同时，也面临着艰巨的挑战。

临空经济需要通过集聚生产要素促进技术创新，通过知识溢出促进区域创新。临空经济区在要素集聚与知识溢出的双重作用下，通过推动区域创新，进而促进本地区经济增长。在临空经济区建设过程中，围绕机场枢纽相关服务的航空公司、航空运输及物流服务业、航空零件维修及航空人力资源培训等产业将迅速发展，必将带来区域内的相关技能岗位结构、技术成果产出与相关管理模式的改变。临空经济区建设将通过带动信息流、资金流在区域内集聚，吸引高素质人才与高附加值产业入驻。高质量生产要素的不断输入和应用这些生产要素的先进技术在区域内的溢出与扩散，有利于形成区域内原始创新、二次创新或集成创新的动力。以高效性为主要特点的航空运输已成为当前全球贸易的重要渠道，航空运输大大缩短了空间距离，使得高科技产业、跨国公司总部、会展中心等迅速向航空枢纽附近集聚，并形成规模效应。临空经济使产业在发达地区与欠发达地区的转移也加速了区域间的知识溢出。欠发达地区即使从事以产品加工组装为主的低附加值产业，也可以通过产品模仿复制获取技术，在此基础上升级原有市场产品，提升自身所处产业链位置。

基于临空经济区域建设发展的新趋势和新要求，工业基础相对薄弱、教育科技资源相对不足的大兴区面临的发展转型任务十分繁重，需要付出比以往任何时候都更加艰苦的努力。面对这些问题与困难，退缩是没有任何出路的，大兴广大干部群众必须牢固树立“新国门”意识，以“守正创新”为基本路径，切实增强只争朝夕、加快发展的主动性、自觉性，不怕吃苦、不怕牺牲，撸起袖子加油干，把握临空经济区域发展契机，争取走在全市发展的前列，大力推动航空相关产业和临空高科技产业的发展，打造走向对外开放的高地，进而实现“三区一门户”的功能定位。

五　结语

大兴，自古即有着悠久的历史传承与文化积淀，其“京南门户”天下首邑的战略地位更是得天独厚。随着“北京大兴国际机场正式投运”的庄严宣告，面对新时代发展的历史机遇，大兴区干部群众更需要以前所未有的使命与责任，对“新国门”意识进行深入阐释和生动实践，充分发挥人员、物资、资金、信息、科技等生产要素高效聚集的优势，充分挖掘国家发展新动力源的内在动力，在保障雄安新区千年大计推进中，在推动京津冀协同发展中，在政治中心、文化中心、国际交往中心、科技创新中心的首都建设中，积极进取，在新时代大发展机遇中大有所为、兴利民生。

参考文献

《韩正调研北京大兴国际机场建设时强调　树立服务国家战略新标杆 打造展示国家形象新国门》，《人民周刊》2018 年第 22 期。

蔡奇：《坚持以首都发展为统领，奋力谱写社会主义现代化的北京篇章》，《人民日报》2021 年 5 月 6 日。

蒙海兰、杨虹、罗高财、黄合安：《强化服务意识 树立国门形象》，《广西日报》2006 年 8 月 27 日。

李冉：《凤凰展翼 大兴国际机场成“新国门”担当》，《人民交通》2019 年第 8 期。

吴建军、高燕菲：《临空经济、区域创新与经济增长——基于中国 37 个大型空港城市的经验研究》，《湖南科技大学学报》（社会科学版）2020 年第 6 期。

程鹏旭：《关于区域经济与临空经济发展探讨》，《经济管理文摘》2020 年第 14 期。

《大兴区政协召开北京大兴国际机场建设规划情况座谈会》，《北京观察》2015 年第 3 期。

姚亚波、李勇兵：《践行“三个敬畏”强化作风建设 筑牢大兴机场高质量建设高水平运营的安全根基》，《中国民航报》2020 年 6 月 1 日。

多措并举，推动“新国门”意识深入人心

郭赛飞*

摘　要：在新版北京城市总体规划中，大兴区被赋予“首都国际交往新门户”的定位，新机场顺利通航后大兴成为“新国门”。推动“新国门”意识深入人心，应多措并举，结合大兴区地域文化特色，加大宣传推广力度，提高“新国门”意识的知晓度；结合自身发展需要，深抓阐释深化工作，提升大兴区干部群众集体认同感，助力“新国门”意识落地；深入学习培训，推动“新国门”意识入脑入心；重视延伸创作，促进“新国门”意识有序传承。

关键词：“新国门”意识　北京　大兴国际机场

习近平总书记指出，城市规划在城市发展中起着重要引领作用。北京城市规划要深入思考“建设一个什么样的首都，怎样建设首都”这个问题。在新版北京城市总体规划中，大兴区被赋予“首都国际交往新门户”的定位①，新机场顺利通航后大兴成为“新国门”。为了更好地建设“新国门·新大兴”，发挥区委和各级党政领导机关班子的带头

* 郭赛飞，郑州大学历史学院讲师。

① 《北京城市总体规划（2016年—2035年）》，http：//www. beijing. gov. cn/gongkai/guihua/lswj/ghjd/201907/t20190702_ 100981. html，2019年7月2日。

作用，大兴区提出“新国门”意识，其内涵包括“珍惜荣誉、担当使命、加快发展、为国争光”。大兴区应该多措并举，推动“新国门”意识深入人心。

一 加大宣传推广力度，提高“新国门”意识知晓度

借助各种传播渠道，结合大兴区地域文化特色，广泛宣传“新国门”意识，提高大兴区干部群众对“新国门”意识的知晓度。

大兴具有十分独特的区域文化，“新国门”意识不是无源之水，它深深地扎根于大兴的历史文化传统。因此，宣传“新国门”意识依然要同大兴历史文化紧密结合，这样才能更好地提升认同感，延长生命力。爱国、强国是大兴精神的本源。大兴区地处京畿要地，地理位置上接壤河北、临近天津、紧靠北京核心城区，长期承担着“京城门户”的角色，具有历史悠久的爱国文化传统。近代以来，在国家危亡之际，大兴人民更是奋起抵御外侮、保卫国土和救国图强。大兴区在历史上具备兼容并包的精神，如明初山西、山东移民至此，在此繁衍生息，形成“七十二连营”。历史时期佛教、道教、伊斯兰教与基督教在此繁荣发展，并行不悖。可以说，大兴区在历史上是大一统多民族国家文化多元与包容的象征。崇礼的文化传统在大兴源远流长。“礼贤”文化是大兴区宝贵的精神财富，早在春秋战国时期，雄才大略的燕昭王为雪国耻，复兴燕国，曾在此建“黄金台”、设“招贤馆”，以揽天下英才，重振大业。同时，大兴的传统文化资源非常丰富，如民间戏曲诗赋弦、武吵子、经音乐、五音大鼓等，是打造大兴历史文化名片的宝贵财富。这些有利于对“新国门”意识的宣传。此外，在新媒体时代，宣传方式与平台至关重要。

公共空间为市民日常交往和生活提供了重要场所，应加快图书馆、文化馆、文化宣传栏等公益文化设施建设。广泛聚集各类资源，利用

“新国门”建设时期的优势，打造“新国门”主题博物馆，建设新机场展示展览中心，充分展示大兴的“新国门”文化；充分发挥图书馆、文化馆、文化宣传栏等公益文化设施的作用，积极举办以“新国门”意识为主题的图片展览、书画创作、演讲比赛、文艺演出等文化活动，让普通百姓见证建设“新国门”、培育“新国门”意识的全过程，切实认知“新国门”意识的重要性。同时，还要注重在文化设施、文化场所设置多语种文字内容并配备专业翻译人员，以增进外国友人对大兴区的了解，向全世界展现大兴区“新国门”的良好形象。

充分发挥传统媒体与网络新媒体的宣传平台作用。要充分利用门户网站、微信平台、短视频、微博、网络直播等网络新媒介，主动宣传“新国门”意识，通过图文并茂的贴文、短小精悍的音视频等网民喜闻乐见的方式，拉近“新国门”意识与群众之间的距离，增进老百姓对“新国门”意识的理解，使“新国门”意识深入人心；要重视发挥传统媒介的作用，通过电视、广播、报纸等渠道积极报道“新国门·新大兴”建设工作，广泛宣扬“新国门”意识。大兴电视台可以创作播出专题节目，围绕大兴国际机场、大兴“新国门”建设、老百姓生活变化等主题进行报道，强化广大群众的“新国门”意识。大兴报可以设立专题专栏，连续刊发新闻报道、百姓故事和评论文章，围绕“新国门”意识展开广泛讨论；要借助日常宣传工作渠道，普遍悬挂、张贴、书写“新国门”意识的宣传横幅、海报、标语，在日常生活中努力宣传“新国门”意识的氛围。

积极拓展“新国门”意识的基层推广渠道。要加快村史馆建设，做好拆迁村的文物保护和宣传教育工作，提高村民的主人翁意识和责任感；要充分发挥民间文化活动的作用，将“新国门”意识贯穿于灯会、庙会等基层文化活动，进一步增强老百姓对“新国门”意识的认同感，推动形成广大群众积极参与建设“新国门”的氛围。在临空经济区开发建设过程中，将“新国门”意识同现代基础设施的发展、历史、文化和传统生活方式有机结合。充分利用建设国际航空总部园、国际消费枢纽项目等机会，宣传“新国门”意识，营造良好的文化氛围。

二　全面阐释深化，提升“新国门”意识认同感

结合自身发展需要，深抓阐释深化工作，提升大兴区干部群众集体认同感，助力“新国门”意识落地。

只有理解才能有更好的认同，而不断地深化才能更好地推动。社会不同群体理解“新国门”意识的方式有很大差异，因此，要根据不同群体的情况采取合理的方式使“新国门”意识更深入人心。另外，“新国门”意识在继承传统的同时更要反映时代性，体现时代发展方向，展现新时期大兴的精神风貌。采用传统与时代相结合的思路予以阐释，在实践中提升对“新国门”意识的认同度。

组织多领域专家开展研讨，进一步深化对核心理念的学理阐释。“新国门”意识是开放的意识，对于其内涵的阐释，可以根据形势变化不断予以丰富、完善。因此，要定期举行专家听证会与研讨会，召集相关领域的专家学者围绕“新国门”意识展开交流和研讨，结合大兴区自身发展优势和地域文化特色，对“新国门”意识的基本内涵和核心理念不断进行诠释，形成高度反映大兴区自身特色的亮点和定位，使广大干部群众对于“新国门”意识更具认同感，确保“新国门”意识在大兴落地生根。

组织文化名人、退休干部等重点群众开展座谈，提升“新国门”意识的影响力。随着北京大兴国际机场正式通航，让“新国门”意识在大兴传播开来、形成一定的社会氛围是十分重要的。因此，要全方位、多层次地组织“新国门”意识相关座谈会和论坛，鼓励退休老同志、党员干部、文化名人等积极参与关于“新国门”意识内涵的持续挖掘、宣传和阐释工作，提升“新国门”意识在群众中的影响力与亲

和力；要组织区属各单位、各部门广泛开展主题研讨活动，引导干部群众对“新国门”意识开展广泛、充分的学习和讨论，让“新国门”意识的思想内涵不断拓展且更深入人心。

举办群众喜闻乐见的文化活动，提升“新国门”意识的吸引力。“新国门”意识想要扎根群众，必须提升群众的参与度。开展口述访谈，分别组织亲历大兴发展的群众讲述自己的故事，要广泛涉及社会各个群体，如公务员、医生、教师、工人、农民、商人、军人等。从多种角度呈现大兴的变迁。在此基础上，拍摄主题鲜明、通俗易懂的纪录片。组织成立宣讲团，鼓励见证大兴发展的百姓讲述真人真事。组织表彰活动，树立身边榜样。经过组织推荐、专家考核、网上投票等层层筛选，选出立足平凡岗位但为大兴建设作出重大贡献的普通人，激励他们对“新国门”意识的践行。邀请群众参与“新国门”建设的相关工作，提升群众参与感，如吉祥物命名、歌词创作等一些文化项目。

三　深入学习培训，推动“新国门”意识入脑入心

层层组织发动，积极安排部署，教育引导广大干部群众深入学习、精准把握“新国门”意识的思想内涵，推动“新国门”意识入脑入心。

分层级探索构建思想引领的长效机制。要以“新国门”意识为抓手，建立完善党员培训管理的长效机制，通过“新国门”意识的主题教育，有针对性地开展思想政治工作，引导大兴区广大党员树立政治大局意识和社会服务意识；要将培育“新国门”意识同加强治理体系与治理能力现代化建设结合起来，组织各级领导干部深入学习、领会“新国门”意识的内涵和本质，努力提升自身理论素养和工作水平，将“新国门”意识的各项要求落实到日常管理工作之中，创新行政工作机制、优化行政管理措施、提升行政管理效能；要构建基层群众“新国门”意识的教育学习机制，组建“新国门”意识宣讲团，制定中长期

宣讲计划，深入基层定期开展宣讲活动，着力增强广大群众的思想素质。

积极打造人民群众教育引导的品牌活动。“新国门”意识需要全民参与、全民共建。要切实深入老百姓的日常生活中挖掘宣传素材、寻找好人好事、树立榜样模范，充分发挥典型案例与先进人物的示范引领作用，努力实现广大群众的自我教育、自我引导、自我提高；要认真听取群众对于“新国门”意识的心声，重视群众愿望，力求“新国门”意识能够反映大兴区普通干部群众的整体诉求。

加强红色文化在培育“新国门”意识中的作用。大兴人民具有光荣的革命斗争传统。在反帝反封建的英勇斗争中，大兴人民前仆后继、战斗不息，这种抵御外来侵略和反抗封建剥削与压迫的斗争精神，铸就了大兴人民的光荣传统。积极开辟线上线下红色文化宣传，不断更新北京大兴国际机场“红色文化展区”、持续进行红色文化收藏展览、建设红色教育基地，将“新国门”意识同红色文化宣传结合起来。

要重视对青少年群体的教育和培养，使“新国门”意识宣传教育走进区内小学、中学和高等院校，通过开设“新国门”意识专题讲座、参观国际机场和讲述大兴区服务北京的历史事件等方式，全面介绍“新国门”意识的来源与意义，提高青少年群体的主人翁意识，使“新国门”意识在青少年群体中扎根生长。

四　加快实践改造，完成“新国门”意识目标

把握京津冀协同发展的契机，聚焦大兴区经济社会发展的目标任务，推动大兴区干部群众将“新国门”意识落实到实际工作中、体现在具体行动上。

努力做好“新国门”意识的实践转化。要把“新国门”意识的各项要求贯彻落实到各部门、各领域，全面提升党员干部的工作标准、工

作态度和精神面貌；要组织人员深入研究、剖析“新国门”意识的基本内涵，根据大兴区不同阶段的发展特点和工作重心变化，有针对性地做好“新国门”意识的细化调整工作，将“新国门”意识转化为具体的工作标准和要求；要加强城市建设和管理的文化内涵，在机场临空经济区的规划、设计上要反映大兴独特文化风格，彰显大兴魅力。打造反映“新国门”意识的标志性建筑，体现独特的文化品位。在城市管理上，要改变城市管理思路，从粗放型管理向精细化转变，提升城市管理水平。要着力打造具有“新国门”意识的文化格调，使生活在大兴的干部群众，在潜移默化之中，受到影响。举办重要纪念活动是宣传城市精神的载体，要抓住重大事件契机，如建党100周年，举办“新国门”意识主题教育实践活动，督促广大党员干部对标符合“新国门”意识的工作标准和要求，深刻剖析实际工作中存在的问题，并认真进行整改，将“新国门”意识转化为推动党员干部干事创业的现实力量。

党员干部是社会的标杆，要构建“新国门”意识的考核评价体系，促使党员干部发挥模范带头作用。这一群体的言行是群众关注的焦点，党员干部应以身作则，提升个人思想道德修养，团结群众，带动群众践行“新国门”意识。要探索将“新国门”意识的教育和培训效果作为评价标准纳入党员干部的工作考核，以此增强党员干部树立、检视自身“新国门”意识的主动性和自觉性；要鼓励群众在日常生活中及时对标“新国门”意识，提升自身思想道德素养，在全社会营造一种自觉践行“新国门”意识的道德氛围。

意识看不见、摸不着，但十分明显地体现在市民的精神风貌上。“新国门”意识不应该是静止的、暂时的，而应该是鲜活的、延续的。使“新国门”意识“动”起来的关键在于普通群众。正是他们的一言一行，才使得“新国门”意识充满活力，使得大兴散发独特的魅力和光彩。大兴处于首都的南大门，流动人口较多，人们的素质参差不齐，在践行“新国门”意识的过程中，要提升人们的文化素养，增强其政治意识、大局意识、道德意识、责任意识、生态意识、科学意识等。建立公众参与的城市管理机制，发挥社区对居民行为的约束作用，发动群众参与社区管理，鼓励群众参加社会团体，有组织地开展志愿者活动。用实际行动落实“新国门”意识。

五　重视延伸创作，促进“新国门”意识有序传承

重视“新国门”文化品牌建设，提升大兴区的影响力和感召力，促进“新国门”意识有序传承。

打造具有“新国门”元素的统一标识，从视觉上彰显“新国门”意识魅力。具有“新国门”元素的视觉形象是新国门意识具体化、符号化的载体，能够传达大兴文化精神内涵，提高大兴的知名度和美誉感。要结合“新国门”意识内涵，设计具备“新国门”元素的LOGO、视觉标识等，以线上线下相结合的方式进行宣传，在门户网站、大兴报、北京大兴App等区内全媒体的醒目位置进行展示，精心设计公益广告并在机场沿线、交通干道与城市人流密集处投放，借以营造新国门的文化氛围，在潜移默化中促使“新国门”意识得以传承。

积极推动文化创新，发挥优秀文化对“新国门”意识的滋养功能。要用好非物质文化遗产这张亮丽名片，重视中幡大鼓、五音大鼓等非遗项目，传承大兴优秀传统文化，为大兴区“新国门”意识提供永续共存的文化支撑；以节庆活动、民俗活动等主题事件为载体，加快培育“新国门”意识。因此，要加强重大文化项目建设，举行高端学术论坛，组织举办文化创意论坛，继续推动南海子文化复兴和团河行宫的复建，着力打造南海子皇家苑囿文化金名片，广泛邀请国内外著名专家学者参与，共同为大兴文化的传承出谋划策，实现大兴区服务形象的整体提升，帮助大兴区更好地践行“新国门”意识；要有国际视野和超前观念，积极吸纳世界先进理念，不断增强“新国门”意识的影响力和

辐射力。

加快发展体现“新国门”意识的文化产业，文化产业作为文化建设的组成部分，不仅可以促进地区经济发展，还能繁荣文化事业，促进城市精神的培育，提升城市的文化品位。凡是能融入城市精神的文化产业，都能极大地提升城市的文化品位和形象。物质是精神的重要载体，要结合文化资源禀赋和区位优势，明确文化产业特色。依托大兴丰富的自然文化资源如西瓜、麋鹿、永定河、南海子等，着力打造具有特色的文化品牌。例如，鼓励校企合作，打造文化旅游产品；结合太子务武吵子、中幡大鼓、五音大鼓等非遗项目，设计实景文化演出，将非物质文化遗产发扬光大。在文化产业发展过程中，将大兴文化、“新国门”意识推广开来。

参考文献

《不忘初心　牢记使命　努力建设新国门新大兴》，《北京日报》2019 年 9 月 23 日。

张燚、张锐：《城市品牌论》，《管理学报》2006 年第 4 期。

单霁翔：《关于“城市”、“文化”与“城市文化”的思考》，《文艺研究》2007 年第 5 期。

余晓曼：《城市文化软实力的内涵及构成要素》，《当代传播》2011 年第 2 期。

城乡统筹发展

环首都地区城乡融合水平空间差异及乡村振兴对策

何仁伟*

摘　要：本文构建了适于县域尺度的城乡融合评价指标体系，借助泰尔指数、ESDA方法分析了1995~2018年环首都地区县域尺度城乡融合水平时空分异特征，并划分出城乡融合发展类型区，结果表明，第一，以2000年为拐点，县域尺度城乡融合水平经历了先减后增的“U”形变化历程，整体趋势向好；城乡融合水平的区域差距先增后减，总体趋于缩小。第二，低水平融合区的数量波动减少，高水平融合区持续增加；城乡融合水平高、低值区的“核心—边缘”结构突出，且经历了“单组单核—多组多核—单组多核”的动态演变历程；城乡融合水平呈现显著的空间正相关性，集聚性先增后减；城乡融合热点区呈团簇状集聚在北京市域范围内，冷点区和次冷点区呈环形或带状布局在保定市中心城区外围；城乡融合“冷”“热”空间格局与地理环境和社会经济发展背景联系紧密。第三，可将环首都地区划分为5类城乡融合区，即城乡融合引领示范区、城乡融合先行发展区、城乡融合优化升级区、城乡融合转型提质区和城乡融合落后欠发达区，并提出差异化的乡村振兴实施路径。

---

* 何仁伟，博士，北京市社会科学院市情调查研究中心研究员。

关键词： 城乡融合　乡村振兴　县域尺度　环首都地区

中国新时代社会发展的主要矛盾已经转化为人民日益增长的美好生活需要和不平衡不充分发展之间的矛盾，其突出表现为城乡发展不平衡、农村发展不充分、城乡差距日益扩大、乡村衰落问题日益凸显。正确处理城乡关系事关现代化建设全局。综观中国城乡关系 70 年演变历程，由最初“重城轻乡”“城乡对立”的二元分割逐步迈向城乡统筹、城乡一体进而演变为促进城乡融合发展、推动乡村振兴的新型城乡关系。[①] 党的十九大报告提出实施乡村振兴战略和区域协调发展战略，其核心是要破解城乡发展不均衡问题。2018 年中央一号文件进一步明确了实施乡村振兴战略的意见，提出“建立健全城乡融合发展体制机制和政策体系”，推动城乡“强联系”驱动下的城乡融合发展研究和乡村振兴战略路径探索已经成为新时期认知城乡发展规律、重构新型城乡关系、服务国家发展战略的迫切需要。

城乡融合是相对发达的城市与落后的农村，通过资源要素双向流动，促进经济、社会、生活、生态空间功能和结构优化，城乡差距不断缩小，最终实现城乡居民生活质量相当，城乡发展有机协调、交融一体的目标和过程。[②] 乡村是当前中国城乡发展的短板，实现城乡融合发展需要率先推动乡村振兴。中国地域发展及其城乡融合水平的差异性格局决定了乡村振兴实施路径的多元化。在现有关于城乡融合的研究方面，有学者探讨了中国新时代城乡融合与乡村振兴的理论内涵、实现路径及

---

① 刘彦随、严镔、王艳飞：《新时期中国城乡发展的主要问题与转型对策》，《经济地理》2016 年第 7 期；Liu Y. S. , Li Y. H. , “Revitalize the World's Countryside,” *Nature*, 2017, 548（7667）。

② 何仁伟：《城乡融合与乡村振兴：理论探讨、机理阐释与实现路径》，《地理研究》2018 年第 11 期。

学术前沿领域[①][②]，也有学者探讨了城乡融合发展的概念、阶段划分、模式提炼等[③][④]，并从理论基础与总体思路、多源数据与方法集成等方面提出了基于要素流动的城乡融合分析框架[⑤]。还有学者将城乡关系纳入新时期新环境来探讨促进城乡协调发展的路径，分析了新常态[⑥]及新型城镇化[⑦]背景下城乡关系统筹的理论及实践问题，另外，城乡融合体制机制和政策体系构建研究[⑧]也深入开展，理论成果丰硕。定量研究方面，有学者通过构建综合指数模型，对中国省级、地市级行政单元城乡等值化发展的优势顺序及空间差异进行研究，是城乡融合理念走向量化的有益探索[⑨][⑩][⑪]。综合已有研究来看，从理论层面探讨城乡融合发展的成果较多，实证研究尚显不足；多数成果以定性探讨为主，缺乏城乡融合水平测度及演化特征的定量刻画，导致研究结论多停留在政策解读层面，缺乏针对性和可操作性，对不同地域乡村振兴发展的指导作用有

---

① 刘彦随：《中国新时代城乡融合与乡村振兴》，《地理学报》2018 年第 4 期。

② 何仁伟：《城乡融合与乡村振兴：理论探讨、机理阐释与实现路径》，《地理研究》2018 年第 11 期。

③ 方方、何仁伟、李立娜：《京津冀地区乡村振兴地域模式研究——基于乡村非农就业与农民增收的空间效应》，《地理研究》2019 年第 3 期。

④ 张毓雄、汤跃跃：《我国城乡融合发展的整体性研究与反思——基于主题检索的 CSSCI 文献》，《社会科学家》2018 年第 4 期。

⑤ 刘春芳、张志英：《从城乡一体化到城乡融合：新型城乡关系的思考》，《地理科学》2018 年第 10 期。

⑥ 魏后凯：《新常态下中国城乡一体化格局及推进战略》，《中国农村经济》2016 年第 1 期。

⑦ 陈肖飞、姚士谋、张落成：《新型城镇化背景下中国城乡统筹的理论与实践问题》，《地理科学》2016 年第 2 期。

⑧ 姜长云：《建立健全城乡融合发展的体制机制和政策体系》，《区域经济评论》2018 年第 3 期。

⑨ Liu Y. S., Lu S. S., Chen Y., "Spatio-temporal Change of Urban-rural Equalized Development Patterns in China and Its Driving Factors," *Journal of Rural Studies*, 2013, 32 (32).

⑩ Liu Y. S., Cong S., Li Y. H., "Differentiation Regularity of Urban-rural Equalized Development at Prefecture-level City in China," *Journal of Geographical Sciences*, 2015, 25 (9).

⑪ 刘明辉、卢飞：《城乡要素错配与城乡融合发展——基于中国省级面板数据的实证研究》，《农业技术经济》2019 年第 2 期。

限；既有的少数定量研究主要聚焦省级及地市级尺度①，对于县域等中小尺度的城乡融合发展问题关注较少。此外，中国地域辽阔，不同地区城乡融合发展阶段及其特征各异，在新时期全面推进城乡融合与乡村振兴发展战略的背景下，开展典型地域的城乡融合发展实证研究，可以提炼中国乡村振兴发展模式，提出分区分类实施乡村振兴的科学路径。

大都市区是城乡融合发展和乡村振兴的重要空间单元②，都市核心辖区、大中小城镇及其由内向外辐射区域的社会经济特征通常具有较为明显的层级差异，其内部城乡联系、要素流动、空间结构及其组合关系复杂多样，探析大都市区城乡融合发展的空间异质格局及其乡村振兴多元差异路径具有重要的学术意义。鉴于此，本文选择城乡矛盾最为突出和典型、区内大城市与大农村并存的北京及环北京地区（环京津贫困带的张承保地区）为案例区，以县域为基本研究单元，构建环首都地区城乡融合发展指标体系，定量测度研究区内城乡融合水平的时空演化特征及区域发展差异，并以此为基础划分不同的城乡融合发展类型区，总结各类区域发展特征并提炼其差异化的乡村振兴模式，研究结论可一定程度上拓展新型城乡关系的理论内涵，对促进贫困带贫困问题解决、丰富乡村振兴地域模式、推动以首都为核心的世界级城市群建设具有重要的决策参考价值。

一　指标体系与研究方法

（一）研究区概况

研究区范围包括北京及环北京的河北省承德、张家口和保定四市

① 周佳宁、秦富仓、刘佳等：《多维视域下中国城乡融合水平测度、时空演变与影响机制》，《中国人口·资源与环境》2019 年第 9 期。

② 杨开忠：《乡村振兴以都市圈为主要依托》，《理论导报》2018 年第 6 期。

66县区（简称环首都地区，其中北京东城区、西城区和石景山区已为完全城镇地区，未纳入研究范围）。开展环首都地区的研究特点如下。

第一，本文重点关注都市区核心区及其辐射影响区中最发达地区与最落后地区之间的城乡发展差异以及发达地区的辐射和虹吸作用在落后地区城乡融合发展过程中发挥作用的特征，目的是通过对比两类地区之间的发展差距为破解环首都地区城乡和区域发展不均衡问题提供科学决策的依据。其中，北京是京津冀城市群中最发达的区域，环京津贫困带[①]涉及的河北省承德、张家口和保定三市是京津冀地区经济发展水平较为落后的地区，贫困程度深且集中连片，考虑到行政辖区的完整性和保留政策执行的地域性特征，将研究范围扩展至承德、张家口和保定三市全域，研究区域的选择整体具有通识性。而毗邻北京的其他地区，如河北省廊坊市及其北三县和天津的部分地区发展水平显著高于环京津贫困带所在的承德、张家口和保定三市，发展水平介于环首都最发达地区与最落后地区之间，其区域属性自身通识性不强且与本研究的侧重点不相符合，因此暂未纳入研究范围。

第二，北京和环京三市在经济水平、城镇化发展阶段、农业农村发展状况等方面差距明显，具备都市区“核心—边缘”的结构特点。2018年环首都四市区域生产总值为3.64万亿元，其中北京市GDP为3.03万亿元，占比83.24%，经济发展水平远远高于其他三市；截至2018年，北京市城镇化率达86.5%，已处于城镇化终期阶段[②]，而承德、张家口、保定三市城镇化率分别为52.07%、57.24%、53.49%，仍然处于城镇化中期阶段。另外，北京市2018年农村居民人均可支配

① 何仁伟、樊杰、李光勤：《环京津贫困带的时空演变与形成机理》，《经济地理》2018年第6期。

② 方创琳：《中国新型城镇化高质量发展的规律性与重点方向》，《地理研究》2019年第1期。

收入为2.65万元，而承德、张家口、保定三市农村居民人均可支配收入仅分别为1.08万元、1.15万元和1.41万元，约仅为北京市的1/2，区域发展差距较大，圈层结构特征明显。

第三，北京及环京三市呈现大城市与大农村、发达地区与贫困地区、平原与山区多元并存的复杂城乡关系，城乡发展特征典型且特殊。

第四，《北京城市总体规划（2016年—2035年）》将实现北京与承德、张家口和保定三市的结对帮扶确定为京津冀协调发展率先突破的重点领域，因此，针对此类地区开展研究，战略意义突出。

（二）城乡融合评价指标体系

城乡融合把城市与乡村、一二三产业、城乡居民生活水平及其便利程度、基本福利保障、生态环境治理等作为一个整体统筹规划和整体推进，通过城乡空间结构优化和建立健全相关制度，推动城乡经济发展、社会生活和生态环境全面融合，实现城乡多维发展均衡，促进乡村实现全面振兴。就城乡融合的内涵而言，城乡融合是补齐乡村发展短板的过程，也是城乡整体推进、协调发展的过程。因此所选指标应该同时包括反映城乡差异程度的对比类指标，体现城乡整体发展水平的综合状态类指标，反映乡村发展程度提升的追赶类指标。基于以上分析，结合已有研究[①]，同时根据现有资料对县级尺度城乡数据的统计情况，遵循全面性、科学性、代表性和数据可获得性等原则，从经济发展、社会生活和生态环境三个维度选择了12项代表性指标构建环首都地区城乡融合发展评价指标体系（见表1）。

① 王艳飞、刘彦随、严镔等：《中国城乡协调发展格局特征及影响因素》，《地理科学》2016年第1期。

表 1　环首都地区城乡融合发展评价指标体系

目标层	维度层	指标层	具体指标	类型	功效
城乡融合发展评价指标体系	A 经济发展（0.3720）	A1 经济发展水平（0.2261）	人均 GDP	综合	+
		A2 二元生产效率比（0.2634）	（一产增加值/一产从业人员数）/（二三产业增加值/二三产业从业人员数）	对比	+
		A 3 农村就业结构（0.2263）	农村非农就业率	追赶	+
		A4 城乡投资比（0.2842）	城镇固定资产投资额/农村固定资产投资额	对比	-
	B 社会生活（0.3644）	B1 教育水平（0.2030）	基础教育师生比	综合	+
		B2 医疗条件（0.1870）	每万人医疗床位数	综合	+
		B3 城乡收入比（0.2315）	城镇居民人均可支配收入/农村居民人均纯收入	对比	-
		B4 交通通达性（0.2171）	路网密度	综合	+
		B5 财富状况（0.1614）	城乡居民人均储蓄存款余额	综合	+
	C 生态环境（0.2636）	C1 污染状况（0.2463）	亩均化肥施用量	追赶	-
		C2 生态条件（0.4512）	绿化覆盖率	综合	+
		C3 环境状况（0.3025）	PM2.5 浓度	综合	-

（三）数据来源

由于不同行政区划的城乡社会经济活动在空间上具有相对完整性和独立性，结合研究区县尺度下发展水平差异最为显著的实际情况[①]，同时考虑中国国民经济五年规划特征及数据时效性，本文以县（区）为

① 杨园园、臧玉珠、李进涛：《基于城乡转型功能分区的京津冀乡村振兴模式探析》，《地理研究》2019 年第 3 期。

基本研究单元，以 1995 年为起始年份，选择 1995 年、2000 年、2005 年、2010 年、2015 年和 2018 年为时间节点，对环首都地区的城乡融合水平展开研究。数据来源于相关年份的《北京统计年鉴》《北京区域统计年鉴》《河北经济年鉴》《河北农村统计年鉴》《张家口经济年鉴》《保定经济年鉴》《承德统计年鉴》等统计资料，个别缺失数据采用线性插值法予以补充，同时为了消除年际间价格变动对数据的影响，本文以 1995 年为基期，采用 GDP 指数和商品零售价格指数对后续年份的社会经济数据进行调整，确保数据的可比性。

（四）评价方法

根据指标正负功效，采用极差法对原始数据进行标准化处理。选择具有客观赋权优势的熵值法计算各项指标及各个维度的权重，运用综合加权求和法得到各县区单元的城乡融合发展水平。

1. 泰尔指数

泰尔指数从信息量和熵的概念出发考察不平等性和差异性，具有可加和可分解性，可以分别衡量组内差异和组间差异对总体差异的贡献程度，泰尔指数越大则区域发展差异越大，计算公式为：

$$Theil = \frac{1}{n}\sum_{i=1}^{n}\frac{X_i}{\overline{X}}\ln\frac{X_i}{\overline{X}} \tag{1}$$

式中，X_i 为第 i 个评价单元的城乡融合发展指数，$\overline{X}$ 为研究区内城乡融合发展的平均水平，n 为评价单元个数，$Theil$ 为泰尔指数。基于式（1）计算结果，将泰尔指数所反映的总体差异进一步分解成群组内部差异和群组间差异。本研究将环首都地区进行梯级分解，探究影响区域城乡融合水平整体差异的主要因素，首先将环首都地区划分为北京市和环京三市两类地区，借助泰尔指数定量测度两类地区内部及两类地区之间差异对总体差异的贡献程度，在此基础上，将环京三市进一步按市域划分为三地，借助泰尔指数测度三市内部和三市之间的城乡融合水平差异对环京三市整体城乡融合水平差异的贡献度，为缩小区域城乡融合发展差距的政策制定提供参考。具体分解方法如下：

$$Theil = Theil_W + Theil_B \tag{2}$$

$$Theil_W = \sum_{p=1}^{m}\left(\frac{n_p}{n}\frac{\bar{e}_p}{\bar{e}}\right)Theil_p \tag{3}$$

$$Theil_B = \sum_{p=1}^{m}\frac{n_p}{n}\left(\frac{\bar{e}_p}{\bar{e}}\right)\ln\left(\frac{\bar{e}_p}{\bar{e}}\right) \tag{4}$$

式中，m 表示群组数，n_p/n 表示各群组内的数量占比，$\bar{e}_p/\bar{e}$代表各群组的指标值占比，$Theil_p$ 表示第 p 个群组指标值差异的泰尔指数，$Theil_W$和 $Theil_B$分别为反映指标值的群组内与群组间差异的泰尔指数。

2. ESDA 方法

采用 ESDA 方法中的全局 moran's I 指数测定研究区内城乡融合水平的空间集聚程度，moran's I > 0 表示相邻区域存在相似属性集聚，moran's I < 0 表示相邻区域属性相异，moran's I = 0 表示空间随机分布。采用 Getis - Ord G^* 指数进一步探究城乡融合水平在局部空间上的依赖性及异质性，G_i^* 得分为正表示高值集聚，即“热点区”，反之为“冷点区”，具体计算过程参见相关文献。①

二　环首都地区城乡融合水平时空演化特征

（一）城乡融合水平的时序变化特征

基于评价指标体系，计算得到环首都地区 66 区县的城乡融合指数，结合泰尔指数的区域差异分解，探析 1995 ~ 2018 年环首都地区城乡融

① 何仁伟、樊杰、李光勤：《环京津贫困带的时空演变与形成机理》，《经济地理》2018 年第 6 期。

合水平的时序特征。

1. 城乡融合指数变化

1995～2018年，环首都地区城乡融合水平总体上经历了先减后增的"U"形变化历程，北京和环京三市两类地区变化趋势各异（见表2）。其中，北京城乡融合水平持续提升，而环京三市以2000年为拐点，城乡融合水平先减后增。研究区城乡融合指数均值由1995年的0.2866减小至2000年的0.2685，而后持续增长至2018年的0.4735，北京城乡融合水平显著高于环京三市。城乡融合指数极值所在区县相对稳定，北京朝阳区始终是研究区城乡融合水平最高的地区，而城乡融合水平最低的区域基本稳定在保定定兴县，就北京市来看，通州区始终是城乡融合水平的最低值区。从泰尔指数的结果看，环首都地区城乡融合水平的区域差异呈明显的阶段性变化，第一阶段为1995～2000年，区域差异不断扩大，泰尔指数由0.0228增长至0.0454，增长了将近一倍；第二阶段为2000～2018年，各区县城乡融合水平的差异呈现缩小态势，泰尔指数由0.0454持续减小至0.0148，减幅达67.4%。综合来看，环京三市经济社会发展阶段明显滞后于北京，导致其城乡融合变化趋势区别于北京的持续提升态势，呈现出先减小后增大的演化轨迹。

环首都地区城乡融合发展阶段波动特征与中国城乡关系的宏观政策变迁具有一定的耦合性。"十五"规划以来（2000年后），国家对城乡二元经济体制带来的弊端日益关注，加大城乡关系改革力度，增加农业农村投资比重，推动农村税费制改革、"以工促农、以城带乡"等一系列政策措施落实。在国家政策支持下，环首都地区城乡整体发展水平和协同发展能力不断增强，逐渐走出了"九五"时期区域城乡发展差距逐步拉大的困境，城乡融合水平持续稳步提升。但由于发展基础、资源禀赋及政策执行力度等因素存在差异，环首都地区各地城乡关系演化具有明显空间差异，研究时段内城乡融合水平区域差异呈现出先增大后减小的动态变化趋势，但总体差异呈减少趋势。

表 2　环首都地区县域尺度城乡融合指数特征

年份	最大值			最小值			平均值			泰尔指数
	研究区	北京	环京三市	研究区	北京	环京三市	研究区	北京	环京三市	
1995	0.4322（朝阳区）	0.4322（朝阳区）	0.3858（双桥区）	0.184（容城县）	0.2958（通州区）	0.184（容城县）	0.2866	0.3605	0.2685	0.0228
2000	0.4821（朝阳区）	0.4821（朝阳区）	0.328（双桥区）	0.1495（蠡县）	0.3315（通州区）	0.1495（蠡县）	0.2685	0.4067	0.2346	0.0454
2005	0.5419（朝阳区）	0.5419（朝阳区）	0.4265（双桥区）	0.2213（定兴县）	0.3787（通州区）	0.2213（定兴县）	0.3353	0.4616	0.3043	0.0278
2010	0.6761（朝阳区）	0.6761（朝阳区）	0.4801（双桥区）	0.2686（定兴县）	0.4346（通州区）	0.2686（定兴县）	0.3994	0.5319	0.3668	0.0211
2015	0.7174（朝阳区）	0.7174（朝阳区）	0.5702（北市区）	0.3497（定兴县）	0.5142（通州区）	0.3497（定兴县）	0.4697	0.5993	0.4370	0.0157
2018	0.7325（朝阳区）	0.7325（朝阳区）	0.5889（北市区）	0.3527（定兴县）	0.5324（通州区）	0.3527（定兴县）	0.4735	0.6158	0.4467	0.0148

2. 城乡融合水平区域差异分解

结合环首都地区大城市与大农村、发达地区与落后地区并存的实际，将研究区划分为北京市和环京三市两类地区，同时将环京三市按市别进一步划分为三地，运用泰尔指数分层分解城乡融合水平区域差异的贡献率（见表 3、表 4）。

（1）北京及环京三市差异分解

环首都地区城乡融合水平的总体差异贡献率方面，北京及环京三市两类区域间的差异与两类地区内部各县区间的差异贡献率随时间推移呈此消彼长的状态，最终两者趋于相等，区域间差异略高于区域内部差异。1995～2018 年，区域间差异对总体差异的贡献率经历了先增后减的倒“U”形变化过程，以 2000 年为界，贡献率由 1995 年的约 34% 大幅增长至64.29%，而后逐步减至2018年的51.87%；与之相反，两类区域内部差异贡献率呈现先减后增的正“U”形变化特征，由1995年的66%减至2000年的35.71%而后反弹至2018年的48.13%。

北京及环京三市两类区域内部各区县城乡融合水平差异对区域总差异的贡献率迥然不同，其格局随时间推移具有相对稳定性。1995～2018年，北京市内部各区县城乡融合水平差异对区域整体差异的贡献率变动较小，基本保持在10%以下；环京三市内部各区县城乡融合水平差异对区域总差异的贡献率远高于前者，由1995年的58.74%减至2000年的31.04%而后逐步增至2018年的39.95%。总体来看，环京三市内部城乡融合水平差异是引起区域内部差异的绝对主力，主导着区域内部差异的变化方向。

表3　环首都地区县域尺度城乡融合水平泰尔指数贡献率分解

单位：%

年份	区域内部		区域内部总和	区域间
	北京	环京三市		
1995	7.26	58.74	66.00	34.00
2000	4.66	31.04	35.71	64.29
2005	6.00	36.64	42.63	57.37
2010	9.62	31.68	41.30	58.70
2015	8.41	40.17	48.58	51.42
2018	8.18	39.95	48.13	51.87

（2）环京三市内部差异分解

环京三市的泰尔指数与研究区总体泰尔指数的变化趋势保持一致，呈先增后减趋势，说明20多年间环京三市的城乡融合水平差异先扩大而后缩小。环京三市的城乡融合水平总差异贡献率中，三市间差异与三市内部各区县间差异呈不同的变化走势。1995～2018年，三市间城乡融合水平差异占总差异的比重由49.39%持续减小到11.88%，减少了约38个百分点；而三市内部各区县间城乡融合水平差异占总差异的比重由50.61%稳步增至88.12%，提升了约38个百分点。表明三市内部各区县间差异始终是造成环京三市城乡融合水平总差异的主要原因，且随时间推移其主导地位不断强化。

保定、张家口和承德三市内部各区县城乡融合水平差异在三市总差异中的贡献率均显著增长。1995～2018年，三地市各自的内部差异占三市城乡融合水平总差异的比重均呈波动上升趋势，各市贡献率排序保持不变，从高到低依次为保定、张家口、承德。总体来看，三市内部差异对总差异贡献率的增长主要来自张家口和保定两市，且保定市内部差异已逐渐成为环京三市城乡融合水平总差异的主要贡献者。

表4　环京三市县域尺度城乡融合水平泰尔指数贡献率分解

年份	泰尔指数	区域内部(%)			区域内部总和(%)	区域间(%)
		承德市	张家口市	保定市		
1995	0.0178	4.80	9.73	36.09	50.61	49.39
2000	0.0201	4.13	14.96	46.72	65.82	34.18
2005	0.0139	8.54	19.59	43.84	71.97	28.03
2010	0.0091	10.87	21.96	46.75	79.58	20.42
2015	0.0076	9.95	23.64	53.02	86.61	13.39
2018	0.0072	8.67	25.22	54.23	88.12	11.88

（二）城乡融合水平的空间变化特征

1. 类型的空间演化

采用Jenks最佳自然断裂法，将1995～2018年环首都地区县域尺度城乡融合水平划分为低水平融合区（<0.2358）、较低水平融合区（0.2358～0.3126）、中等水平融合区（0.3126～0.3645）、较高水平融合区（0.3645～0.4827）和高水平融合区（≥0.4827）5类区域，其空间演化的主要特征如下。

环首都地区各区县城乡融合水平先减后增，低水平融合区整体趋于减少，高水平融合区持续增加。1995 年，低水平和较低水平融合区为 45 个，占比达 68.18%，而较高水平融合区仅有 8 个，占比仅为 12.12%，无高水平融合区，城乡融合水平区域特征呈现低等级地区“一头重”的特点；到 2000 年，城乡融合水平的低等级地区极化趋势加剧，低水平和较低水平融合区占比增至 77.27%，其中低水平融合区由 17 个增至 26 个，而较高水平融合区仅增加了 1 个，无高水平融合区；到 2005 年，低等级区域极化现象有所改善，低水平和较低水平融合区占比减至 50%，高水平和较高水平融合区数量则分别增长了 6 个和 4 个，二者比重已近 1/3；至 2018 年，形势进一步逆转，低水平和较低水平融合区数量锐减至 0，高水平和较高水平融合区数量分别增长至 23 个和 41 个，占比高达 96.97%，呈现高等级区域极化发展态势。城乡融合类型区的演进说明了近年来环首都地区推进城乡融合发展成效显著。

城乡融合水平高值区与低值区的“核心—边缘”结构突出，呈现“单组单核—多组多核—单组多核”的动态演变特征。1995 ~ 2000 年，城乡融合发展水平较高县区主要是北京市几个中心县区，其余县区基本属于较低水平和低水平融合区，此时北京市相关县区与研究区外围县区构成了明显的城乡融合低等级区包围高等级区的单组单核“核心—边缘”结构，区域以低等级融合区为主，处于低水平的相对均衡阶段；至 2005 年，各县区城乡融合水平均有不同程度的提升，其中各市域中心区县的城乡融合水平提升程度显著高于周边县域，此时，北京、承德、张家口和保定四市中心县区与各自外围县域，构成了以市域为基本单元的城乡融合高等级区与低等级区组成多组多核（4 组 4 核）的“核心—边缘”结构，该结构具有多层次嵌套特征，区域城乡融合处于多极分化发展阶段；到 2018 年，各县区城乡融合水平均得到明显提高，此时各市域中心县区与周围县域的城乡融合差异有所减弱，但北京市与环京三市城乡融合水平总体差距依然存在，城乡融合发展的空间结构表现为以北京市和环京三市的中心县区为核心，环京三市其余县域为边缘的单组多核的“核心—边缘”特征，区域整体虽以高等级城乡融合区为主，但城乡融合水平差异依然显著，处于高水平两极分化发展阶段。从市域尺度看，城乡融合水平较高的地区位于北京市县区和三地级市的中心县区，说明城市向乡村扩散、外溢的过程中存在距离衰减效应，而且作为不同层级的发展“核心”，高等级的北京市城区的扩散、外溢范围明显大于三地市中心城区，其中三地市中心城区的辐射范围局限于本行政辖区内部，而北京市的辐射作用存在跨行政辖区效应，出现了2010～2015年毗邻北京的保定市北部县区同时受到保定市中心城区和北京市两级核心的协同辐射作用，其城乡融合水平明显高于保定市南部县域。另外，相对于北京，环京三市乡村发展落后，城乡融合总体水平不高，说明作为大都市的北京对环京三市的溢出效应有限，京津冀协同发展的体制机制还有待进一步完善。

2. 空间关联特征

Global Moran's I 分析结果显示：1995～2018年，Global Moran's I 均大于0，且P值均小于0.05，说明研究期内环首都地区城乡融合水平呈显著的空间正相关，表明城乡融合水平接近的县域在空间上趋于集中。以2000年为临界点，Z值先增大后减小，说明研究区城乡融合水平的空间集聚性先增强后减弱。

表5　环首都地区县域尺度城乡融合水平的全局莫兰指数

指数	1995年	2000年	2005年	2010年	2015年	2018年
Moran's I	0.6724	0.7335	0.6728	0.6346	0.6106	0.6032
P - value	0.0003	0.0012	0.0005	0.0022	0.0423	0.0537
Z - score	9.2738	10.1558	9.3078	8.8638	8.4943	8.2789

Getis - Ord G^* 指数分析结果表明：第一，环首都地区城乡融合水平的“冷热点”区域空间格局较为稳定，局部略有变化。热点区长期

布局在北京市域范围内，呈现团簇集聚特征，冷点区和次冷点区邻接成片分布，呈环形或带状“固守”在保定市中心城区外围，数量趋于减少。第二，“热”点区状态稳定，“冷”点区渐趋温和。20 多年间，除北京市房山区由“热”点区转变为次热点区外，其余 8 个热点区长期处于城乡融合水平的高位；冷点区逐渐向次冷点区和温和区转变，数量由 12 个减少至 0 个，冷点区和次冷点区总数也由最多时的 14 个减少至 12 个，说明保定市城乡融合低值区“空间锁定”有被逐渐打破的趋势。第三，城乡融合“冷热”空间格局与地理环境和社会经济发展背景联系密切。北京市和保定市均以平原为主，其分别对应城乡融合水平的“热”“冷”点核心区，而以山地为主、经济社会相对落后的张家口市和承德市城乡融合整体水平却略高于保定市，属于温和区。分析此现象背后的原因发现：北京具有政治、经济等发展优势，属高度城镇化的大都市，经济水平高，城市对乡村发展的辐射带动作用突出，城乡差距相对较小，成为城乡融合发展的热点区；张家口市和承德市地处太行山—燕山—阴山山脉，环绕北京呈“C”形分布，是北京上风上水区域，承担着供应首都水源和涵养生态等重大使命，产业发展长期受限且受北京虹吸效应影响，整体较为落后，城镇发展滞缓，城乡差距相对小，处于一种低水平城乡相对均衡状态；而保定市大部分区域位于华北平原，经济发展空间和潜力大，区域优势资源要素向城镇集聚促进城镇的较快发展，致使城乡差距不断拉大，城乡矛盾突出，其城乡融合水平略低于自然环境和发展条件较差的张家口和承德，成为冷点区。

三 环首都地区城乡融合类型划分及乡村振兴路径

（一）环首都地区城乡融合类型划分

乡村振兴是推动城乡融合发展的最基本路径。不同地区城乡融合发展的起点、过程、面临的约束等不尽相同，因此合理划分城乡融合发展区类型，总结提炼各类区域典型特征，是制定乡村振兴战略科学路径的基本依据。结合环首都地区各县域城乡融合水平的时空演化、空间分布特性、临近依存性等特征，同时综合考虑地理环境状况、区位条件、农业农村发展基础、社会经济发展条件等，将环首都地区划分为5类城乡融合发展区，分别为城乡融合引领示范区、城乡融合先行发展区、城乡融合优化升级区、城乡融合转型提质区和城乡融合落后欠发达区。

表6　环首都地区县域尺度城乡融合类型区划分依据及其特征

城乡融合类型区	城乡融合水平	“核心—边缘”特征	城乡融合临近依存性	空间区位	主要特征	县区
城乡融合引领示范区	高	都市核心区	热点区	北京城市功能区	经济最为发达，人口最密集，城镇化水平最高，农业农村比重最小的地区	朝阳、海淀、丰台、门头沟、房山、顺义、昌平、大兴、通州9区
城乡融合先行发展区	较高	都市外围区	北京市温和区和次热点区	北京城市生态涵养区	山区地貌，自然风光良好，生态环境优越，是首都重要的生态屏障和水源保护地，农业农村比重高于北京城市中心区，城镇化发展较快，毗邻都市核心区，农村非农就业程度较高	延庆、怀柔、密云、平谷4区
城乡融合优化升级区	较高	城镇核心区	温和区	环首都3市市辖区	地级市市辖区，在区域经济发展中起引领作用，人口高度集聚，城镇化率较高，农业农村比重相对较小，基础设施相对完备，城乡融合水平仅次于北京城市中心区	张家口桥东区、桥西区、宣化区、下花园区，承德双桥区、双滦区、鹰手营子矿区，保定新市区、北市区、南市区10区
城乡融合转型提质区	较低	都市边缘区	温和区	环首都山区	地处太行山—燕山—阴山连绵带，山脉纵横，地形起伏，海拔高差达2800多米，自然风光秀美，但环境恶劣、生态脆弱、农业生产条件差、贫困现象集中连片	张家口市辖区外的13个县域，承德市辖区外的8个县域以及保定市的涞水县、涞源县、易县和阜平县，总计25县区

续表

城乡融合类型区	城乡融合水平	“核心—边缘”特征	城乡融合临近依存性	空间区位	主要特征	县区
城乡融合落后欠发达区	低	都市边缘区	“冷—次冷”点区	冀北平原区	地处华北平原，地形平坦，水土资源较好，农业发展优势突出，农业农村比重大，农村非农就业比重低，同时其距离首都相对较远，所受“虹吸”效应小，发展限制程度低	保定市满城县、清苑县、徐水县、定兴县、高阳县、容城县、涿州市、定州市、顺平县、博野县、雄县、唐县等18县区

（二）城乡融合类型区的乡村振兴路径

1. 城乡融合引领示范区

长期以来，城乡融合引领示范区由于发展起点高、优势要素高度集聚、制度政策环境优越、基础设施配套完善，城市对乡村发展“涓滴”效应显著，农产品市场化、农村产业化、农民非农就业程度高，农村生活便利，成为城乡融合发展程度最高的示范性区域。其未来需立足大都市区的经济和资源优势，重点打造“小而精”的乡村振兴模式，使其成为都市区城乡融合发展的样板，具体而言如下。①协调好乡村劳动力流出与乡村发展所需人力资源之间的关系，构建乡村人才振兴体制机制，强化职业农民培养与新生代农民技能培训，为乡村振兴积累人力资本。②重视农业发展地位，培育新型农业经营主体，依托市场和地理区位优势，促进城乡资源要素双向流动，推进现代农业、乡村新业态的发展；探索农产品品牌化、市场化发展路径，构建质量兴农的制度体系。③抓住非首都功能疏解契机，适度承接仓储物流、产品批发转运、健康养老、服务业外包、大数据基地等绿色产业类型，促进一二三产业融合发展，为乡村振兴提供产业支撑。④推动美丽乡村建设和生态环境治理，建立完善的垃圾分类和生活污水收集处理系统，加强乡村林网、河湖湿地生态恢复，建设生态宜居乡村。

2. 城乡融合先行发展区

城乡融合水平仅次于引领示范区，在整个研究区中处于先行发展地位，但受山区地形影响，内外联系通达度欠佳，交通、教育、医疗等公共服务设施有待完善；同时，毗邻大都市区的优势尚未充分发挥，乡村发展模式和产业发展体系尚不完备，农业经济效益有待进一步提高，城乡融合发展有待进一步完善。其承担着保障首都生态安全的主要任务，应当坚持绿色发展理念，建成宜居宜业宜游的生态城乡融合示范区和首都美丽自然山水典范区，发展重点如下。①依托自然资源禀赋优势，将乡村休闲观光旅游培育为北京郊区的支柱产业，推动乡村旅游与新型城镇化有机结合，建设一批具有历史文化内涵、特色鲜明的文旅小镇，以建设美丽乡村为契机，培育一批地域特色突出、环境优雅、食宿舒适的高品质主题民俗旅游村。②合理调减粮食作物生产面积，瞄准城市生鲜供应需求，推动高效特色农业和生态观光农业发展，注重农业生态功能拓展，不断提高农业组织化与管理水平，建成现代都市农业示范区。③创新公共服务设施投融资方式和建设方式，鼓励民间资本和企业资本投身乡村振兴，不断加快公共交通、农村道路建设，推进景观廊道、骑行线路、登山步道等多样化通道建设，稳步提升乡村交通基础设施通达水平，同步提升教育、医疗、卫生等公共服务水平。④强化山区生态环境治理，出台乡村发展产业准入负面清单制度，推广清洁能源和农村各项设施低碳化、生态化处理方式，提高化肥、农药使用效率并探索其减量化实施路径，推动农村面源污染治理、山区水土流失治理和污水无害化处理。

3. 城乡融合优化升级区

城乡融合优化升级区的城镇化水平较高，区域社会经济基础较好，但城乡收入差距明显，农村经济相对滞后，非农就业水平有待进一步提高。未来应着力补齐乡村发展短板，不断提高城镇的外溢效应，带动乡村发展振兴，实现城乡融合水平的优化升级发展，应重点提升以下几个方面。①城镇积极承接非首都功能疏解，结合乡村资源要素禀赋和特色产业优势，将部分产业生产环节转移至农村地区，推动三产融合和城乡功能融合对接，促进城乡产业、资源、人口、资金等的双向有序流动，切实发挥城市对乡村的带动作用，多渠道促进农民增收和农业农村现代化。②探索乡村资本化运营方式，创新土地治理模式，成立土地股份合作社，吸引城镇工商企业参与农村土地综合整理，变农村土地资源为资本入股，有效盘活农村闲置用地，同时使农民分享土地非农化的增值收益。③坚决杜绝高耗能、高污染型企业从城市向乡村转移，强化城乡发展与生态环境保护的共同责任，推动流域综合治理、城乡绿带共建、废水集中统一处理、大气污染联防联治等措施实施，促进城乡环境综合治理程度不断迈向更高阶段发展。

4. 城乡融合转型提质区

城乡融合转型提质区地处首都上风上水区，是首都水源涵养和生态安全屏障，长期以来产业发展受限，是环首都（环京津）贫困带的主要分布区。经济水平低，城镇化进程缓慢，城乡整体发展程度低，城乡收入差距大，产业“空心化”问题突出；农业农村发展落后，基础设施和公共服务滞后，城乡融合程度低。其未来发展需要结合区域资源环境条件，探索转型发展路径，同步提升城乡发展水平，多措并举促进乡村全面振兴，需重点推进：①构建县城—镇—集镇—中心村—村庄等“多极联动”发展体系，建设城乡联通的交通基础设施网络，发挥“点—轴”对乡村的辐射带动作用，形成空间布局合理、功能层级鲜明、集约高效发展的城乡融合发展框架体系，形成村镇化和城镇化双轮驱动的乡村振兴发展格局。②发展山区特色农业及农副产品精深加工业，通过构建完善的绿色产品商贸服务体系，探索山区物产与首都市场“农超”对接的长效合作发展模式，结合山水田园风光和历史文化古迹等资源优势，探索推广集循环创意农业、山区农事体验于一体的山地田园综合体、浅山休闲度假旅游、深山徒步探险观光旅游等多样化发展模式。③广泛争取北京对该区的生态补偿，构建多元化生态补偿路径，重点支持山区交通基础设施、基本公共服务、村庄综合治理等方面的建设，不断提升乡村的发展能力。④坚持生态保育、生态建设和生态修复多头并重，强化对水源涵养林、水源保护区、森林公园、风沙防护区的重点保护，不断提升水土流失治理能力，切实推进小流域综合治理，建设生态宜居乡村，让绿水青山成为乡村振兴的基本支撑。

5. 城乡融合落后欠发达区

近年来随着工业化、城镇化发展，城乡融合落后欠发达区社会经济水平有了一定程度的提高，但城市偏向的发展模式导致城乡发展失衡、乡村发展滞后、城乡差距不断扩大，其城镇化进程缓慢，城乡融合水平最低，居研究区末位。未来发展需转变城镇导向的发展模式，重点培育村镇经济，创新、优化农业农村发展路径，增强服务“三农”发展能力，全方位促进城乡融合水平取得突破性进展，重点推进如下方面。①以雄安新区和大兴国际机场经济圈建设为契机，加强农村劳动力技能培训，以满足雄安新区和机场经济圈建设对劳动力的需求，实现农村剩余劳动力有效转移和农民增收。②在主要发展廊道或交通干线附近，因地制宜地建设功能相对独立、综合服务能力强的新型城镇，承接中心城区部分专项功能，使其成为农业转移人口承接地；同时依托资源禀赋和特色文化，规划建设一批人文与自然要素融合、新业态与农业发展融合的特色小镇，发挥其在城乡融合中的示范作用和对乡村振兴的带动作用。③探索乡村振兴的金融服务路径，鼓励工商业资本参与乡村振兴，依托多种融资渠道提高农业机械化经营程度和扩大农地流转规模，推进特色农副产业生产、加工、销售一体化发展，创新“农村电商+乡村产业”发展模式。④加大农村基础设施、村庄整治、民生保障、环境绿化等项目投入，创新实施村域水土资源要素、生态环境条件和社会服务保障体系综合治理战略，探索乡村传统生活功能向生活、生产、生态多样化功能转变路径。

四 结论

第一，1995~2018年，环首都地区县域尺度城乡融合水平以2000年为拐点，经历了先减后增的“U”形变化历程，区域差异先增后减，整体趋于缩小。环首都地区城乡融合水平的总体差异中，北京及环京三市两类地区间的差异对总体差异的贡献率略高于两者内部差异，其中环京三市内部差异是两类地区内部差异的主要贡献者；张家口和保定市域内部各县区间差异是造成环京三市城乡融合水平总体差异的主要原因，而保定市内部差异已逐渐成为环京三市城乡融合水平总差异的主导力量。

第二，从城乡融合水平的类型演化看，环首都地区低水平融合区呈波动减少态势，高水平融合区持续增加；城乡融合水平高值区与低值区的“核心—边缘”结构突出，且经历了“单组单核—多组多核—单组多核”结构的动态演变历程。从时空演变特征看，研究期内环首都地区城乡融合水平发展的空间集聚特征明显，其集聚性先增后减；城乡融合热点区呈团簇状集聚在北京市域范围内，状态较为稳定；冷点区和次冷点区呈环形或带状布局在保定市中心城区外围，状态渐趋温和；城乡融合“冷”“热”空间格局与地理环境和社会经济发展背景紧密联系。

第三，结合环首都地区各县域城乡融合水平的时空演化特征，综合考虑地理环境、区位条件、农业农村发展基础和社会经济发展背景，将其划分为5类城乡融合发展区：城乡融合引领示范区、城乡融合先行发展区、城乡融合优化升级区、城乡融合转型提质区和城乡融合落后欠发达区。其中，城乡融合引领示范区要重点打造“小而精”的乡村发展模式，使其成为都市区城乡融合发展的样板；城乡融合先行发展区应当坚持绿色发展理念，建成宜居宜业宜游的生态城乡融合示范区和首都美丽自然山水典范区；城乡融合优化升级区应着力补齐乡村发展短板，提高城镇经济发展的外溢效应，实现城乡融合水平面向更高水平的优化发展；城乡融合转型提质区应结合区域资源环境禀赋，探索转型发展路径，同步提升城乡发展水平，多措并举促进乡村全面振兴；城乡融合落后欠发达区应转变城镇导向的发展模式，重点培育村镇经济，创新、优化农业农村发展路径，增强服务“三农”发展能力，全方位促进城乡融合水平取得突破性进展。

参考文献

李智、张小林、陈媛等：《基于城乡相互作用的中国乡村复兴研究》，《经济地理》2017 年第 6 期。

何仁伟、樊杰、李光勤：《环京津贫困带的时空演变与形成机理》，《经济地理》2018 年第 6 期。

方创琳：《中国新型城镇化高质量发展的规律性与重点方向》，《地理研究》2019 年第 1 期。

姜会明、孙雨、王健等：《中国农民收入区域差异及影响因素分析》，《地理科学》2017 年第 10 期。

李博、张文忠、余建辉：《考虑环境约束的中国资源型城市全要素能源效率及其差异研究》，《自然资源学报》2016 年第 3 期。

张海鹏：《中国城乡关系演变 70 年：从分割到融合》，《中国农村经济》2019 年第 3 期。

刘彦随、张紫雯、王介勇：《中国农业地域分异与现代农业区划方案》，《地理学报》2018 年第 2 期。

大设计观促进城市更新与乡村振兴

曾　辉*

摘　要： 创意设计产业作为文化产业的重要组成部分，2012 年被列入文化产业分类以来，实现快速增长，成为推动中国文化产业发展的重要力量。应强调创意设计与相关产业的深度融合和专业之间交互融合的“大设计”理念，营造创意设计氛围，不断提高创意设计能力，推动创意设计与制造业、装备业、现代手工业、农业和科技等相关业态的跨界融合，推动创意设计为产业转型升级、提质增效提供服务，促进城市更新和乡村振兴，提升城乡审美韵味和文化品位。

关键词： 大设计观　城市更新　乡村振兴　北京

在当代中国，创意设计成为城市更新、乡村振兴、产业转型升级的核心价值和重要推动力。创意设计驱动城市更新，已经成为激发城市活力、实现城市可持续发展的主要策略。创意设计与城市更新建设的融合主要有三种情况：一是通过创意设计重塑城市新型空间，如通过创意设计促进城市闲置空间再利用，打造新型文化空间；二是通过创意设计提升城市品牌影响力，打造具有国内外知名影响力和竞争力的文化创意与

---

* 曾辉，设计学者，艺术设计策展人，北京国际设计周会策划总监，中国建筑文化研究会常务副秘书长、北京歌华文化研究发展中心副秘书长。

设计服务知名品牌；三是通过创意设计促进城市产业优化升级，通过创意设计与现代农业、信息业、旅游业等不同业态双向深度融合，释放文化产业的“溢出”效应，不断促进城市经济的转型升级。但在创意设计与城市建设融合过程中还存在千城一面、产城融合度不高等问题。

通过引入创意设计，设计服务民生，推动设计服务于农村、农业和农民。创意设计与乡村建设的融合主要有两种方式：一是创意设计与农业跨界融合，在新兴农业经济形态中融入文化元素和文化品质提升产业附加值，为农业经济形态提质增效提供重要支撑。二是在不改变原有乡村空间格局的情况下，从宜居、宜业、宜游的角度出发，结合乡村公共设施的布局、功能、规模等设计出与当地乡村景观相适应的公共设施，提升乡村公共设施质量。但目前创意设计在与乡村建设融合的过程中还存在产业融合层次低、乡土内涵挖掘不够、破坏乡村风貌和自然生态等问题。

在当代中国，设计力量代表着中国的创新力量，是文化力量、科技力量和美学力量的综合体现。在“十四五”高质量发展阶段，创意设计在激发消费市场活力、扩大市场规模、合理配置优质生产要素等方面具有的重要作用也将更加凸显。高质量发展要求创意设计发挥促进产业转型升级的作用，也是城市更新、乡村振兴、文旅融合等领域的重要力量和文化内核，而创意设计将为中国品牌力量的培育和发展提供市场价值和创新能力。在促进城乡双循环消费过程中，作为促进消费增长和民生发展的要素，创意设计最终导向是满足人民群众美好生活需要。

在历经十多年的北京“设计之都”建设中，如何进一步将北京提升为国际“设计名城”，需要高度集聚创新资源和品牌力量。北京借助国家服务业增强开放综合示范区和北京自贸试验区的融合优势和引领作用，以“大设计”和“品牌力量”带动科技创新与文化创新的深度融合，实现高质量发展的目标。围绕张家湾设计小镇“设计城市科技产业”主导方向，打造国际设计产品展示体验和交流贸易中心。着力汇聚设计服务优势和国内外高端创意设计资源，有效整合创意设计服务专业力，强化创意设计品牌业态聚集，优化创意设计市场要素，提供创意设计公共服务，打造创意设计集散中心，成为国家级的创意设计产业促进平台、创意设计公共服务中心和高端创意设计品牌聚集端口，推动中国品牌力量的创造与发展。

党的十九大明确指出，我国社会主要矛盾已经转化为人民日益增长的美好生活需要和不平衡不充分的发展之间的矛盾。而“美好生活”的目标与设计息息相关，因为美好生活的主要目标之一就是创造有美学的生活。以创意设计与相关业态融合发展，是推动产业文化化、促进经济增长由要素驱动向创新驱动转变的重要途径。创意设计已上升为国家战略，并在现实社会中发挥着越来越重要的作用，成为推动经济社会和文化发展的新动力。为此，倡导“大设计”观，对于“十四五”规划提出的城市更新、乡村振兴等国家战略的实施具有关键作用。

一　设计之都北京：设计提升城市品质

2012 年 5 月，北京正式加入联合国教科文组织创意城市网络，成为全球第 12 个“设计之都”。北京市是国内首个建立设计产业分类标准的城市，把设计产业分为 4 个大类，下设 12 个中类、80 个小类，以此更好地摸清设计产业发展规律。

（一）设计的发展水平是城市竞争力的重要标志之一

设计是集成科学技术、文化艺术与社会经济要素，基于智力和创意，利用现代科技手段，提升生产、生活价值和品质的创新活动。设计是一种文化的沟通，反映着每个时代的文化精神，同时又在不断创新着文化。设计的发展水平是城市竞争力的重要标志之一，事关城市发展能级提升、产业结构优化、经济发展方式转变。创意设计处于设计产业链条的高端环节，是文化创意产业服务国家经济社会发展的重要着力点，也是首都文化创意产业发展的重中之重。

（二）发展设计产业是北京的战略性选择

北京正处在科技、文化与经济深度融合发展的关键时期，加快推进创意设计产业发展，是建设文化中心和科技创新中心的重要抓手，是提升自主创新能力、推动产业结构调整、实现经济发展方式转变的重要举措，对塑造城市品格、增强核心竞争力、提升北京国际形象、加快建设国际一流的和谐宜居之都具有重要意义。发展和振兴设计产业是首都经济社会发展的战略性选择。

设计能提升一座城市的品质，对提高城市建设与管理水平和能力起到重要的支撑作用。“设计之都”既是对北京在创新设计领域所取得成就的肯定，同时也为北京城市的未来发展提出了更高要求。创意设计是首都经济社会发展模式转型的先导力量。无论交通、环保、人口、城市形象、环境规划，还是调整经济结构，都不能没有设计的高度介入；促进产业转型，必须要增加专业设计的含量。北京在调整产业结构和转变经济发展方式的进程中，需要各个设计专业的力量更多的投入，创造新的供给和新的需求。设计融合创新战略，提升文化创意产业竞争力。设计作为创新经济的行动主题，是引领文化产业发展的动力。

北京发挥首都的区位优势和资源优势，为全国的文化产业、创意设计发展做好服务。在城市经济发展方式的转型升级方面率先取得突破性进展，如以经济生态和人居生态为切入点，以创意设计为整合手段的新型智慧城市解决方案，为首都乃至全国的新型城镇化建设服务。北京还可以为全国的经济建设、生态文明建设和社会治理方式改革等提供优质的创意设计服务，包括引进国际先进的设计资源。把创意创新摆在更加突出的位置，通过文化植入、创意融入和设计提升，推动内容创新、业态创新和制度创新，促进文化创意和设计服务产业化、专业化、品牌化。其中北京国际设计周是多产业融合发展、跨区域融合发展的平台，坚持“国际化、专业化、大众化、市场化、品牌化”的运作方向，带动专业机构、设计师、品牌企业和公众参与推动设计产业发展的行动，将北京国际设计周办成服务业内的交流周、服务产业的交易周、服务大众的展示周。北京国际设计周以设计会展、设计创投、设计贸易三个创意设计公共服务平台建设为核心，以设计市场为导向，通过设计周集中展示、推介北京文化创意和设计服务与相关产业融合发展的创新成果，促进设计市场要素的交流与交易，摸索出设计产业发展的路径，形成常态化的创意设计服务平台。通过结构优化、内容创新和培育需求，增强渗透力、辐射力和带动力。激发创意设计活力，鼓励文化创意产业功能区管理机构、协会、企业等单位搭建创意设计公共服务平台，积极促进创意设计多元化、多渠道发展。

（三）大设计观中的社会创新设计意识加强

在当代，设计不仅解决人与物、人与环境之间的关系问题，也重视解决人与人之间的关系问题，即社会创新的问题。以“大设计思维”推动社会创新发展，关注城市改造和民生改善，引领公众的设计消费价值导向对于当代中国有着积极的作用。随着创意设计与制造业、装备业、农业、体育产业、文化等的深度融合，创新产品、社会创新服务以跨界的形式不断产生，也成为催生新经济、新业态的重要驱动力。社会创新设计是用设计思维来解决社会问题的方法论，以设计来改善社会生活，让设计更多更好地服务公众，体现了设计的核心价值和社会责任。社会创新是“一种能够实现社会目标的新想法”，能够满足社会需求，能够创造出良好的社会关系与合作模式。社会创新可以被定义为设计驱动型的社会创新，利用设计创新整合社会资源、技术以及组织力量，解决社会问题，创造民生价值，提升社会责任意识。

社会创新设计是现代设计学深度融合与转化的结果，将源自产品设计师的“设计思维”运用到商业模式设计、社会创新设计等领域。1987年，哈佛设计学院的《设计思维》（*Design Thinking*）一书，描述了建筑师和城市设计者的设计方法论，其区别于传统设计思维的重点是关注社会问题，强调在做设计项目时首先要考虑设计所产生的社会影响。因此，作为社会学意义上的设计能够为社会问题提供更优良的解决方案，如果说工业时代的设计师更多关注的是产品，进入信息时代，优秀的设计师开始更多地关注社会和民生，关注服务设计、情感设计、体验设计等领域。

社会创新设计关注的是社会议题，如生态、环境、能源、健康、教育、城市化、社会福利等。社会创新设计作为一种开放的思维方式和弹性的方法论，在介入社会项目时，能够帮助打破问题的禁锢和壁垒，连接解决问题所需要的创意、知识和技能，应对世事变化下各种情境中的难题。当设计开始关注社会责任、尝试解决社会问题时，设计的边界扩大了，设计的范式有所转移。设计转型后出现的服务设计、体验设计、可持续设计、绿色设计等社会创新设计，在实现永续发展等方面不断进行着探索。社会创新设计逐渐成为解决社会问题的新方法。与传统设计方法不同，社会创新设计采用的是设计师参与项目而非主导项目的方式。参与式设计是建立在沟通、分享、合作、协调基础上，设计中的所有参与者都是影响设计对象质量、价值等所有指标的关键因素。

（四）城市设计是以“好设计就是好生活”为价值导向

城市更新现在应该已经上升为一个全球性话题。对于很多大城市聚集的一些老旧社区和公共设施，如何让它焕发新的生命？从第二次世界大战以来，很多城市都在思考，用城市更新的方式将旧工业、旧城区和旧商业街进行改造，使其焕发新的活力，不至于导致城市“空心化”。现在中国城市也面临着这些问题，城市疏解的目的是让这个城市更有活力，让老城区生活更有品质。无论是小城镇还是大城市，其实都面临着如何能够通过这种城市更新和社会创新设计方式来实现城市的迭代升级、转型升级的问题。

在城市更新方面，通过社会创新设计对老城区进行有机更新、微循环改善，使传统胡同街区更具活力和生机。北京以大栅栏、白塔寺、什刹海、前门东区等区域为代表的老城区再生设计计划，将创意设计与商业运营相结合，在老街区开办咖啡馆、茶馆、书店、设计品商店等，并与原住居民生活空间相融合，让老街区的创意内涵和生活美学品位得到提升，形成了适合、适度、适用的生活方式价值取向。这类针对老街区的设计更新方案，就是基于社会创新的大设计思维对改善城市问题的思考和实践。

城市改造在设计时，充分考虑了当地的风土人情和地势地貌，结合小街小巷、千年古树、古老建筑，将特有文化融于城市建筑，形成独具特色、保有历史因素的设计风格。同时运用科学合理的设计逻辑，引导旧城风貌改造的顺利进行，推动了社会经济发展，推进了城市功能多元化，打造了更符合社会需求的社会创新城市。

应采用一种微循环的方式，而不是那种大拆大建的更新方式。不能用传统的地产思维来获取地产利益。通过对老城区的有机更新、微循环改造，让传统的街区更具活力和生机。人类最早的城市标志着人类文明的开始，因为有了城市，人类的生存空间和生活方式才上升到了更高的层级。现在的城市变得越来越大，在城市发展过程中，不同阶段积累下了大量的问题需要解决。有一些所谓的历史名城，打着复兴旅游和商业旗号的改造，实际上对老城和历史建筑造成了难以恢复的破坏性“更新”。那些和老城建筑几乎没有任何关联的仿古建筑，变成一种布景式古建道具，失去了土地和文化的支撑，也失去了活力。

北京国际设计周期间，大栅栏、杨梅竹斜街、白塔寺、什刹海、前门东区这样的一些老街区开展了一些老城区的再生复兴设计活动，让创意设计植入老街区。通过引入现代时尚的一些创意形态到老街区，既能够保留住将近70%以上的原住居民，又能够在老街区内开设咖啡馆、茶馆、书店、设计品商店，做到老街区的生活形态、商业形态有机融合，这样就形成一种新的路径，一种“适合、适度、适用”的老旧街区更新发展方向，也形成了一种新的生活方式和生活美学的价值取向。

城市设计是以“好设计就是好生活”为价值导向的。希望能够积极来寻找人与物、人与环境、人与人之间的和谐关系，寻找城市更新发展的新路径。通过这些方向，如何能够让人类在城市空间里生活着、工作着，更符合可持续发展方向，创造更多善意的社会创新。

二　乡村振兴需要大设计观

实施乡村振兴战略，是党作出的重要战略部署，是新时代“三农”工作的总抓手。《乡村振兴战略规划（2018—2022年）》进一步要求，分类推进乡村振兴，开展农村人居环境整治行动。将创意设计引入乡村建设，从农村现实和农民需求出发，通过开展设计服务民生的创作，推动设计服务于农村、农业和农民，复活再造乡村文化，以设计提高乡村建设质量，为新时代乡村文化生产注入新的活力。乡村经济需要在高质量发展上做文章，特别是各种新兴农业经济形态需要文化元素和文化品质融入提升价值，包含设计服务在内的文化服务业就成为农业经济形态提质增效的重要支撑。创意设计与农村建设融合的一个重要途径就是文化创意和设计服务与农业的融合，即创意农业。创意农业是指以增加农产品附加值为目标，在农产品生产、加工和营销过程中进行创意生产，创造农民独特增收模式，实现农业增产、农民增收、农村繁荣，构建农村创意生活的生产方式和生活方式。在不改变原有乡村空间格局的情况下，对乡村公共设施的布局、功能、规模等从宜居、宜业、宜游的角度出发，设计出与当地乡村景观相适应的公共设施，提升乡村公共设施质量。习近平总书记提出要“望得见山，看得见水，记得住乡愁”。乡土传统文化是本地区独有的地方感和鲜明的文化特色，承载着本地区的历史记忆和文化脉络，保存着本地区的乡土气息和民俗风情。

（一）乡村建设的文化特色与创新生命力

在乡村建设的过程中，过度的商业化开发和外来文化的涌入，导致传统的乡土文化受到冲击，质朴的民风民俗逐渐被消解，核心地位逐渐边缘化、内容逐渐发生变异、形式逐渐低俗化和舞台化，乡土传统文化传承与发扬变得愈加困难。没有了地方文化特色和历史依托，旅游目的地自然而然也就失去了生命力和知名度。

由于缺乏政策控制引导，在一些地方的乡村建设中涌现出“复古风”和“城市化”，出现“造城”“仿古”运动，占用耕地面积，破坏乡村景观环境。在一些地方的乡村建设中一味追求村庄的现代、美观、整齐，“表象化、简单化、单一化、片面化、局部化”倾向严重。一方面对乡村聚落形态大拆大毁，使一些古村落原有的生态系统、传统风貌格局遭到破坏；另一方面，对村落中的古建筑、古民居进行大规模“改造”，致使传统的建筑、民居、街巷、书院、寺庙、祠堂等遭到毁坏，使乡村传统的建筑风貌、淳朴的人文环境以及大量乡土传统文化景观遭受严重破坏。一些地方的乡村景观设计，没有充分考虑农村居民的心理、行为，在重构乡村形态、重塑乡村景观的同时，忽视了乡村景观的地域性、生态性特征，忽略了对乡村历史文化遗产的保护与传承，简单地采用城市的布局模式，而将原本只适合城市居民的生活方式和行为方式的环境景观设计移植到农村，传统乡村开放空间的利用方式逐渐向城市公园化和广场化靠拢，不仅破坏了农村特有的文化内涵和田园风光，对农村原有的景观生态在整体性和美学性上产生了严重的负面影响。

（二）美学振兴乡村、设计服务乡村的社会价值

设计介入乡村不只是帮助乡村去做一些表面美化的工作，实质上是要

帮助乡村做社会创新。用艺术精神和设计思维来帮助乡村做提升、做创新。乡村的问题确实挺复杂的，其实一个乡村就是一个社会形态的集成，“麻雀虽小，五脏俱全”，农耕时代的历朝历代把社会治理体系的重点都放在乡村。这也说明把乡村工作做好是国家的战略思考，是国家生存与发展的核心基础。关心乡村、服务乡村是艺术家和设计师们应尽的社会责任。

从这个意义来讲，不能只是把乡村当作满足城市人回归田园生活的向往，让城市人能够在乡村里得到一种有别于城市生活的田园景象。乡村复兴是应当真正让乡民感受现代、健康、宜居、美好的生产与生活方式。为此，无论是在乡村环境、乡村健康、乡村康养、乡村文化、乡村经济上，还是在乡村可持续发展上，都需要乡村艺术和乡村设计的深度介入，实现“艺术振兴乡村，设计服务乡村”的社会价值。

从清洁乡村开始，为健康生活方式而设计，不仅是疫情催生的社会创新解决方案，更是乡村可持续发展的需要。在乡村历史中，因废弃物的随意丢弃而使人们感染疾病。特别是疫情促使人们关注生活环境和生活方式。通过艺术介入方式，引入公共艺术行为，改善乡村清洁环境，引导村民从自扫庭院到清扫公共空间，惜爱公共卫生环境，使乡村成为村民共同的洁净家园。例如，改善乡村水环境，避免污水随意排放，有助于防止疫病传染，并且提高乡村环境质量和生活质量。乡村设计一个小小的进步，却大大地影响着乡村的健康生活方式。

乡村生态环境保护要做到不砍树、少拆房、慎填湖。中国有很多历史悠久的乡村，但很多乡村历史遗迹被扒倒重来，一点痕迹都不留，这破坏了乡村人文和自然环境。而乡村艺术化的生态环境应以生态经济为引导，包括乡村历史遗存、生态农业、生态旅游等，把田园和果园变成乡村艺术公园。特别是乡村生态住房和公共空间，以绿色建筑为方向，再生材料和生态建材以及宜居的乡村建筑设计都是乡村可持续发展的需要。例如，乡村夯土建筑具有就地取材、施工简易、冬暖夏凉、造价低廉等特点。在中国历史上乡村住房建设中，传统夯土建筑被广泛使用。

然而，由于传统夯土建筑在抗震性能、耐久性能、功能布局等方面存在一定缺陷，需要对传统夯土技艺进行现代设计转化，以提高夯土房屋的宜居性与安全性。现代夯土建筑，围绕传统夯筑材料、夯筑工艺及房屋抗震构造等进行了适宜性改良提升。传统夯土材料一般采用当地原状土，而现代夯土技艺中的夯土材料则是采用经过合理配置的土石混合料，全面提升了房屋抗震性能。夯土材料具有再生利用的可持续发展能力，在乡村公共空间、民宿建筑等更多方面都有其传承创新价值。

（三）乡村手工业复兴是培育文明和生活力量的重要内容

乡村传统文化的复兴，离不开保护与传承，更离不开创新与转化。只有转化为现代生活所需、产业升级所求，传统手工文化才有价值。让乡村传统手工文化活在现代生活中，与现代文明下的生产方式相结合，也是“工匠精神”的重现。因此，乡村现代手工业复兴是培育文明和生活力量的重要内容。农业和手工业是支撑人类几千年文明的两大支柱产业，两者就像孪生兄弟，是人类文明体系中不可缺少的根基。一直以来，我们在推动传统手工的复兴与现代转化时，不只是要把其推成以非遗为代表的传统手工艺形态，还要复兴乡村现代手工业体系，因为乡村现代手工业是现代工业化的有机补充，是当代生活的需要。乡村通过家庭工坊等方式，因地制宜，就地取材，靠山吃山，靠水吃水，学习吸收传统手工技艺，吸引年轻人回乡从事现代生产型的手工业，创造新生活市场，形成新业态，提升乡村旅游和经济的造血功能，这样就能够让乡村实现经济转型升级，这也是精准扶贫的重要扶持内容，授之以鱼不如授之以渔，让现代手工业成为乡村经济复兴的重要一环。乡村不只是城市生产的消费地，还是自我经济增长的承载地。从这些意义上来讲，需要从乡村业态、生态、文态等方面来推动乡村现代手工业的综合创新，实现传统手工艺的现代转化，乡村艺术与设计就是其中重要的创新方式和手段。

把乡村手工艺与农村经济结合起来，通过产业化的方式来保护、传承与发展农村手工艺，将是农村可持续发展的一种选择。由于中国城镇化发展非常快，未来将有一半的农民会离开农村土地，而脱离土地的农民靠什么生存？有一部分会选择进城务工，进入建筑领域或其他服务领域。但是，农民进入乡镇或城镇以后，要使他们所擅长的乡村手工艺产业化是维持其生存的一个重要选择。制定针对乡村手工艺的生产性扶持政策比单纯的救助更有生命力。所以，积极推进乡村手工艺产业以及城镇手工艺产业发展的相关扶持与引导政策，让农民通过乡村手工艺产业化而致富，改变以往有些乡村手工艺者“勤劳不致富”的状态。

乡村经济模式对于中国乡村手工艺发展来讲，是其生存发展的一种先决条件。自古以来，乡村手工艺品实际上就是农民的生活必需品，其是基于生活需求而产生的一种用具、用品，即便许多乡村手工艺品是祈福等民俗文化与精神的需要，其也是精神生活的必需品。所以，如何让乡村手工艺产业在当代实现更好的发展，简单的保护是不够的，而开发、利用、创新本身是更有效的保护。我们对于原生态文化的特点、价值、文化基因需要加强保护，但更好的保护是如何利用好它，在当代生活中为我们所用，这样才会使其在未来不至于消失，或不只是作为一件收藏品而存在，而是成为人们生活中的组成部分，这就是问题的根本所在。

乡村手工艺来自乡村，因地取材，许多采用的是农业废弃材料，这完全符合现代设计所提倡的再生利用的设计观。我们所指的手工艺是指其文化品位和创意品质，而非单纯是技术方式的界定，如手工艺形态现在也已经开始介入现代建筑、景观、公共艺术装置等领域。同样，由于乡村手工艺产业模式的提升是将个性化生产方式与现代营销方式结合，有销路才能激发生产力，有生产力才能有文化活力，让文化价值转化为经济价值，才能活化乡村经济，这也是乡村振兴的重要途径。

借助专业创意设计的力量介入乡村手工艺的创新发展，提升乡村手工艺的现代创意价值，这是现代创意设计与乡村手工艺一种很好的结合方式。这也提示我们在当代设计产业的发展中同样要汲取乡村手工艺的智慧，如同我们汲取传统文化中很多具有创意价值的技术手段、创作智慧等，这些都是中国民间设计的财富，都是中国设计产业发展的一种文化基础。

通过搭建乡村手工艺与现代创意设计之间的桥梁，培育形成现代乡村手工艺推介、展示、知识产权、法律维护、整合营销等的服务平台，让乡村手工艺通过现代设计创意的介入变成一种更符合现代生活方式、现代生活品质的产品，让它更具有现代生活的适应性。

在乡村手工业领域，通过传统工艺与现代设计的融合，复兴传统手工业业态体系，这也是现代工业和高科技产业的有机补充。实现传统工艺的现代化表达，推动传统文化重新回归现代生活，挖掘传统手工业独特的文化价值和品牌价值。通过创意设计，将传统手工业上升为现代手工业，实现现代手工业高质量发展，促进消费升级。以创意设计为引领，充分运用丰富的文化资源，将传统与现代、时尚与创新充分融合起来打造创意产品，真正实现文化资源整合和转化。现代设计推动传统手工艺回归现代生活。通过创造性转化、创新性发展，将传统手工艺融入现代生活，古为今用，活态传承。通过传统工艺与现代设计的融合，让现代设计走进传统工艺，让传统工艺走进现代生活，实现传统工艺的现代化表达，推动传统文化重新回归现代生活。

（四）非遗之美，生活即道

传统的东方生活美学传递“敬天、爱人、惜物、善意、尽美”的设计理念，每一器物都是生活创造与文化故事的载体。作为人类文明史的载体，设计从来都是为生活服务的，更多是生活必需品，而不仅是装饰品。“天人合一、敬天爱人、物尽其用、物尽其美”是东方生活美学的哲学前提。强调人与人、人与自然、人与物的和谐关系，恰是现代设计所要关注解决的三大关系问题。自古东方设计讲究“器用为美，日用即道”，环境与设计品相互成为风景，相互融合，人景合一，达到和谐。这些东方设计哲学思想，对于当代设计而言是非常有价值的。随着文化进步和生活品质的提高，人们对生活产品的要求不再只是实现使用价值，而是越来越注重设计所带来的美学价值、生活方式和情感价值等，而这些恰恰是东方设计思想所关注的。当创意设计成为产业与产品的核心价值时，不再单纯以物的价值为导向，而是“物以载道、物以聚美”的价值取向。东方设计观为生活方式提供了独特的美学追求和创意表达。当人们不再追求一次性物品和快餐式消费文化，“设计消费”提示我们，其价值所在不仅是以物的消费为主体价值，而更多的是创意设计的核心价值，消费者是在购买设计，而产品和服务是创意设计的载体。

手工是人类进化的标志，手工精神体现了人与自然的和谐关系。手工设计是心手相通的完美结合，体现了“天人合一、敬天爱人”的手工精神。传统手工文化是真正来自自然中最朴实的材料和馈赠，基于传统手工文化而转型为现代手工业则具有更大的民生价值，复兴现代手工业就是一个重要的选择。推崇工匠精神与手工设计，为的是创造更多的民生价值。因为，设计可以改变生活。而手工品质实素朴，可让更多人享用。传统手工文化与现代创意设计的融合发展，必将使其转型升级为现代手工设计产业体系，因为现代手工品是生活品，而不仅是装饰品。器用为美，是手作之美的前提。具有中国文化精神的生活之美，是现代手工艺的设计方向。近年来，现代手作工坊、手工制造工场、手工设计工作室越来越多，小微型手工业企业将成为未来生产组织形式的重要组成。而现代手工业复兴，就需要现代手工设计的专业介入。通过现代设计思维和创意方式促进传统手工业发展，使手工品更符合当代及未来生活方式的要求，更具有现代生活美学的品质与品位，持续产生市场需要。

（五）推动乡村手工业，让传统手工与民间智慧活在未来

在手工作坊、手工设计工作室等各种各样的民间手工生产体系中，中小微企业化的手工业，是手工业复兴和传统产业转型升级的重要途径之一。特别是让年轻人爱上手工，必然使其有新的生命力。例如，北京国际设计周期间把具有“手作之美”的现代手工设计作为力推主题之一，搭建常态化的设计服务体系，形成设计展示、设计服务、设计贸易等体系，通过公共服务平台，为现代手工设计定制、展示、交易提供更多渠道。我们要丰富东方手工业中的内涵，通过设计的现代转化，实现其当代生活价值。

东方手工设计在国际上必有其位置和消费的市场，以“经久传世、爱物惜物、物尽其用、物尽其美”的现代手工设计观，创造真诚质朴的现代生活方式，形成生活美学态度，也是现代设计的文化使命和社会责任。传统手工文化的复兴，离不开保护与传承，更离不开创新与转化。转化为现代生活所需、产业升级所求，传统手工才有可持续发展的价值。让传统手工文化活在现代生活中，与现代文明下的生产方式相结合，这符合国家“创新、协调、绿色、开放、共享”的发展理念，也是中国“工匠精神”的复兴与重现。

后 记

本书以习近平新时代中国特色社会主义思想和视察北京时重要讲话精神为指导，以构建首都新发展格局、打造世界级城市群为研究主题，从超大城市治理、科技创新中心建设、文化中心建设、消费中心城市建设、临空经济区建设、城乡统筹发展等维度深入研判世界级城市群建设与构建首都新发展格局取得的重要进展和成就，并提出相应的对策和建议。本书是以北京市社会科学院市情调查研究中心、北京世界城市研究基地的全体研究人员为核心团队成员，收录了科研机构、高等院校等各方专家、学者共同撰写的关于世界级城市群与首都新发展格局研究的系列最新成果。此成果为北京市社会科学院社科文库市情研究论丛第5辑。

本书共分为超大城市治理、科技创新中心建设、文化中心建设、消费中心城市建设、临空经济区建设、城乡统筹发展六个板块。每个板块按所涉及领域展开专门研究，注重以构建首都新发展格局为主题，提出促进首都高质量发展、促进世界级城市群建设的对策建议。

本书由北京市社会科学院市情调查研究中心主任、北京世界城市研究基地主任唐鑫任主编，负责市情研究论丛的年度主题确定、总体设计和结构安排。市情调查研究中心副主任张佰瑞任副主编，负责撰写序言部分和全书统稿等工作。李茂副研究员和侯昱薇博士负责超大城市治理篇的组稿及修订工作。徐爽博士负责科技创新中心建设篇的组稿及修订工作。赵雅萍博士和任超博士负责文化中心建设篇的组稿及修订工作。田蕾博士负责消费中心城市建设篇的组稿及修订工作。陆小成研究员负责临空经济区建设篇的组稿及修订工作。何仁伟研究员负责城乡统筹发展篇的组稿及修订工作。

本书的出版要感谢北京市社会科学院党组书记唐立军、鲁亚副院长、田淑芳副院长、赵弘副院长、杨奎副院长等院领导对本书的指导和关心。感谢北京市社会科学院各研究所、职能处室以及院外高校科研机构和政府部门等领导专家对本研究论丛的大力支持。

书中引用和参考许多专家学者的观点，一并表示感谢。有的引用或参考没有进行及时的注释，对可能存在的疏忽请专家批评和指正。由于水平和能力有限，不妥之处在所难免，也许还有部分观点值得进一步商榷和论证。敬请世界级城市群、首都发展、城市治理等领域的领导、专家、学者、读者提出批评意见或建议。

2021 年 6 月 15 日

图书在版编目（CIP）数据

世界级城市群与首都新发展格局 / 唐鑫主编. --北京：社会科学文献出版社，2021.8

ISBN 978-7-5201-8784-8

Ⅰ.①世… Ⅱ.①唐… Ⅲ.①城市发展-研究-北京 Ⅳ.①F299.271

中国版本图书馆 CIP 数据核字（2021）第 155253 号

世界级城市群与首都新发展格局

主　　编 / 唐　鑫
副 主 编 / 张佰瑞

出 版 人 / 王利民
组稿编辑 / 邓泳红
责任编辑 / 吴　敏

出　　版 / 社会科学文献出版社（010）59367127
　　　　　地址：北京市北三环中路甲 29 号院华龙大厦　邮编：100029
　　　　　网址：www.ssap.com.cn
发　　行 / 市场营销中心（010）59367081　59367083
印　　装 / 北京玺诚印务有限公司

规　　格 / 开 本：787mm × 1092mm　1/16
　　　　　印 张：23.75　字 数：319 千字
版　　次 / 2021 年 8 月第 1 版　2021 年 8 月第 1 次印刷
书　　号 / ISBN 978-7-5201-8784-8
定　　价 / 79.00 元

本书如有印装质量问题，请与读者服务中心（010-59367028）联系